卞尺丹几乙し丹卞と
Translated Language Learning

Siddhartha

سیذارتا

An Indian Poem

یک شعر هندی

Hermann Hesse

هرمان هسه

English / فارسی

Copyright © 2024 Tranzlaty
All rights reserved
Published by Tranzlaty
Siddhartha – Eine Indische Dichtung
ISBN: 978-1-83566-681-4
Original text by Hermann Hesse
First published in German in 1922
www.tranzlaty.com

The Son of the Brahman
پسر برهمن

In the shade of the house
در سایه خانه
in the sunshine of the riverbank
در آفتاب ساحل رودخانه
near the boats
نزدیک قایق ها
in the shade of the Sal-wood forest
در سایه جنگل سال-وود
in the shade of the fig tree
در سایه درخت انجیر
this is where Siddhartha grew up
اینجا جایی است که سیدارتا بزرگ شد
he was the handsome son of a Brahman, the young falcon
او پسر خوش تیپ یک برهمن، شاهین جوان بود
he grew up with his friend Govinda
او با دوستش گوویندا بزرگ شد
Govinda was also the son of a Brahman
گوویندا همچنین پسر یک برهمن بود
by the banks of the river the sun tanned his light shoulders
در کنار رودخانه، خورشید شانه های سبک او را برنزه کرد
bathing, performing the sacred ablutions, making sacred offerings
غسل کردن، وضو گرفتن، نذری مقدس
In the mango garden, shade poured into his black eyes
در باغ انبه، سایه به چشمان سیاهش ریخت
when playing as a boy, when his mother sang
وقتی در کودکی بازی می کرد، وقتی مادرش آواز می خواند
when the sacred offerings were made
زمانی که هدایای مقدس تقدیم شد
when his father, the scholar, taught him
هنگامی که پدرش دانشمند به او تعلیم داد
when the wise men talked
وقتی حکیمان صحبت کردند

For a long time, Siddhartha had been partaking in the discussions of the wise men

برای مدت طولانی، سیذارتا در بحث های حکیمان شرکت می کرد

he practiced debating with Govinda

او مناظره با گوویندا را تمرین کرد

he practiced the art of reflection with Govinda

او هنر انعکاس را با گوویندا تمرین کرد

and he practiced meditation

و مدیتیشن می کرد

He already knew how to speak the Om silently

او از قبل می دانست که چگونه Om را در سکوت صحبت کند

he knew the word of words

او کلمه کلمات را می دانست

he spoke it silently into himself while inhaling

در حالی که نفس می کشید، آن را در سکوت به زبان می آورد

he spoke it silently out of himself while exhaling

او آن را در حالی که نفسش را بیرون می داد، از خود بیرون می گفت

he did this with all the concentration of his soul

با تمام تمرکز روحش این کار را کرد

his forehead was surrounded by the glow of the clear-thinking spirit

پیشانی او توسط درخشش روح روشن فکر احاطه شده بود

He already knew how to feel Atman in the depths of his being

او از قبل می دانست که چگونه آتمن را در اعماق وجودش احساس کند

he could feel the indestructible

او می تواند نابود نشدنی را احساس کند

he knew what it was to be at one with the universe

او می دانست یکی شدن با جهان چیست

Joy leapt in his father's heart

شادی در قلب پدرش خیز برداشت

because his son was quick to learn

چون پسرش زود یاد می گرفت

he was thirsty for knowledge

او تشنه دانش بود

his father could see him growing up to become a great wise man
پدرش می‌توانست ببیند که او در حال بزرگ شدن و تبدیل شدن به یک مرد خردمند بزرگ است

he could see him becoming a priest
می‌توانست ببیند که کشیش می‌شود

he could see him becoming a prince among the Brahmans
می‌توانست ببیند که در میان برهمن‌ها شاهزاده می‌شود

Bliss leapt in his mother's breast when she saw him walking
وقتی مادرش را در حال راه رفتن دید، سعادت در سینه مادرش پرید

Bliss leapt in her heart when she saw him sit down and get up
وقتی دید او نشست و برخاست، سعادت در قلبش جست

Siddhartha was strong and handsome
سیذارتا قوی و خوش تیپ بود

he, who was walking on slender legs
او که روی پاهای باریک راه می رفت

he greeted her with perfect respect
با کمال احترام به او سلام کرد

Love touched the hearts of the Brahmans' young daughters
عشق قلب دختران خردسال برهمن را لمس کرد

they were charmed when Siddhartha walked through the lanes of the town
وقتی سیذارتا از میان کوچه های شهر قدم می زد، آنها مجذوب شدند

his luminous forehead, his eyes of a king, his slim hips
پیشانی درخشانش، چشمان شاهی، باسن های باریکش

But most of all he was loved by Govinda
اما بیش از همه او را گوویندا دوست داشت

Govinda, his friend, the son of a Brahman
گوویندا، دوست او، پسر یک برهمن

He loved Siddhartha's eye and sweet voice
او عاشق چشم و صدای شیرین سیدارتا بود

he loved the way he walked
راه رفتنش را دوست داشت

and he loved the perfect decency of his movements
و نجابت کامل حرکاتش را دوست داشت

he loved everything Siddhartha did and said

او هر کاری که سیدارتا انجام می داد و می گفت را دوست داشت

but what he loved most was his spirit

اما چیزی که بیشتر از همه دوست داشت روحیه اش بود

he loved his transcendent, fiery thoughts

او افکار متعالی و آتشین خود را دوست داشت

he loved his ardent will and high calling

او اراده پرشور و دعوت بلند خود را دوست داشت

Govinda knew he would not become a common Brahman

گووپندا می دانست که یک برهمن معمولی نخواهد شد

no, he would not become a lazy official

نه، او یک مقام تنبل نمی شد

no, he would not become a greedy merchant

نه، او یک تاجر حریص نمی شد

not a vain, vacuous speaker

یک سخنران بیهوده و خالی نیست

nor a mean, deceitful priest

و نه یک کشیش پست و فریبکار

and he also would not become a decent, stupid sheep

و او همچنین تبدیل به یک گوسفند شایسته و احمق نخواهد شد

a sheep in the herd of the many

یک گوسفند در گله بسیاری

and he did not want to become one of those things

و او نمی خواست یکی از آن چیزها شود

he did not want to be one of those tens of thousands of Brahmans

او نمی خواست یکی از آن ده ها هزار برهمن باشد

He wanted to follow Siddhartha; the beloved, the splendid

او می خواست از سیذارتا پیروی کند. معشوق، باشکوه

in days to come, when Siddhartha would become a god, he would be there

در روزهای آینده، زمانی که سیذارتا خدایی شود، او آنجا خواهد بود

when he would join the glorious, he would be there

هنگامی که او به شکوهمند می پیوندد، او آنجا بود

Govinda wanted to follow him as his friend

گووپندا می خواست او را به عنوان دوستش دنبال کند

he was his companion and his servant
همنشین و خدمتگزار او بود
he was his spear-carrier and his shadow
او نیزه‌دار و سایه‌اش بود
Siddhartha was loved by everyone
سیذارتا را همه دوست داشتند
He was a source of joy for everybody
او مایه شادی همه بود
he was a delight for them all
او برای همه آنها لذت بخش بود
But he, Siddhartha, was not a source of joy for himself
اما او، سیذارتا، برای خودش مایه شادی نبود
he found no delight in himself
او هیچ لذتی در خود نمی یافت
he walked the rosy paths of the fig tree garden
او در مسیرهای گلگون باغ درخت انجیر قدم زد
he sat in the bluish shade in the garden of contemplation
او در سایه آبی در باغ تفکر نشست
he washed his limbs daily in the bath of repentance
هر روز اعضای خود را در غسل توبه می شست
he made sacrifices in the dim shade of the mango forest
او در سایه کم نور جنگل انبه قربانی کرد
his gestures were of perfect decency
حرکات او کاملاً نجابت بود
he was everyone's love and joy
او عشق و شادی همه بود
but he still lacked all joy in his heart
اما او هنوز تمام شادی را در قلبش نداشت
Dreams and restless thoughts came into his mind
رویاها و افکار ناآرام به ذهنش رسید
his dreams flowed from the water of the river
رویاهایش از آب رودخانه جاری شد
his dreams sparked from the stars of the night
رویاهایش از ستاره های شب جرقه زدند
his dreams melted from the beams of the sun
رویاهایش از پرتوهای خورشید ذوب شدند

dreams came to him, and a restlessness of the soul came to him
رویاها به سراغش آمد و بی قراری روح به سراغش آمد

his soul was fuming from the sacrifices
روحش از فداکاری‌ها می‌سوخت

he breathed forth from the verses of the Rig-Veda
او از آیات ریگ ودا دمید

the verses were infused into him, drop by drop
آیات قطره قطره به او تزریق شد

the verses from the teachings of the old Brahmans
آیاتی از آموزه های برهمن های قدیمی

Siddhartha had started to nurse discontent in himself
سیذارتا شروع به پرستاری از نارضایتی در خود کرده بود

he had started to feel doubt about the love of his father
او نسبت به عشق پدرش دچار تردید شده بود

he doubted the love of his mother
او به عشق مادرش شک کرد

and he doubted the love of his friend, Govinda
و به عشق دوستش گوویندا شک کرد

he doubted if their love could bring him joy forever and ever
او شک داشت که آیا عشق آنها می تواند او را برای همیشه و همیشه شاد کند

their love could not nurse him
عشق آنها نتوانست از او پرستاری کند

their love could not feed him
عشق آنها نتوانست او را سیر کند

their love could not satisfy him
عشق آنها نتوانست او را راضی کند

he had started to suspect his father's teachings
او به تعالیم پدرش مشکوک شده بود

perhaps he had shown him everything he knew
شاید هر چه می دانست به او نشان داده بود

there were his other teachers, the wise Brahmans
معلمان دیگر او، برهمنان خردمند، بودند

perhaps they had already revealed to him the best of their wisdom

شاید آنها بهترین حکمت خود را قبلاً برای او آشکار کرده بودند

he feared that they had already filled his expecting vessel

او می ترسید که آنها قبلا ظرف انتظار او را پر کرده باشند

despite the richness of their teachings, the vessel was not full

با وجود غنای آموزه های آنها، ظرف پر نبود

the spirit was not content

روح راضی نبود

the soul was not calm

روح آرام نبود

the heart was not satisfied

دل راضی نشد

the ablutions were good, but they were water

وضو خوب بود اما آب بود

the ablutions did not wash off the sin

وضو گناه را پاک نمی کرد

they did not heal the spirit's thirst

آنها تشنگی روح را شفا ندادند

they did not relieve the fear in his heart

ترس را در دل او برطرف نکردند

The sacrifices and the invocation of the gods were excellent

قربانی ها و دعای خدایان عالی بود

but was that all there was?

اما آیا این تمام چیزی بود که وجود داشت؟

did the sacrifices give a happy fortune?

آیا فداکاری ها ثروت خوشی به همراه داشت؟

and what about the gods?

و خدایان چطور؟

Was it really Prajapati who had created the world?

آیا واقعاً این پراجاپاتی بود که جهان را خلق کرده بود؟

Was it not the Atman who had created the world?

آیا آتمن نبود که جهان را خلق کرده بود؟

Atman, the only one, the singular one

آتمان، یگانه، مفرد

Were the gods not creations?

آیا خدایان مخلوق نبودند؟

were they not created like me and you?

آیا آنها مانند من و شما خلق نشده اند؟

were the Gods not subject to time?

آیا خدایان تابع زمان نبودند؟

were the Gods mortal? Was it good?

آیا خدایان فانی بودند؟ خوب بود؟

was it right? was it meaningful?

درست بود؟ معنی دار بود؟

was it the highest occupation to make offerings to the gods?

آیا این بالاترین شغل پیشکش برای خدایان بود؟

For whom else were offerings to be made?

برای چه کسی دیگری قرار بود پیشکش شود؟

who else was to be worshipped?

چه کسی دیگر باید پرستش شود؟

who else was there, but Him?

چه کسی جز او آنجا بود؟

The only one, the Atman

تنها، آتمن

And where was Atman to be found?

و آتمن کجا پیدا می شد؟

where did He reside?

او کجا اقامت داشت؟

where did His eternal heart beat?

قلب ابدی او کجا می تپد؟

where else but in one's own self?

کجای دیگری جز در خود شخص؟

in its innermost indestructible part

در درونی ترین بخش نابود نشدنی آن

could he be that which everyone had in himself?

آیا او می تواند همان چیزی باشد که همه در خود دارند؟

But where was this self?

اما این خود کجا بود؟

where was this innermost part?

این درونی ترین قسمت کجا بود؟

where was this ultimate part?

این بخش نهایی کجا بود؟

It was not flesh and bone

گوشت و استخوان نبود

it was neither thought nor consciousness

نه فکر بود و نه آگاهی

this is what the wisest ones taught

این چیزی است که دانایان آموختند

So where was it?

پس کجا بود؟

the self, myself, the Atman

خود، خودم، آتمن

To reach this place, there was another way

برای رسیدن به این مکان راه دیگری وجود داشت

was this other way worth looking for?

آیا این راه دیگری ارزش جستجو را داشت؟

Alas, nobody showed him this way

افسوس که کسی این راه را به او نشان نداد

nobody knew this other way

هیچ کس این را به شکل دیگری نمی دانست

his father did not know it

پدرش آن را نمی دانست

and the teachers and wise men did not know it

و معلمان و حکیمان آن را نمی دانستند

They knew everything, the Brahmans

آنها همه چیز را می دانستند، برهمن ها

and their holy books knew everything

و کتابهای مقدس آنها همه چیز را می دانستند

they had taken care of everything

آنها به همه چیز رسیدگی کرده بودند

they took care of the creation of the world

آنها مراقب خلقت جهان بودند

they described origin of speech, food, inhaling, exhaling

آنها منشأ گفتار، غذا، دم، بازدم را توصیف کردند

they described the arrangement of the senses

ترتیب حواس را توصیف کردند

they described the acts of the gods

آنها اعمال خدایان را توصیف کردند

their books knew infinitely much

کتاب های آنها بی نهایت چیزهای زیادی می دانستند

but was it valuable to know all of this?

اما آیا دانستن همه اینها ارزشمند بود؟

was there not only one thing to be known?

آیا نه تنها یک چیز وجود داشت که باید دانست؟

was there still not the most important thing to know?

آیا هنوز مهمترین چیز برای دانستن وجود نداشت؟

many verses of the holy books spoke of this innermost, ultimate thing

آیات بسیاری از کتب مقدس از این باطن ترین و غایی سخن می گوید

it was spoken of particularly in the Upanishades of Samaveda

به ویژه در اوپانیشادهای سامودا از آن صحبت شده است

they were wonderful verses

آیات فوق العاده ای بودند

"Your soul is the whole world", this was written there

در آنجا نوشته شده بود: «روح تو تمام دنیاست».

and it was written that man in deep sleep would meet with his innermost part

و نوشته شده بود که انسان در خواب عمیق با باطن خود ملاقات خواهد کرد

and he would reside in the Atman

و او در آتمان ساکن خواهد شد

Marvellous wisdom was in these verses

حکمت شگفت انگیزی در این آیات بود

all knowledge of the wisest ones had been collected here in magic words

تمام دانش داناترین افراد در اینجا با کلمات جادویی جمع آوری شده بود

it was as pure as honey collected by bees

به اندازه عسلی بود که زنبورها جمع آوری کردند

No, the verses were not to be looked down upon

نه، آیات را نباید تحقیر کرد

they contained tremendous amounts of enlightenment

آنها حاوی مقادیر عظیمی از روشنگری بودند
they contained wisdom which lay collected and preserved
آنها حاوی حکمتی بودند که جمع آوری و حفظ می شد
wisdom collected by innumerable generations of wise Brahmans
خرد جمع آوری شده توسط نسل های بیشماری از برهمن های خردمند
But where were the Brahmans?
اما برهمن ها کجا بودند؟
where were the priests?
کشیش ها کجا بودند؟
where the wise men or penitents?
کجای خردمندان یا توبه کنندگان؟
where were those that had succeeded?
آنهایی که موفق شده بودند کجا بودند؟
where were those who knew more than deepest of all knowledge?
کجا بودند کسانی که بیشتر از همه دانش می دانستند؟
where were those that also lived out the enlightened wisdom?
کجا بودند کسانی که حکمت اشراقی را زندگی کردند؟
Where was the knowledgeable one who brought Atman out of his sleep?
کجا بود آن دانایی که آتمان را از خواب بیرون آورد؟
who had brought this knowledge into the day?
چه کسی این دانش را به آن روز آورده بود؟
who had taken this knowledge into their life?
چه کسی این دانش را وارد زندگی خود کرده بود؟
who carried this knowledge with every step they took?
چه کسی این دانش را با هر قدمی که برمی داشت حمل می کرد؟
who had married their words with their deeds?
چه کسی گفتارشان را با کردارشان در هم آمیخت؟
Siddhartha knew many venerable Brahmans
سیذارتا بسیاری از برهمن های ارجمند را می شناخت
his father, the pure one
پدرش پاک است
the scholar, the most venerable one

عالم، ارجمندترین

His father was worthy of admiration

پدرش شایسته تحسین بود

quiet and noble were his manners

رفتارش آرام و نجیب بود

pure was his life, wise were his words

زندگی او پاک بود، سخنان او عاقلانه بود

delicate and noble thoughts lived behind his brow

افکار ظریف و نجیبی پشت پیشانی او زندگی می کرد

but even though he knew so much, did he live in blissfulness?

اما با وجود اینکه خیلی چیزها را می دانست، آیا در سعادت زندگی می کرد؟

despite all his knowledge, did he have peace?

با همه دانشش آرامش داشت؟

was he not also just a searching man?

آیا او فقط یک مرد جستجوگر نبود؟

was he still not a thirsty man?

آیا او هنوز یک مرد تشنه نبود؟

Did he not have to drink from holy sources again and again?

آیا او مجبور نبود بارها و بارها از منابع مقدس بنوشد؟

did he not drink from the offerings?

آیا او از نذورات ننوشید؟

did he not drink from the books?

آیا او از کتابها ننوشید؟

did he not drink from the disputes of the Brahmans?

آیا او از اختلافات برهمنان مشروب نخورد؟

Why did he have to wash off sins every day?

چرا باید هر روز گناهان را شستشو می داد؟

must he strive for a cleansing every day?

آیا او باید هر روز برای پاکسازی تلاش کند؟

over and over again, every day

بارها و بارها، هر روز

Was Atman not in him?

آتمن در او نبود؟

did not the pristine source spring from his heart?

آیا منبع بکر از دل او سرچشمه نگرفت؟
the pristine source had to be found in one's own self
منبع بکر را باید در خود شخص یافت
the pristine source had to be possessed!
منبع بکر باید تسخیر می شد!
doing anything else else was searching
انجام هر کار دیگری جستجو بود
taking any other pass is a detour
گرفتن هر پاس دیگر یک مسیر انحرافی است
going any other way leads to getting lost
رفتن به راه دیگری منجر به گم شدن می شود
These were Siddhartha's thoughts
اینها افکار سیذارتا بود
this was his thirst, and this was his suffering
این تشنگی او بود و این رنج او بود
Often he spoke to himself from a Chandogya-Upanishad:
او اغلب از چاندوگیا اوپانیشاد با خودش صحبت می کرد:
"Truly, the name of the Brahman is Satyam"
"به راستی که نام برهمن ساتیام است"
"he who knows such a thing, will enter the heavenly world every day"
هر که چنین چیزی بداند، هر روز وارد عالم بهشت می شود.
Often the heavenly world seemed near
غالباً جهان بهشت نزدیک به نظر می رسید
but he had never reached the heavenly world completely
اما هرگز به عالم بهشت به طور کامل نرسیده بود
he had never quenched the ultimate thirst
او هرگز تشنگی نهایی را برطرف نکرده بود
And among all the wise and wisest men, none had reached it
و در میان همه خردمندان و خردمندان، هیچ یک به آن نرسیده بود
he received instructions from them
از آنها دستوراتی دریافت کرد
but they hadn't completely reached the heavenly world
اما کاملاً به عالم بهشت نرسیده بودند
they hadn't completely quenched their thirst
تشنگی خود را کاملاً رفع نکرده بودند

because this thirst is an eternal thirst
زیرا این تشنگی یک عطش ابدی است

"Govinda" Siddhartha spoke to his friend
"گوویندا" سیذارتا با دوستش صحبت کرد
"Govinda, my dear, come with me under the Banyan tree"
"گوویندا، عزیزم، با من بیا زیر درخت بانیان"
"let's practise meditation"
"بیایید مراقبه تمرین کنیم"
They went to the Banyan tree
به سمت درخت بانیان رفتند
under the Banyan tree they sat down
زیر درخت بانیان نشستند
Siddhartha was right here
سیذارتا همین جا بود
Govinda was twenty paces away
گوویندا بیست قدم دورتر بود
Siddhartha seated himself and he repeated murmuring the verse
سیذارتا روی خود نشست و آیه را تکرار کرد
Om is the bow, the arrow is the soul
اوم کمان است، تیر روح است
The Brahman is the arrow's target
برهمن هدف تیر است
the target that one should incessantly hit
هدفی که باید بی وقفه به آن ضربه زد
the usual time of the exercise in meditation had passed
زمان معمول تمرین در مدیتیشن گذشته بود
Govinda got up, the evening had come
گوویندا بلند شد، غروب فرا رسیده بود
it was time to perform the evening's ablution
وقت وضو گرفتن شب بود
He called Siddhartha's name, but Siddhartha did not answer
او نام سیدارتا را صدا زد، اما سیذارتا پاسخی نداد
Siddhartha sat there, lost in thought
سیذارتا آنجا نشسته بود و در فکر فرو رفته بود

his eyes were rigidly focused towards a very distant target
چشمانش به شدت به سمت هدفی بسیار دور متمرکز شده بود
the tip of his tongue was protruding a little between the teeth
نوک زبانش کمی بین دندان ها بیرون زده بود
he seemed not to breathe
انگار نفس نمی کشید
Thus sat he, wrapped up in contemplation
او به این ترتیب نشسته بود و در تفکر فرو رفته بود
he was deep in thought of the Om
او عمیقاً در فکر اوم بود
his soul sent after the Brahman like an arrow
روح او مانند یک تیر به دنبال برهمن فرستاده شد
Once, Samanas had travelled through Siddhartha's town
یک بار، ساماناس از طریق شهر سیذارتا سفر کرده بود
they were ascetics on a pilgrimage
در زیارت زاهد بودند
three skinny, withered men, neither old nor young
سه مرد لاغر و پژمرده، نه پیر و نه جوان
dusty and bloody were their shoulders
شانه هایشان غبارآلود و خون آلود بود
almost naked, scorched by the sun, surrounded by loneliness
تقریباً برهنه، سوزانده شده توسط خورشید، احاطه شده توسط تنهایی
strangers and enemies to the world
بیگانگان و دشمنان جهان
strangers and jackals in the realm of humans
غریبه ها و شغال ها در قلمرو انسان ها
Behind them blew a hot scent of quiet passion
پشت سرشان رایحه ای داغ از شور آرام دمید
a scent of destructive service
بوی خدمات مخرب
a scent of merciless self-denial
رایحه انکار خود بی رحمانه
the evening had come
غروب فرا رسیده بود

after the hour of contemplation, Siddhartha spoke to Govinda

پس از ساعت تفکر، سیذارتا با گوویندا صحبت کرد

"Early tomorrow morning, my friend, Siddhartha will go to the Samanas"

"فردا صبح زود، دوست من، سیدارتا به سامانا می رود"

"He will become a Samana"

"او یک سامانا خواهد شد"

Govinda turned pale when he heard these words

گوویندا با شنیدن این کلمات رنگ پریده شد

and he read the decision in the motionless face of his friend

و تصمیم را در چهره بی حرکت دوستش خواند

the determination was unstoppable, like the arrow shot from the bow

عزم غیرقابل توقف بود، مانند تیری که از کمان پرتاب شود

Govinda realized at first glance; now it is beginning

گوویندا در نگاه اول متوجه شد؛ الان داره شروع میشه

now Siddhartha is taking his own way

اکنون سیذارتا راه خود را در پیش گرفته است

now his fate is beginning to sprout

اکنون سرنوشت او شروع به جوانه زدن کرده است

and because of Siddhartha, Govinda's fate is sprouting too

و به دلیل سیذارتا، سرنوشت گوویندا نیز در حال جوانه زدن است

he turned pale like a dry banana-skin

مثل پوست موز خشک رنگ پریده شد

"Oh Siddhartha," he exclaimed

او فریاد زد: "اوه سیدارتا."

"will your father permit you to do that?"

"آیا پدرت به تو اجازه این کار را می دهد؟"

Siddhartha looked over as if he was just waking up

سیذارتا طوری نگاه کرد که انگار تازه از خواب بیدار شده بود

like an Arrow he read Govinda's soul

او مانند یک تیر روح گوویندا را خواند

he could read the fear and the submission in him

می توانست ترس و تسلیم را در او بخواند

"Oh Govinda," he spoke quietly, "let's not waste words"

او آرام گفت: "اوه گووینda، بیایید کلمات را هدر ندهیم"
"Tomorrow at daybreak I will begin the life of the Samanas"
"فردا در سپیده دم زندگی سمناها را آغاز خواهم کرد"
"let us speak no more of it"
"بگذارید دیگر در مورد آن صحبت نکنیم"

Siddhartha entered the chamber where his father was sitting
سیذارتا وارد اتاقی شد که پدرش در آن نشسته بود
his father was was on a mat of bast
پدرش روی یک تشک چوبی بود
Siddhartha stepped behind his father
سیذارتا پشت سر پدرش رفت
and he remained standing behind him
و پشت سرش ایستاد
he stood until his father felt that someone was standing behind him
ایستاد تا پدرش احساس کرد کسی پشت سرش ایستاده است
Spoke the Brahman: "Is that you, Siddhartha?"
برهمن گفت: "سیذارتا تو هستی؟"
"Then say what you came to say"
"پس آنچه را که آمدی بگو"
Spoke Siddhartha: "With your permission, my father"
سیدارتا گفت: "با اجازه شما، پدرم"
"I came to tell you that it is my longing to leave your house tomorrow"
اومدم بهت بگم این آرزوی منه که فردا از خونه ات برم
"I wish to go to the ascetics"
"آرزو دارم نزد زاهدان بروم"
"My desire is to become a Samana"
"آرزوی من این است که سمانه شوم"
"May my father not oppose this"
پدرم با این کار مخالفت نکند
The Brahman fell silent, and he remained so for long
برهمن ساکت شد و برای مدتی طولانی در همین حالت ماند
the stars in the small window wandered
ستاره های پنجره کوچک سرگردان بودند

and they changed their relative positions

و مواضع نسبی خود را تغییر دادند

Silent and motionless stood the son with his arms folded

پسر ساکت و بی حرکت با دستان بسته ایستاده بود

silent and motionless sat the father on the mat

پدر ساکت و بی حرکت روی تشک نشست

and the stars traced their paths in the sky

و ستارگان مسیر خود را در آسمان ترسیم کردند

Then spoke the father

سپس پدر صحبت کرد

"it is not proper for a Brahman to speak harsh and angry words"

"برای برهمن شایسته نیست که کلمات تند و خشم آلود بگوید"

"But indignation is in my heart"

"اما خشم در قلب من است"

"I wish not to hear this request for a second time"

"من آرزو دارم این درخواست را برای بار دوم نشنوم"

Slowly, the Brahman rose

آهسته آهسته برهمن بلند شد

Siddhartha stood silently, his arms folded

سیذارتا بی صدا ایستاده بود و دستانش را جمع کرده بود

"What are you waiting for?" asked the father

"منتظر چی هستی؟ "از پدر پرسید

Spoke Siddhartha, "You know what I'm waiting for"

سیدارتا گفت: "میدونی منتظر چی هستم"

Indignant, the father left the chamber

پدر با عصبانیت اتاق را ترک کرد

indignant, he went to his bed and lay down

عصبانی به سمت تختش رفت و دراز کشید

an hour passed, but no sleep had come over his eyes

یک ساعت گذشت اما خوابی به چشمانش نرسیده بود

the Brahman stood up and he paced to and fro

برهمن از جا برخاست و به این طرف و آن طرف رفت

and he left the house in the night

و شبانه از خانه بیرون رفت

Through the small window of the chamber he looked back inside

از پنجره کوچک اتاق به عقب نگاه کرد

and there he saw Siddhartha standing

و در آنجا سیذارتا را ایستاده دید

his arms were folded and he had not moved from his spot

دست هایش جمع شده بود و از جایش تکان نخورده بود

Pale shimmered his bright robe

رنگ پریده ردای درخشانش می درخشید

With anxiety in his heart, the father returned to his bed

پدر با اضطرابی که در دل داشت به بالین خود بازگشت

another sleepless hour passed

یک ساعت بی خوابی دیگر گذشت

since no sleep had come over his eyes, the Brahman stood up again

از آنجایی که خواب بر چشمانش نرسیده بود، برهمن دوباره برخاست

he paced to and fro, and he walked out of the house

به این طرف و آن طرف رفت و از خانه بیرون رفت

and he saw that the moon had risen

و دید که ماه طلوع کرده است

Through the window of the chamber he looked back inside

از پنجره اتاق به عقب نگاه کرد

there stood Siddhartha, unmoved from his spot

سیذارتا ایستاده بود، بی حرکت از جای خود

his arms were folded, as they had been

بازوهایش مثل قبل جمع شده بود

moonlight was reflecting from his bare shins

نور ماه از ساق پا برهنه اش منعکس می شد

With worry in his heart, the father went back to bed

پدر با نگرانی در دلش به رختخواب رفت

he came back after an hour

بعد از یک ساعت برگشت

and he came back again after two hours

و بعد از دو ساعت دوباره برگشت

he looked through the small window

از پنجره کوچک نگاه کرد

he saw Siddhartha standing in the moon light

سیذارتا را دید که در نور ماه ایستاده بود

he stood by the light of the stars in the darkness

او در تاریکی کنار نور ستارگان ایستاد

And he came back hour after hour

و ساعت به ساعت برگشت

silently, he looked into the chamber

بی صدا به داخل اتاق نگاه کرد

he saw him standing in the same place

او را دید که در همان مکان ایستاده بود

it filled his heart with anger

قلبش را پر از خشم کرد

it filled his heart with unrest

قلبش را پر از ناآرامی کرد

it filled his heart with anguish

دلش را پر از اندوه کرد

it filled his heart with sadness

دلش را پر از غم کرد

the night's last hour had come

آخرین ساعت شب فرا رسیده بود

his father returned and stepped into the room

پدرش برگشت و وارد اتاق شد

he saw the young man standing there

مرد جوان را دید که آنجا ایستاده بود

he seemed tall and like a stranger to him

برایش قد بلند و غریبه به نظر می رسید

"Siddhartha," he spoke, "what are you waiting for?"

او گفت: "سیذارتا، منتظر چه چیزی هستید؟"

"You know what I'm waiting for"

"میدونی منتظر چی هستم"

"Will you always stand that way and wait?

"آیا همیشه در این راه بایستید و منتظر بمانید؟

"I will always stand and wait"

"من همیشه می ایستم و منتظر می مانم"

"will you wait until it becomes morning, noon, and evening?"

آیا صبر می کنید تا صبح، ظهر و عصر شود؟
"I will wait until it become morning, noon, and evening"
صبر می کنم تا صبح و ظهر و عصر شود.
"You will become tired, Siddhartha"
"خسته میشی سیذارتا"
"I will become tired"
"خسته خواهم شد"
"You will fall asleep, Siddhartha"
"خوابت میبره سیذارتا"
"I will not fall asleep"
"خوابم نمی برد"
"You will die, Siddhartha"
"تو میمیری سیذارتا"
"I will die," answered Siddhartha
سیذارتا پاسخ داد: "من خواهم مرد."
"And would you rather die, than obey your father?"
و آیا ترجیح می دهید بمیرید تا اینکه از پدرتان اطاعت کنید؟
"Siddhartha has always obeyed his father"
"سیذارتا همیشه از پدرش اطاعت کرده است"
"So will you abandon your plan?"
"پس آیا از طرح خود دست می کشی؟"
"Siddhartha will do what his father will tell him to do"
"سیذارتا همان کاری را که پدرش به او خواهد گفت انجام خواهد داد"
The first light of day shone into the room
اولین نور روز به اتاق تابید
The Brahman saw that Siddhartha knees were softly trembling
برهمن دید که زانوهای سیذارتا به آرامی می لرزند
In Siddhartha's face he saw no trembling
در چهره سیذارتا هیچ لرزشی ندید
his eyes were fixed on a distant spot
چشمانش به نقطه ای دور خیره شده بود
This was when his father realized
این زمانی بود که پدرش متوجه شد
even now Siddhartha no longer dwelt with him in his home
حتی اکنون سیذارتا دیگر با او در خانه اش زندگی نمی کند

he saw that he had already left him
دید که او را ترک کرده است

The Father touched Siddhartha's shoulder
پدر شانه سیذارتا را لمس کرد

"You will," he spoke, "go into the forest and be a Samana"
او گفت: «تو می‌خواهی به جنگل برو و سامانا شوی»

"When you find blissfulness in the forest, come back"
"وقتی در جنگل شادی پیدا کردی، برگرد"

"come back and teach me to be blissful"
"برگرد و به من بیاموز که سعادتمند باشم"

"If you find disappointment, then return"
"اگر ناامید شدی، پس برگرد"

"return and let us make offerings to the gods together, again"
"برگرد و دوباره با هم برای خدایان پیشکش کنیم"

"Go now and kiss your mother"
"حالا برو مادرت را ببوس"

"tell her where you are going"
"بهش بگو کجا میری"

"But for me it is time to go to the river"
"اما برای من وقت رفتن به رودخانه است"

"it is my time to perform the first ablution"
«وقت من است که اولین وضو را بگیرم»

He took his hand from the shoulder of his son, and went outside
دستش را از روی شانه پسرش برداشت و بیرون رفت

Siddhartha wavered to the side as he tried to walk
سیذارتا در حالی که سعی می کرد راه برود به پهلو تکان می خورد

He put his limbs back under control and bowed to his father
دست و پایش را دوباره تحت کنترل گرفت و به پدرش تعظیم کرد

he went to his mother to do as his father had said
نزد مادرش رفت تا طبق گفته پدرش عمل کند

As he slowly left on stiff legs a shadow rose near the last hut
همانطور که او به آرامی روی پاهای سفت ترک می کرد، سایه ای نزدیک آخرین کلبه بلند شد

who had crouched there, and joined the pilgrim?
چه کسی آنجا خمیده بود و به زائر پیوست؟

"Govinda, you have come" said Siddhartha and smiled

سیذارتا گفت: "گوویندا، تو آمده ای" و لبخند زد

"I have come," said Govinda

گوویندا گفت: من آمده ام

With the Samanas
با سمناها

In the evening of this day they caught up with the ascetics
در شام این روز به زاهدان رسیدند

the ascetics; the skinny Samanas
زاهدان؛ ساماناى لاغر اندام

they offered them their companionship and obedience
همراهی و اطاعت خود را به آنها پیشنهاد کردند

Their companionship and obedience were accepted
همراهی و اطاعت آنان پذیرفته شد

Siddhartha gave his garments to a poor Brahman in the street
سیذارتا لباس هایش را به برهمن فقیری در خیابان داد

He wore nothing more than a loincloth and earth-coloured, unsown cloak
او چیزی بیش از یک کمربند و شنل خاکی و نذری به تن نداشت

He ate only once a day, and never anything cooked
او فقط یک بار در روز غذا می خورد و هرگز چیزی پخته نمی شد

He fasted for fifteen days, he fasted for twenty-eight days
پانزده روز روزه گرفت، بیست و هشت روز روزه گرفت

The flesh waned from his thighs and cheeks
گوشت از روی ران ها و گونه هایش کم شد

Feverish dreams flickered from his enlarged eyes
رویاهای تب آلود از چشمان درشت شده اش می لرزیدند

long nails grew slowly on his parched fingers
ناخن های بلند به آرامی روی انگشتان خشک شده اش رشد کردند

and a dry, shaggy beard grew on his chin
و یک ریش خشک و پشمالو روی چانه اش رشد کرد

His glance turned to ice when he encountered women
وقتی با زنان روبرو شد نگاهش تبدیل به یخ شد

he walked through a city of nicely dressed people
او در شهری با لباس های زیبا قدم زد

his mouth twitched with contempt for them
دهانش از تحقیر آنها تکان خورد

He saw merchants trading and princes hunting

او بازرگانان را دید که تجارت می کردند و شاهزادگان در حال شکار بودند

he saw mourners wailing for their dead

او عزادارانی را دید که برای مردگان خود ناله می کردند

and he saw whores offering themselves

و فاحشه هایی را دید که خود را تقدیم می کنند

physicians trying to help the sick

تلاش پزشکان برای کمک به بیماران

priests determining the most suitable day for seeding

کشیش ها مناسب ترین روز را برای بذر تعیین می کنند

lovers loving and mothers nursing their children

عاشقان عاشق و مادرانی که از فرزندان خود پرستاری می کنند

and all of this was not worthy of one look from his eyes

و همه اینها ارزش یک نگاه از چشمان او را نداشت

it all lied, it all stank, it all stank of lies

همش دروغ بود، همش بد بود، همش بوی دروغ بود

it all pretended to be meaningful and joyful and beautiful

همه وانمود می کردند که معنی دار و شاد و زیبا هستند

and it all was just concealed putrefaction

و این همه فقط پوسیدگی پنهان بود

the world tasted bitter; life was torture

دنیا طعم تلخی داشت؛ زندگی شکنجه بود

A single goal stood before Siddhartha

تک گل مقابل سیذارتا ایستاد

his goal was to become empty

هدف او خالی شدن بود

his goal was to be empty of thirst

هدفش خالی شدن از تشنگی بود

empty of wishing and empty of dreams

خالی از آرزو و خالی از رویا

empty of joy and sorrow

خالی از شادی و غم

his goal was to be dead to himself

هدف او این بود که برای خودش مرده باشد

his goal was not to be a self any more

هدف او این بود که دیگر یک خود نباشد
his goal was to find tranquillity with an emptied heart
هدف او یافتن آرامش با قلبی خالی بود
his goal was to be open to miracles in unselfish thoughts
هدف او گشودن معجزه در افکار غیر خودخواهانه بود
to achieve this was his goal
رسیدن به این هدف او بود
when all of his self was overcome and had died
زمانی که تمام وجودش غلبه کرده بود و مرده بود
when every desire and every urge was silent in the heart
وقتی هر آرزو و هر هشیاری در دل خاموش بود
then the ultimate part of him had to awake
سپس قسمت نهایی او باید بیدار می شد
the innermost of his being, which is no longer his self
درونی ترین وجود او که دیگر خود او نیست
this was the great secret
این راز بزرگ بود

Silently, Siddhartha exposed himself to the burning rays of the sun
سیذارتا در سکوت خود را در معرض پرتوهای سوزان خورشید قرار داد
he was glowing with pain and he was glowing with thirst
از درد می درخشید و از تشنگی می درخشید
and he stood there until he neither felt pain nor thirst
و آنقدر ایستاد که نه درد داشت و نه تشنگی
Silently, he stood there in the rainy season
بی صدا در فصل بارانی آنجا ایستاد
from his hair the water was dripping over freezing shoulders
از موهایش آب از روی شانه های یخ زده می چکید
the water was dripping over his freezing hips and legs
آب روی باسن و پاهای یخ زده اش چکه می کرد
and the penitent stood there
و توبه کننده همانجا ایستاد
he stood there until he could not feel the cold any more

آنجا ایستاد تا دیگر نتوانست سرما را احساس کند

he stood there until his body was silent

او آنجا ایستاد تا بدنش ساکت شد

he stood there until his body was quiet

آنجا ایستاد تا بدنش ساکت شد

Silently, he cowered in the thorny bushes

بی صدا در میان بوته های خار خم شد

blood dripped from the burning skin

خون از پوست سوزان چکید

blood dripped from festering wounds

خون از زخم های چرکین می چکید

and Siddhartha stayed rigid and motionless

و سیذارتا سفت و بی حرکت ماند

he stood until no blood flowed any more

ایستاد تا دیگر خونی نریخت

he stood until nothing stung any more

ایستاد تا جایی که دیگر چیزی نیش نزد

he stood until nothing burned any more

ایستاد تا جایی که دیگر چیزی نسوخت

Siddhartha sat upright and learned to breathe sparingly

سیذارتا صاف نشسته بود و یاد گرفت کم نفس بکشد

he learned to get along with few breaths

او یاد گرفت که با چند نفس کنار بیاید

he learned to stop breathing

او یاد گرفت که تنفس را متوقف کند

He learned, beginning with the breath, to calm the beating of his heart

او یاد گرفت که از نفس شروع می‌کرد تا ضربان قلبش را آرام کند

he learned to reduce the beats of his heart

او یاد گرفت که ضربان قلبش را کاهش دهد

he meditated until his heartbeats were only a few

او مدیتیشن می‌کرد تا زمانی که ضربان قلبش اندک بود

and then his heartbeats were almost none

و سپس ضربان قلب او تقریباً هیچ بود

Instructed by the oldest of the Samanas, Siddhartha practised self-denial

سیذارتا به دستور پیرترین سامانا، خودداری کرد

he practised meditation, according to the new Samana rules

او مدیتیشن را طبق قوانین جدید سامانا تمرین کرد

A heron flew over the bamboo forest

یک حواصیل بر فراز جنگل بامبو پرواز کرد

Siddhartha accepted the heron into his soul

سیذارتا حواصیل را در روح خود پذیرفت

he flew over forest and mountains

او بر فراز جنگل و کوه پرواز کرد

he was a heron, he ate fish

او حواصیل بود، ماهی می خورد

he felt the pangs of a heron's hunger

او درد گرسنگی حواصیل را احساس کرد

he spoke the heron's croak

او صدای قار قار حواصیل را به زبان آورد

he died a heron's death

او به مرگ حواصیل درگذشت

A dead jackal was lying on the sandy bank

شغال مرده ای روی ساحل شنی دراز کشیده بود

Siddhartha's soul slipped inside the body of the dead jackal

روح سیذارتا داخل بدن شغال مرده لغزید

he was the dead jackal laying on the banks and bloated

او شغال مرده ای بود که روی ساحل دراز کشیده بود و نفخ کرده بود

he stank and decayed and was dismembered by hyenas

او بدبو شد و پوسیده شد و توسط کفتارها قطعه قطعه شد

he was skinned by vultures and turned into a skeleton

او توسط کرکس ها پوست کنده شد و به اسکلت تبدیل شد

he was turned to dust and blown across the fields

او به خاک تبدیل شد و در میان مزارع دمیده شد

And Siddhartha's soul returned

و روح سیذارتا بازگشت

it had died, decayed, and was scattered as dust

مرده بود، پوسیده شده بود و به صورت غبار پراکنده شده بود

it had tasted the gloomy intoxication of the cycle

طعم مستی غم انگیز چرخه را چشیده بود

it awaited with a new thirst, like a hunter in the gap

مانند شکارچی در شکاف، با تشنگی جدید منتظر بود

in the gap where he could escape from the cycle

در شکافی که می توانست از چرخه فرار کند

in the gap where an eternity without suffering began

در شکافی که ابدیتی بدون رنج آغاز شد

he killed his senses and his memory

حواس و حافظه اش را کشت

he slipped out of his self into thousands of other forms

او از درون خود به هزاران شکل دیگر لغزید

he was an animal, a carrion, a stone

او یک حیوان، یک مردار، یک سنگ بود

he was wood and water

او چوب و آب بود

and he awoke every time to find his old self again

و هر بار بیدار می شد تا خود قدیمی خود را دوباره پیدا کند

whether sun or moon, he was his self again

چه خورشید چه ماه، او دوباره خودش بود

he turned round in the cycle

او در چرخه چرخید

he felt thirst, overcame the thirst, felt new thirst

او احساس تشنگی کرد، بر تشنگی غلبه کرد، احساس تشنگی تازه کرد

Siddhartha learned a lot when he was with the Samanas

سیذارتا وقتی با ساماناها بود چیزهای زیادی یاد گرفت

he learned many ways leading away from the self

او راه های زیادی را آموخت که از خود دور می شود

he learned how to let go

او یاد گرفت چگونه رها کند

He went the way of self-denial by means of pain

راه انکار خود را به وسیله درد رفت

he learned self-denial through voluntarily suffering and overcoming pain

او انکار خود را از طریق رنج داوطلبانه و غلبه بر درد آموخت

he overcame hunger, thirst, and tiredness

او بر گرسنگی، تشنگی و خستگی غلبه کرد

He went the way of self-denial by means of meditation

او راه انکار خود را با مدیتیشن طی کرد
he went the way of self-denial through imagining the mind to be void of all conceptions
او راه انکار خود را از طریق تصور کردن ذهن از همه تصورات تهی رفت
with these and other ways he learned to let go
با این روش ها و راه های دیگر یاد گرفت که رها کند
a thousand times he left his self
هزار بار خودش را ترک کرد
for hours and days he remained in the non-self
ساعت ها و روزها در غیر خود ماند
all these ways led away from the self
همه این راهها از خود منتهی می شود
but their path always led back to the self
اما مسیر آنها همیشه به خود منتهی می شد
Siddhartha fled from the self a thousand times
سیذارتا هزار بار از خود گریخت
but the return to the self was inevitable
اما بازگشت به خود اجتناب ناپذیر بود
although he stayed in nothingness, coming back was inevitable
اگرچه او در نیستی ماند، بازگشت اجتناب ناپذیر بود
although he stayed in animals and stones, coming back was inevitable
اگرچه او در حیوانات و سنگ ها ماند، بازگشت اجتناب ناپذیر بود
he found himself in the sunshine or in the moonlight again
او دوباره خود را در آفتاب یا زیر نور ماه یافت
he found himself in the shade or in the rain again
او دوباره خود را در سایه یا زیر باران یافت
and he was once again his self; Siddhartha
و او یک بار دیگر خودش بود. سیذارتا
and again he felt the agony of the cycle which had been forced upon him
و دوباره عذاب چرخه ای را که بر او تحمیل شده بود احساس کرد

by his side lived Govinda, his shadow

در کنار او گوویندا، سایه او زندگی می کرد

Govinda walked the same path and undertook the same efforts

گوویندا همان راه را پیمود و همان تلاش ها را انجام داد

they spoke to one another no more than the exercises required

آنها بیش از تمرینات لازم با یکدیگر صحبت نمی کردند

occasionally the two of them went through the villages

گهگاه آن دو از روستاها می گذشتند

they went to beg for food for themselves and their teachers

رفتند تا برای خود و معلمانشان غذا بخواهند

"How do you think we have progressed, Govinda" he asked

او پرسید: "فکر می کنی ما چگونه پیشرفت کرده ایم، گوویندا".

"Did we reach any goals?" Govinda answered

"آیا به هدفی رسیدیم؟" گوویندا پاسخ داد

"We have learned, and we'll continue learning"

"ما آموخته ایم و به یادگیری ادامه خواهیم داد"

"You'll be a great Samana, Siddhartha"

"تو یک سامانای عالی خواهی بود، سیذارتا"

"Quickly, you've learned every exercise"

"به سرعت، شما هر تمرینی را یاد گرفته اید"

"often, the old Samanas have admired you"

"اغلب سامانای قدیمی تو را تحسین کرده اند"

"One day, you'll be a holy man, oh Siddhartha"

"یک روز، تو مرد مقدسی خواهی شد، ای سیذارتا"

Spoke Siddhartha, "I can't help but feel that it is not like this, my friend"

سیدارتا گفت: "من نمی توانم احساس کنم که اینطور نیست، دوست من"

"What I've learned being among the Samanas could have been learned more quickly"

"آنچه را که در میان سمناها یاد گرفتم، می‌توانست سریعتر یاد بگیرم"

"it could have been learned by simpler means"

»می‌توان آن را با روش‌های ساده‌تری آموخت«

"it could have been learned in any tavern"

"در هر میخانه ای می شد یاد گرفت"

"it could have been learned where the whorehouses are"

"می‌شد فهمید که فاحشه‌ها کجا هستند"

"I could have learned it among carters and gamblers"

"من می‌توانستم آن را در میان کارترها و قماربازها یاد بگیرم"

Spoke Govinda, "Siddhartha is joking with me"

گوویندا گفت: "سیذارتا با من شوخی می‌کند"

"How could you have learned meditation among wretched people?"

"چگونه توانستی مراقبه را در میان مردم بدبخت یاد بگیری؟"

"how could whores have taught you about holding your breath?"

"چطور فاحشه‌ها توانسته‌اند حبس نفس را به شما یاد بدهند؟"

"how could gamblers have taught you insensitivity against pain?"

چگونه قماربازان به شما بی‌حساسیت در برابر درد را یاد داده‌اند؟

Siddhartha spoke quietly, as if he was talking to himself

سیذارتا آرام صحبت می‌کرد، انگار با خودش حرف می‌زد

"What is meditation?"

"مدیتیشن چیست؟"

"What is leaving one's body?"

"چه چیزی بدن خود را ترک می‌کند؟"

"What is fasting?"

"روزه چیست؟"

"What is holding one's breath?"

حبس نفس چیست؟

"It is fleeing from the self"

"فرار از نفس است"

"it is a short escape of the agony of being a self"

"این یک گریز کوتاه از عذاب خود بودن است"

"it is a short numbing of the senses against the pain"

"بی‌حسی کوتاه حواس در برابر درد است"

"it is avoiding the pointlessness of life"

"پرهیز از بیهودگی زندگی است"

"The same numbing is what the driver of an ox-cart finds in the inn"

همان بی‌حسی همان چیزی است که راننده گاری گاو در مسافرخانه پیدا می‌کند.

"drinking a few bowls of rice-wine or fermented coconut-milk"

"نوشیدن چند کاسه شراب برنج یا شیر نارگیل تخمیر شده"

"Then he won't feel his self anymore"

"پس دیگر خودش را احساس نخواهد کرد"

"then he won't feel the pains of life anymore"

"آنوقت او دیگر دردهای زندگی را احساس نخواهد کرد"

"then he finds a short numbing of the senses"

"سپس او یک بی حسی کوتاه در حواس پیدا می کند"

"When he falls asleep over his bowl of rice-wine, he'll find the same what we find"

"وقتی روی کاسه شراب برنجش به خواب می رود، همان چیزی را که ما پیدا می کنیم پیدا می کند".

"he finds what we find when we escape our bodies through long exercises"

"او آنچه را که ما با انجام تمرینات طولانی از بدن خود فرار می کنیم، پیدا می کند".

"all of us are staying in the non-self"

"همه ما در غیر خود می مانیم"

"This is how it is, oh Govinda"

"این طور است، اوه گوویندا"

Spoke Govinda, "You say so, oh friend"

گوویندا گفت: "تو اینطور می گویی، اوه دوست"

"and yet you know that Siddhartha is no driver of an ox-cart"

"و با این حال می دانید که سیدارتا راننده گاری گاو نیست"

"and you know a Samana is no drunkard"

"و تو می دانی که سامانا مست نیست"

"it's true that a drinker numbs his senses"

"درست است که یک نوشیدنی حواس خود را بی حس می کند"

"it's true that he briefly escapes and rests"

"درست است که او برای مدت کوتاهی فرار می کند و استراحت می کند"

"but he'll return from the delusion and finds everything to be unchanged"

"اما او از توهم برمی گردد و همه چیز را بدون تغییر می بیند"

"he has not become wiser"

"او عاقل تر نشده است"
"he has gathered any enlightenment"
"او هر گونه روشنگری را جمع کرده است"
"he has not risen several steps"
"او چندین پله بلند نشده است"
And Siddhartha spoke with a smile
و سیذارتا با لبخند صحبت کرد
"I do not know, I've never been a drunkard"
"نمی دانم، من هرگز مست نبوده ام"
"I know that I find only a short numbing of the senses"
"می دانم که فقط یک بی حسی کوتاه در حواس پیدا می کنم"
"I find it in my exercises and meditations"
"من آن را در تمرینات و مراقبه هایم پیدا می کنم"
"and I find I am just as far removed from wisdom as a child in the mother's womb"
"و دریافتم که به اندازه کودکی در شکم مادر از خرد فاصله دارم"
"this I know, oh Govinda"
"این را می دانم، اوه گوویندا"

And once again, another time, Siddhartha began to speak
و بار دیگر، بار دیگر، سیذارتا شروع به صحبت کرد
Siddhartha had left the forest, together with Govinda
سیذارتا همراه با گوویندا جنگل را ترک کرده بود
they left to beg for some food in the village
آنها برای گدایی غذا در روستا رفتند
he said, "What now, oh Govinda?"
او گفت: "حالا چی، اوه گوویندا؟"
"are we on the right path?"
"آیا ما در راه درست هستیم؟"
"are we getting closer to enlightenment?"
"آیا ما به روشنگری نزدیک می شویم؟"
"are we getting closer to salvation?"
"آیا ما به رستگاری نزدیک تر می شویم؟"
"Or do we perhaps live in a circle?"
"یا شاید ما در یک دایره زندگی می کنیم؟"
"we, who have thought we were escaping the cycle"

«ما که فکر می‌کردیم از چرخه فرار می‌کنیم»
Spoke Govinda, "We have learned a lot"
گوویندا گفت: "ما چیزهای زیادی یاد گرفته ایم"
"Siddhartha, there is still much to learn"
"سیذارتا، هنوز چیزهای زیادی برای یادگیری وجود دارد"
"We are not going around in circles"
"ما دایره ای نمی چرخیم"
"we are moving up; the circle is a spiral"
"ما در حال حرکت به سمت بالا هستیم، دایره یک مارپیچ است"
"we have already ascended many levels"
"ما قبلاً سطوح زیادی را صعود کرده ایم"
Siddhartha answered, "How old would you think our oldest Samana is?"
سیذارتا پاسخ داد: "به نظر شما مسن ترین سامانای ما چند سال دارد؟"
"how old is our venerable teacher?"
"معلم بزرگوار ما چند سال دارد؟"
Spoke Govinda, "Our oldest one might be about sixty years of age"
گوویندا گفت: "پیرترین فرد ما ممکن است حدود شصت سال داشته باشد"
Spoke Siddhartha, "He has lived for sixty years"
سیذارتا گفت: "او شصت سال زندگی کرده است"
"and yet he has not reached the nirvana"
"و هنوز او به نیروانا نرسیده است"
"He'll turn seventy and eighty"
"او هفتاد و هشتاد ساله می شود"
"you and me, we will grow just as old as him"
"من و تو، ما به اندازه او پیر خواهیم شد"
"and we will do our exercises"
"و ما تمرینات خود را انجام خواهیم داد"
"and we will fast, and we will meditate"
"و ما روزه خواهیم گرفت و مراقبه خواهیم کرد"
"But we will not reach the nirvana"
"اما ما به نیروانا نخواهیم رسید"
"he won't reach nirvana and we won't"
"او به نیروانا نمی رسد و ما نمی رسیم"

"there are uncountable Samanas out there"

"سمناهای غیرقابل شمارش در آنجا وجود دارد"

"perhaps not a single one will reach the nirvana"

"شاید حتی یک نفر به نیروانا نرسد"

"We find comfort, we find numbness, we learn feats"

"آرامش پیدا می کنیم، بی حسی می یابیم، شاهکارها را می آموزیم"

"we learn these things to deceive others"

"ما این چیزها را یاد می گیریم تا دیگران را فریب دهیم"

"But the most important thing, the path of paths, we will not find"

"اما مهم ترین چیز، مسیر راه ها، ما پیدا نمی کنیم".

Spoke Govinda "If you only wouldn't speak such terrible words, Siddhartha!"

گوویندا گفت: "اگر فقط چنین کلمات وحشتناکی را نمی گفتی، سیدارتا!"

"there are so many learned men"

"مردان دانشمند بسیارند"

"how could not one of them not find the path of paths?"

چگونه یکی از آنها راه راهها را پیدا نکند؟

"how can so many Brahmans not find it?"

چگونه بسیاری از برهمن ها آن را پیدا نمی کنند؟

"how can so many austere and venerable Samanas not find it?"

چگونه بسیاری از سمناهای ریاضت و ارجمند آن را پیدا نمی کنند؟

"how can all those who are searching not find it?"

"چگونه همه کسانی که جستجو می کنند نمی توانند آن را پیدا کنند؟"

"how can the holy men not find it?"

"چگونه مردان مقدس نمی توانند آن را پیدا کنند؟"

But Siddhartha spoke with as much sadness as mockery

اما سیذارتا به اندازه تمسخر با اندوه صحبت می کرد

he spoke with a quiet, a slightly sad, a slightly mocking voice

با صدایی آرام، کمی غمگین و کمی تمسخرآمیز صحبت کرد

"Soon, Govinda, your friend will leave the path of the Samanas"

"به زودی، گوویندا، دوستت راه ساماناها را ترک خواهد کرد"

"he has walked along your side for so long"

"او برای مدت طولانی در کنار شما راه رفته است"

"I'm suffering of thirst"

"من از تشنگی رنج میبرم"

"on this long path of a Samana, my thirst has remained as strong as ever"

"در این راه طولانی یک سمانه، تشنگی من مثل همیشه قوی باقی مانده است"

"I always thirsted for knowledge"

"من همیشه تشنه دانش بودم"

"I have always been full of questions"

"من همیشه پر از سوال بوده ام"

"I have asked the Brahmans, year after year"

"من از برهمن ها سال به سال پرسیدم"

"and I have asked the holy Vedas, year after year"

"و من سال به سال از وداهای مقدس خواسته ام"

"and I have asked the devoted Samanas, year after year"

"و من سال به سال از سمناهای فداکار خواسته ام"

"perhaps I could have learned it from the hornbill bird"

"شاید می توانستم آن را از پرنده شاخدار یاد بگیرم"

"perhaps I should have asked the chimpanzee"

"شاید باید از شامپانزه می پرسیدم"

"It took me a long time"

"مدت زیادی طول کشید"

"and I am not finished learning this yet"

"و من هنوز یادگیری این را تمام نکرده ام"

"oh Govinda, I have learned that there is nothing to be learned!"

"اوه گوویندا، من آموخته ام که چیزی برای آموختن وجود ندارد"!

"There is indeed no such thing as learning"

"در واقع چیزی به نام یادگیری وجود ندارد"

"There is just one knowledge"

"فقط یک دانش وجود دارد"

"this knowledge is everywhere, this is Atman"

"این دانش همه جا هست، این آتمن است"

"this knowledge is within me and within you"

"این دانش در من و درون شماست"

"and this knowledge is within every creature"
»و این علم در هر موجودی است«
"this knowledge has no worse enemy than the desire to know it"
»این دانش دشمنی بدتر از میل به دانستن ندارد«
"that is what I believe"
"این چیزی است که من معتقدم"
At this, Govinda stopped on the path
در این هنگام گوویندا در مسیر توقف کرد
he rose his hands, and spoke
دستانش را بلند کرد و صحبت کرد
"If only you would not bother your friend with this kind of talk"
"فقط اگر دوستت را با این نوع صحبت کردن اذیت نکنی"
"Truly, your words stir up fear in my heart"
"به راستی که سخنان تو در دلم ترس ایجاد می کند"
"consider, what would become of the sanctity of prayer?"
در نظر بگیرید که حرمت نماز چه می شود؟
"what would become of the venerability of the Brahmans' caste?"
تکلیف احترام قشر برهمن چه می شود؟
"what would happen to the holiness of the Samanas?
»چه بر سر قداست سمناها خواهد آمد؟
"What would then become of all of that is holy"
»آنگاه چه خواهد شد همه اینها مقدس است«
"what would still be precious?"
"چه چیزی هنوز ارزشمند است؟"
And Govinda mumbled a verse from an Upanishad to himself
و گوویندا آیه‌ای از اوپانیشاد را برای خود زمزمه کرد
"He who ponderingly, of a purified spirit, loses himself in the meditation of Atman"
»کسی که با تعمق، از روح پاک، خود را در مراقبه آتمان گم می کند.«
"inexpressible by words is the blissfulness of his heart"
»سعادت قلب او با کلمات قابل بیان نیست«
But Siddhartha remained silent

اما سیذارتا ساکت ماند

He thought about the words which Govinda had said to him

او به سخنانی که گوویندا به او گفته بود فکر کرد

and he thought the words through to their end

و کلمات را تا پایانشان فکر کرد

he thought about what would remain of all that which seemed holy

او به این فکر کرد که از همه چیزهایی که مقدس به نظر می رسید چه چیزی باقی می ماند

What remains? What can stand the test?

چه چیزی باقی می ماند؟ چه چیزی می تواند آزمون را تحمل کند؟

And he shook his head

و سرش را تکان داد

the two young men had lived among the Samanas for about three years

این دو جوان حدود سه سال در میان سامانا زندگی کرده بودند

some news, a rumour, a myth reached them

برخی اخبار، یک شایعه، یک افسانه به آنها رسید

the rumour had been retold many times

این شایعه بارها بازگو شده بود

A man had appeared, Gotama by name

مردی ظاهر شده بود به نام گوتاما

the exalted one, the Buddha

والا، بودا

he had overcome the suffering of the world in himself

او بر رنج دنیا در خود غلبه کرده بود

and he had halted the cycle of rebirths

و او چرخه تولد دوباره را متوقف کرده بود

He was said to wander through the land, teaching

گفته می شد که او در زمین سرگردان بود و تدریس می کرد

he was said to be surrounded by disciples

گفته می شود که او توسط شاگردان احاطه شده است

he was said to be without possession, home, or wife

گفته می شد که او بدون مالکیت، خانه یا همسر بود

he was said to be in just the yellow cloak of an ascetic

گفته می شد که او فقط در ردای زرد یک زاهد بود

but he was with a cheerful brow

اما او با ابرویی شاد بود

and he was said to be a man of bliss

و او را مرد سعادت می گفتند

Brahmans and princes bowed down before him

برهمنان و شاهزادگان در برابر او تعظیم کردند

and they became his students

و شاگرد او شدند

This myth, this rumour, this legend resounded

این افسانه، این شایعه، این افسانه طنین انداز شد

its fragrance rose up, here and there, in the towns

عطر آن، اینجا و آنجا، در شهرها بلند شد

the Brahmans spoke of this legend

برهمن ها از این افسانه صحبت کردند

and in the forest, the Samanas spoke of it

و در جنگل، سامانا از آن صحبت کردند

again and again, the name of Gotama the Buddha reached the ears of the young men

بارها و بارها نام گوتاما بودا به گوش جوانان رسید

there was good and bad talk of Gotama

صحبت های خوب و بد در مورد گوتاما وجود داشت

some praised Gotama, others defamed him

برخی گوتاما را ستایش کردند، برخی دیگر او را بدنام کردند

It was as if the plague had broken out in a country

انگار طاعون در کشوری شیوع پیدا کرده بود

news had been spreading around that in one or another place there was a man

اخباری در اطراف پخش شده بود که در این یا آن مکان مردی وجود دارد

a wise man, a knowledgeable one

مرد عاقل، دانا

a man whose word and breath was enough to heal everyone

مردی که حرف و نفسش برای شفای همه کافی بود

his presence could heal anyone who had been infected with the pestilence

حضور او می تواند هر کسی را که به آفت آلوده شده بود شفا دهد
such news went through the land, and everyone would talk about it
چنین اخباری در سرتاسر زمین بود و همه در مورد آن صحبت می کردند
many believed the rumours, many doubted them
بسیاری این شایعات را باور کردند، بسیاری به آنها شک کردند
but many got on their way as soon as possible
اما بسیاری در اسرع وقت به راه افتادند
they went to seek the wise man, the helper
رفتند سراغ مرد عاقل، یاور
the wise man of the family of Sakya
مرد خردمند خانواده ساکیا
He possessed, so the believers said, the highest enlightenment
پس مؤمنان گفتند که او دارای بالاترین روشنایی بود
he remembered his previous lives; he had reached the nirvana
او زندگی های قبلی خود را به یاد آورد. او به نیروانا رسیده بود
and he never returned into the cycle
و او هرگز به چرخه بازگشت
he was never again submerged in the murky river of physical forms
او دیگر هرگز در رودخانه کدر اشکال فیزیکی غوطه ور نشد
Many wonderful and unbelievable things were reported of him
چیزهای شگفت انگیز و باورنکردنی زیادی از او گزارش شده است
he had performed miracles
معجزه کرده بود
he had overcome the devil
او بر شیطان غلبه کرده بود
he had spoken to the gods
او با خدایان صحبت کرده بود
But his enemies and disbelievers said Gotama was a vain seducer
اما دشمنان و کافران او گفتند که گوتاما یک اغواگر بیهوده است

they said he spent his days in luxury
آنها گفتند که او روزهای خود را در تجمل سپری کرده است
they said he scorned the offerings
آنها گفتند که او از پیشکش ها تحقیر می کند
they said he was without learning
آنها گفتند که او بدون یادگیری است
they said he knew neither meditative exercises nor self-castigation
آنها گفتند که او نه تمرینات مدیتیشن را بلد است و نه خودسرزنش کردن
The myth of Buddha sounded sweet
اسطوره بودا شیرین به نظر می رسید
The scent of magic flowed from these reports
بوی جادو از این گزارش ها می آمد
After all, the world was sick, and life was hard to bear
بالاخره دنیا بیمار بود و تحمل زندگی سخت بود
and behold, here a source of relief seemed to spring forth
و اینک، به نظر می رسید که منبعی از آرامش در اینجا سرچشمه می گیرد
here a messenger seemed to call out
در اینجا به نظر می رسید که یک پیام رسان صدا می کند
comforting, mild, full of noble promises
آرامش بخش، ملایم، پر از وعده های شریف
Everywhere where the rumour of Buddha was heard, the young men listened up
هر جا که شایعه بودا شنیده می شد، مردان جوان گوش می دادند
everywhere in the lands of India they felt a longing
در همه جای سرزمین هند حسرت می کردند
everywhere where the people searched, they felt hope
هر جا که مردم جست‌وجو کردند، امید داشتند
every pilgrim and stranger was welcome when he brought news of him
هر زائری و غریبی وقتی از او خبر می‌داد خوش آمد می‌گفت
the exalted one, the Sakyamuni
والا، ساکیامونی
The myth had also reached the Samanas in the forest
این اسطوره به سامانای جنگل هم رسیده بود

and Siddhartha and Govinda heard the myth too

و سیذارتا و گوویندا نیز این افسانه را شنیدند

slowly, drop by drop, they heard the myth

آهسته قطره قطره اسطوره را شنیدند

every drop was laden with hope

هر قطره پر از امید بود

every drop was laden with doubt

هر قطره مملو از شک بود

They rarely talked about it

آنها به ندرت در مورد آن صحبت می کردند

because the oldest one of the Samanas did not like this myth

زیرا قدیمی ترین سامانا این افسانه را دوست نداشت

he had heard that this alleged Buddha used to be an ascetic

او شنیده بود که این بودای ادعایی قبلاً یک زاهد بوده است

he heard he had lived in the forest

شنید که در جنگل زندگی کرده است

but he had turned back to luxury and worldly pleasures

اما او به عیش و نوش و لذت های دنیوی روی آورده بود

and he had no high opinion of this Gotama

و او هیچ نظر بالایی نسبت به این گوتاما نداشت

"Oh Siddhartha," Govinda spoke one day to his friend

گوویندا یک روز با دوستش گفت: "اوه سیدارتا."

"Today, I was in the village"

"امروز، من در روستا بودم"

"and a Brahman invited me into his house"

"و برهمنی مرا به خانه اش دعوت کرد"

"and in his house, there was the son of a Brahman from Magadha"

»و در خانه او پسر برهمنی از ماگاده بود.«

"he has seen the Buddha with his own eyes"

"او بودا را با چشمان خود دیده است"

"and he has heard him teach"

"و شنیده است که او تدریس می کند"

"Verily, this made my chest ache when I breathed"

به راستی که وقتی نفس می کشیدم سینه ام درد می کرد.

"and I thought this to myself:"

"و من با خودم فکر کردم":

"if only we heard the teachings from the mouth of this perfected man!"

"کاش تعالیم را از زبان این مرد کامل می شنیدیم"!

"Speak, friend, wouldn't we want to go there too"

"صحبت کن دوست، ما هم نمی خواهیم به آنجا برویم"

"wouldn't it be good to listen to the teachings from the Buddha's mouth?"

"آیا خوب نیست که به آموزه های بودا گوش دهیم؟"

Spoke Siddhartha, "I had thought you would stay with the Samanas"

سیذارتا گفت: "فکر می کردم تو با ساماناها می مانی"

"I always had believed your goal was to live to be seventy"

"من همیشه فکر می کردم هدفت این بود که هفتاد سالگی زندگی کنی"

"I thought you would keep practising those feats and exercises"

"من فکر می کردم که شما به تمرین آن شاهکارها و تمرینات ادامه می دهید"

"and I thought you would become a Samana"

"و من فکر کردم که تو سامانا خواهی شد"

"But behold, I had not known Govinda well enough"

"اما ببین، من گوویندا را به اندازه کافی نمی شناختم"

"I knew little of his heart"

"من کمی از قلب او می دانستم"

"So now you want to take a new path"

"پس اکنون می خواهید مسیر جدیدی را انتخاب کنید"

"and you want to go there where the Buddha spreads his teachings"

"و شما می خواهید به آنجا بروید جایی که بودا تعالیم خود را گسترش می دهد"

Spoke Govinda, "You're mocking me"

گوویندا گفت: "تو مرا مسخره می کنی"

"Mock me if you like, Siddhartha!"

"اگر دوست داری مرا مسخره کن، سیذارتا"!

"But have you not also developed a desire to hear these teachings?"

"اما آیا شما هم تمایلی به شنیدن این آموزه ها نداشته اید؟"

"have you not said you would not walk the path of the Samanas for much longer?"

«نگفته‌ای که راه سمناها را خیلی بیشتر نمی‌روی؟»

At this, Siddhartha laughed in his very own manner

در این هنگام، سیدارتا به شیوه خودش خندید

the manner in which his voice assumed a touch of sadness

روشی که صدایش حس غم و اندوه به خود گرفت

but it still had that touch of mockery

اما هنوز آن حس تمسخر را داشت

Spoke Siddhartha, "Govinda, you've spoken well"

سیدارتا گفت: "گوویندا، تو خوب صحبت کردی"

"you've remembered correctly what I said"

"تو درست یادت اومد چی گفتم"

"If only you remembered the other thing you've heard from me"

"فقط اگر چیز دیگری را که از من شنیده ای به یاد بیاوری"

"I have grown distrustful and tired against teachings and learning"

"من نسبت به آموزش ها و یادگیری ها بی اعتماد و خسته شده ام"

"my faith in words, which are brought to us by teachers, is small"

ایمان من به کلماتی که معلمان برای ما آورده اند اندک است.

"But let's do it, my dear"

"اما بیا این کار را بکنیم عزیزم"

"I am willing to listen to these teachings"

"من حاضرم به این آموزه ها گوش کنم"

"though in my heart I do not have hope"

"گرچه در قلبم امیدی ندارم"

"I believe that we've already tasted the best fruit of these teachings"

"من معتقدم که ما قبلاً بهترین میوه این آموزه ها را چشیده ایم".

Spoke Govinda, "Your willingness delights my heart"

گوویندا گفت: "میل شما قلب من را خوشحال می کند"

"But tell me, how should this be possible?"

"اما به من بگو، چگونه این ممکن است؟"

"How can the Gotama's teachings have already revealed their best fruit to us?"

چگونه آموزه‌های گوتاما بهترین ثمره خود را برای ما آشکار کرده است؟»

"we have not heard his words yet"

"ما هنوز حرف های او را نشنیده ایم"

Spoke Siddhartha, "Let us eat this fruit"

سیذارتا گفت: "بیایید این میوه را بخوریم"

"and let us wait for the rest, oh Govinda!"

"و بگذار منتظر بقیه باشیم، اوه گوویندا"!

"But this fruit consists in him calling us away from the Samanas"

"اما این میوه عبارت است از اینکه او ما را از سامانا دور می کند".

"and we have already received it thanks to the Gotama!"

"و ما قبلاً آن را به لطف Gotama دریافت کرده ایم"!

"Whether he has more, let us await with calm hearts"

"اگر او بیشتر داشته باشد، اجازه دهید با قلب های آرام منتظر باشیم".

On this very same day Siddhartha spoke to the oldest Samana

در همان روز سیذارتا با قدیمی ترین سامانا صحبت کرد

he told him of his decision to leaves the Samanas

او از تصمیم خود برای ترک سامانا خبر داد

he informed the oldest one with courtesy and modesty

با ادب و حیا به مسن ترین آنها خبر داد

but the Samana became angry that the two young men wanted to leave him

اما سامانا از اینکه دو مرد جوان می خواستند او را ترک کنند عصبانی شد

and he talked loudly and used crude words

و با صدای بلند صحبت می کرد و از کلمات رکیک استفاده می کرد

Govinda was startled and became embarrassed

گوویندا مبهوت شد و خجالت کشید

But Siddhartha put his mouth close to Govinda's ear

اما سیذارتا دهانش را به گوش گوویندا نزدیک کرد
"Now, I want to show the old man what I've learned from him"
"حالا، من می خواهم آنچه را که از او آموخته ام به پیرمرد نشان دهم"
Siddhartha positioned himself closely in front of the Samana
سیذارتا از نزدیک در مقابل سامانا قرار گرفت
with a concentrated soul, he captured the old man's glance
با روحی متمرکز نگاه پیرمرد را جلب کرد
he deprived him of his power and made him mute
قدرتش را از او سلب کرد و او را لال کرد
he took away his free will
او اختیار را از او گرفت
he subdued him under his own will, and commanded him
او را تحت اراده خود مسخر کرد و به او امر کرد
his eyes became motionless, and his will was paralysed
چشمانش بی حرکت شد و اراده اش فلج شد
his arms were hanging down without power
دست هایش بدون برق آویزان شده بود
he had fallen victim to Siddhartha's spell
او قربانی طلسم سیذارتا شده بود
Siddhartha's thoughts brought the Samana under their control
افکار سیذارتا سامانا را تحت کنترل خود درآورد
he had to carry out what they commanded
او باید آنچه را که آنها دستور داده بودند اجرا می کرد
And thus, the old man made several bows
و به این ترتیب، پیرمرد چندین کمان ساخت
he performed gestures of blessing
حرکات تبرکی انجام داد
he spoke stammeringly a godly wish for a good journey
او با لکنت زبان یک آرزوی خدایی برای یک سفر خوب گفت
the young men returned the good wishes with thanks
مردان جوان آرزوهای خوب را با تشکر پاسخ دادند
they went on their way with salutations
با سلام به راه خود ادامه دادند

On the way, Govinda spoke again

در راه، گووبندا دوباره صحبت کرد

"Oh Siddhartha, you have learned more from the Samanas than I knew"

"اوه سیذارتا، تو از ساماناها بیشتر از چیزی که من می دانستم آموخته ای"

"It is very hard to cast a spell on an old Samana"

طلسم کردن یک سامانای قدیمی بسیار سخت است.

"Truly, if you had stayed there, you would soon have learned to walk on water"

"به راستی که اگر آنجا می ماندی، به زودی راه رفتن روی آب را یاد می گرفتی"

"I do not seek to walk on water" said Siddhartha

سیذارتا گفت: "من به دنبال راه رفتن روی آب نیستم."

"Let old Samanas be content with such feats!"

بگذار سامانای پیر به چنین کارهایی بسنده کنند!

Gotama
گوتاما

In Savathi, every child knew the name of the exalted Buddha
در ساواتی، هر کودکی نام بودای متعال را می دانست

every house was prepared for his coming
هر خانه ای برای آمدنش آماده شده بود

each house filled the alms-dishes of Gotama's disciples
هر خانه ظروف صدقه شاگردان گوتاما را پر می کرد

Gotama's disciples were the silently begging ones
شاگردان گوتاما آنهایی بودند که در سکوت التماس می کردند

Near the town was Gotama's favourite place to stay
نزدیک شهر محل مورد علاقه گوتاما برای اقامت بود

he stayed in the garden of Jetavana
او در باغ جتاوانا ماند

the rich merchant Anathapindika had given the garden to Gotama
تاجر ثروتمند آناتاپندیکا باغ را به گوتاما داده بود

he had given it to him as a gift
به عنوان هدیه به او داده بود

he was an obedient worshipper of the exalted one
او فرمانبردار حق تعالی بود

the two young ascetics had received tales and answers
دو جوان زاهد حکایت ها و جواب هایی دریافت کرده بودند

all these tales and answers pointed them to Gotama's abode
همه این داستان ها و پاسخ ها آنها را به محل زندگی گوتاما نشان می دهد

they arrived in the town of Savathi
آنها به شهر ساواتی رسیدند

they went to the very first door of the town
به اولین در شهر رفتند

and they begged for food at the door
و دم در التماس غذا کردند

a woman offered them food
زنی به آنها غذا داد

and they accepted the food

و غذا را پذیرفتند

Siddhartha asked the woman

سیذارتا از زن پرسید

"oh charitable one, where does the Buddha dwell?"

"ای نیکوکار، بودا کجا ساکن است؟"

"we are two Samanas from the forest"

"ما دو سمانه از جنگل هستیم"

"we have come to see the perfected one"

"ما آمده ایم تا کامل شده را ببینیم"

"we have come to hear the teachings from his mouth"

"ما آمده ایم تا تعالیم را از زبان او بشنویم"

Spoke the woman, "you Samanas from the forest"

زن گفت: "شما سامانای جنگل"

"you have truly come to the right place"

"شما واقعا به جای درست آمده اید"

"you should know, in Jetavana, there is the garden of Anathapindika"

"باید بدانید، در جتاوانا، باغ آناتاپندیکا وجود دارد".

"that is where the exalted one dwells"

»اینجا است که حق تعالي ساکن است«

"there you pilgrims shall spend the night"

»شب را در آنجا شما زائران بگذرانید«

"there is enough space for the innumerable, who flock here"

"فضای کافی برای تعداد بیشماری که اینجا جمع می شوند وجود دارد"

"they too come to hear the teachings from his mouth"

"آنها نیز می آیند تا تعالیم را از زبان او بشنوند"

This made Govinda happy, and full of joy

این امر گووبندا را خوشحال و سرشار از شادی کرد

he exclaimed, "we have reached our destination"

او فریاد زد: "ما به مقصد رسیدیم"

"our path has come to an end!"

"راه ما به پایان رسیده است"!

"But tell us, oh mother of the pilgrims"

"اما به ما بگو ای مادر حجاج"

"do you know him, the Buddha?"

"آیا او را می شناسید، بودا؟"
"have you seen him with your own eyes?"

"آیا او را با چشمان خود دیده ای؟"
Spoke the woman, "Many times I have seen him, the exalted one"

زن گفت: بارها او را دیده ام، آن حضرت عالی.
"On many days I have seen him"

"روزهای زیادی او را دیده ام"
"I have seen him walking through the alleys in silence"

"من او را دیده ام که در سکوت در کوچه ها راه می رود"
"I have seen him wearing his yellow cloak"

"من او را دیده ام که شنل زردش را پوشیده است"
"I have seen him presenting his alms-dish in silence"

»او را دیده‌ام که در سکوت ظرف صدقه‌اش را تقدیم می‌کند.«
"I have seen him at the doors of the houses"

"من او را در خانه ها دیده ام"
"and I have seen him leaving with a filled dish"

"و من او را دیدم که با ظرفی پر می رود"
Delightedly, Govinda listened to the woman

گوویندا با خوشحالی به حرف زن گوش داد
and he wanted to ask and hear much more

و می خواست خیلی بیشتر بپرسد و بشنود
But Siddhartha urged him to walk on

اما سیذارتا از او خواست تا ادامه دهد
They thanked the woman and left

از زن تشکر کردند و رفتند
they hardly had to ask for directions

آنها به سختی مجبور بودند راهنمایی بپرسند
many pilgrims and monks were on their way to the Jetavana

بسیاری از زائران و راهبان در راه جتاوانا بودند
they reached it at night, so there were constant arrivals

آنها در شب به آن رسیدند، بنابراین ورود دائمی وجود داشت
and those who sought shelter got it

و کسانی که به دنبال سرپناه بودند آن را دریافت کردند
The two Samanas were accustomed to life in the forest

دو سمنا به زندگی در جنگل عادت کرده بودند

so without making any noise they quickly found a place to stay

بنابراین بدون هیچ سر و صدایی به سرعت جایی برای ماندن پیدا کردند

and they rested there until the morning

و تا صبح در آنجا استراحت کردند

At sunrise, they saw with astonishment the size of the crowd

هنگام طلوع خورشید، با حیرت تعداد جمعیت را دیدند

a great many number of believers had come

تعداد زیادی از مؤمنان آمده بودند

and a great number of curious people had spent the night here

و تعداد زیادی از افراد کنجکاو شب را در اینجا گذرانده بودند

On all paths of the marvellous garden, monks walked in yellow robes

در تمام مسیرهای باغ شگفت انگیز، راهبان با لباس های زرد راه می رفتند

under the trees they sat here and there, in deep contemplation

زیر درختان اینجا و آنجا می‌نشستند و عمیقاً فکر می‌کردند

or they were in a conversation about spiritual matters

یا در مورد مسائل معنوی گفتگو می کردند

the shady gardens looked like a city

باغ های سایه مانند یک شهر به نظر می رسید

a city full of people, bustling like bees

شهری پر از مردم، مثل زنبورها شلوغ

The majority of the monks went out with their alms-dish

اکثر راهبان با ظرف صدقه خود بیرون رفتند

they went out to collect food for their lunch

بیرون رفتند تا برای ناهار غذا جمع کنند

this would be their only meal of the day

این تنها وعده غذایی آنها در روز خواهد بود

The Buddha himself, the enlightened one, also begged in the mornings

خود بودا، روشنفکر نیز صبح ها التماس می کرد

Siddhartha saw him, and he instantly recognised him

سیذارتا او را دید و فوراً او را شناخت
he recognised him as if a God had pointed him out
او را به گونه ای شناخت که گویی خدا به او اشاره کرده است
He saw him, a simple man in a yellow robe
او را دید، مردی ساده با لباس زرد
he was bearing the alms-dish in his hand, walking silently
ظرف صدقه را در دست داشت و بی صدا راه می رفت
"Look here!" Siddhartha said quietly to Govinda
"اینجا را نگاه کن "!سیذارتا به آرامی به گوویندا گفت
"This one is the Buddha"
"این یکی بودا است"
Attentively, Govinda looked at the monk in the yellow robe
گوویندا با دقت به راهب در لباس زرد نگاه کرد
this monk seemed to be in no way different from any of the others
به نظر می رسید این راهب به هیچ وجه با بقیه فرق ندارد
but soon, Govinda also realized that this is the one
اما به زودی گوویندا نیز متوجه شد که این یکی است
And they followed him and observed him
و به دنبال او رفتند و او را مشاهده کردند
The Buddha went on his way, modestly and deep in his thoughts
بودا با متواضعانه و عمیق در افکار خود به راه خود ادامه داد
his calm face was neither happy nor sad
چهره آرام او نه شاد بود و نه غمگین
his face seemed to smile quietly and inwardly
به نظر می رسید چهره اش آرام و درونی لبخند می زد
his smile was hidden, quiet and calm
لبخندش پنهان، ساکت و آرام بود
the way the Buddha walked somewhat resembled a healthy child
راه رفتن بودا تا حدودی شبیه یک کودک سالم بود
he walked just as all of his monks did
او درست مانند راهبانش راه می رفت
he placed his feet according to a precise rule
او پاهای خود را طبق یک قانون دقیق قرار داد

his face and his walk, his quietly lowered glance

صورتش و راه رفتنش، نگاه آرام پایین او

his quietly dangling hand, every finger of it

دست آویزان آرام او، هر انگشتش

all these things expressed peace

همه این چیزها بیانگر آرامش بود

all these things expressed perfection

همه این چیزها بیانگر کمال بود

he did not search, nor did he imitate

نه جستجو کرد و نه تقلید کرد

he softly breathed inwardly an unwhithering calm

آرام آرام آرامی را در درونش دمید

he shone outwardly an unwhithering light

او از بیرون نوری نابسامان تابید

he had about him an untouchable peace

او آرامشی دست نیافتنی داشت

the two Samanas recognised him solely by the perfection of his calm

دو سامانا او را تنها با کمال آرامش او شناختند

they recognized him by the quietness of his appearance

آنها او را از ساکت بودن ظاهرش شناختند

the quietness in his appearance in which there was no searching

سکوت در ظاهرش که در آن هیچ جستجویی وجود نداشت

there was no desire, nor imitation

نه میل وجود داشت و نه تقلید

there was no effort to be seen

تلاشی برای دیده شدن وجود نداشت

only light and peace was to be seen in his appearance

فقط نور و آرامش در ظاهرش دیده می شد

"Today, we'll hear the teachings from his mouth" said Govinda

گووبندا گفت: "امروز، ما آموزه های او را خواهیم شنید."

Siddhartha did not answer

سیدارتا جوابی نداد

He felt little curiosity for the teachings

او کنجکاوی کمی برای آموزه ها احساس می کرد

he did not believe that they would teach him anything new

او باور نمی کرد که چیز جدیدی به او بیاموزند

he had heard the contents of this Buddha's teachings again and again

او مفاد تعالیم این بودا را بارها و بارها شنیده بود

but these reports only represented second hand information

اما این گزارش ها فقط اطلاعات دست دوم را نشان می دادند

But attentively he looked at Gotama's head

اما با دقت به سر گوتاما نگاه کرد

his shoulders, his feet, his quietly dangling hand

شانه هایش، پاهایش، دست آویزان آرامش

it was as if every finger of this hand was of these teachings

انگار هر انگشت این دست از این آموزه ها بود

his fingers spoke of truth

انگشتانش از حقیقت سخن می گفتند

his fingers breathed and exhaled the fragrance of truth

انگشتانش نفس می کشیدند و عطر حقیقت را استشمام می کردند

his fingers glistened with truth

انگشتانش از حقیقت می درخشیدند

this Buddha was truthful down to the gesture of his last finger

این بودا تا ژست آخرین انگشت خود صادق بود

Siddhartha could see that this man was holy

سیذارتا می توانست ببیند که این مرد مقدس است

Never before, Siddhartha had venerated a person so much

هرگز پیش از این، سیذارتا یک شخص را اینقدر ستایش نکرده بود

he had never before loved a person as much as this one

او هرگز کسی را به اندازه این شخص دوست نداشت

They both followed the Buddha until they reached the town

هر دو به دنبال بودا رفتند تا به شهر رسیدند

and then they returned to their silence

و سپس به سکوت خود بازگشتند

they themselves intended to abstain on this day

خودشان قصد داشتند در این روز پرهیز کنند

They saw Gotama returning the food that had been given to him

آنها گوتاما را دیدند که در حال پس دادن غذایی که به او داده شده بود

what he ate could not even have satisfied a bird's appetite

چیزی که او می خورد حتی نمی توانست اشتهای یک پرنده را سیر کند

and they saw him retiring into the shade of the mango-trees

و او را در حال عقب نشینی در سایه درختان انبه دیدند

in the evening the heat had cooled down

در غروب گرما سرد شده بود

everyone in the camp started to bustle about and gathered around

همه در کمپ شروع به شلوغی کردند و دور هم جمع شدند

they heard the Buddha teaching, and his voice

آنها تعلیم بودا و صدای او را شنیدند

and his voice was also perfected

و صدای او نیز کامل شد

his voice was of perfect calmness

صدایش کاملاً آرام بود

his voice was full of peace

صدایش پر از آرامش بود

Gotama taught the teachings of suffering

گوتاما آموزه های رنج را آموزش داد

he taught of the origin of suffering

او منشأ رنج را آموزش داد

he taught of the way to relieve suffering

او راه های تسکین رنج را آموزش داد

Calmly and clearly his quiet speech flowed on

سخنان آرام او به آرامی و واضح ادامه یافت

Suffering was life, and full of suffering was the world

رنج زندگی بود و دنیا پر از رنج

but salvation from suffering had been found

اما نجات از رنج پیدا شده بود

salvation was obtained by him who would walk the path of the Buddha

نجات توسط کسی که راه بودا را می پیماید به دست آمد

- 56 -

With a soft, yet firm voice the exalted one spoke
آن حضرت با صدایی ملایم و در عین حال محکم صحبت کرد
he taught the four main doctrines
او چهار آموزه اصلی را آموزش داد
he taught the eight-fold path
او راه هشتگانه را آموزش داد
patiently he went the usual path of the teachings
با صبر و حوصله راه معمول تعالیم را طی کرد
his teachings contained the examples
آموزه های او حاوی نمونه هایی بود
his teaching made use of the repetitions
تدریس او از تکرارها استفاده می کرد
brightly and quietly his voice hovered over the listeners
صدایش آرام و درخشان بر سر شنوندگان می چرخید
his voice was like a light
صدایش مثل نور بود
his voice was like a starry sky
صدایش مثل یک آسمان پر ستاره بود
When the Buddha ended his speech, many pilgrims stepped forward
وقتی بودا سخنرانی خود را به پایان رساند، بسیاری از زائران جلو آمدند
they asked to be accepted into the community
آنها درخواست کردند که در جامعه پذیرفته شوند
they sought refuge in the teachings
آنها به تعالیم پناه می بردند
And Gotama accepted them by speaking
و گوتاما با صحبت آنها را پذیرفت
"You have heard the teachings well"
"تو آموزه ها را خوب شنیدی"
"join us and walk in holiness"
"به ما بپیوندید و در تقدس قدم بردارید"
"put an end to all suffering"
"به همه رنج ها پایان دهید"
Behold, then Govinda, the shy one, also stepped forward and spoke
ببین، سپس گوویندا، خجالتی، نیز جلو رفت و صحبت کرد

"I also take my refuge in the exalted one and his teachings"
»من نیز به حق تعالی و تعالیم او پناه می برم«
and he asked to be accepted into the community of his disciples
و درخواست کرد که در جامعه شاگردانش پذیرفته شود
and he was accepted into the community of Gotama's disciples
و در جامعه شاگردان گوتاما پذیرفته شد

the Buddha had retired for the night
بودا برای شب بازنشسته شده بود
Govinda turned to Siddhartha and spoke eagerly
گوویندا رو به سیذارتا کرد و مشتاقانه صحبت کرد
"Siddhartha, it is not my place to scold you"
"سیذارتا، جای من نیست که تو را سرزنش کنم"
"We have both heard the exalted one"
»ما هر دو حضرت عالی را شنیدیم«
"we have both perceived the teachings"
"ما هر دو آموزه ها را درک کرده ایم"
"Govinda has heard the teachings"
"گوویندا آموزه ها را شنیده است"
"he has taken refuge in the teachings"
»به تعالیم پناه برده است«
"But, my honoured friend, I must ask you"
"اما دوست ارجمند من باید از شما بپرسم"
"don't you also want to walk the path of salvation?"
آیا شما هم نمی خواهید در راه نجات قدم بردارید؟
"Would you want to hesitate?"
"آیا می خواهید تردید کنید؟"
"do you want to wait any longer?"
"میخوای بیشتر صبر کنی؟"
Siddhartha awakened as if he had been asleep
سیذارتا طوری بیدار شد که انگار خوابیده بود
For a long time, he looked into Govinda's face
برای مدت طولانی به صورت گوویندا نگاه کرد
Then he spoke quietly, in a voice without mockery

سپس آرام و با صدایی بدون تمسخر صحبت کرد
"Govinda, my friend, now you have taken this step"
"گوویندا، دوست من، حالا تو این قدم را برداشتی"
"now you have chosen this path"
"حالا این راه را انتخاب کردی"
"Always, oh Govinda, you've been my friend"
"همیشه، اوه گوویندا، تو دوست من بودی"
"you've always walked one step behind me"
"تو همیشه یک قدم پشت سر من راه میرفتی"
"Often I have thought about you"
"اغلب به تو فکر کرده ام"
"'Won't Govinda for once also take a step by himself'"
"'آیا گوویندا برای یک بار هم که شده خودش قدمی بر نمی دارد'"
"'won't Govinda take a step without me?'"
"'آیا گوویندا بدون من قدمی بر نمی دارد؟'"
"'won't he take a step driven by his own soul?'"
"'آیا او با روح خود قدمی برنخواهد داشت؟'"
"Behold, now you've turned into a man"
"ببین، حالا تو تبدیل به مرد شدی"
"you are choosing your path for yourself"
"شما راه خود را برای خود انتخاب می کنید"
"I wish that you would go it up to its end"
"کاش تا آخرش پیش میرفتی"
"oh my friend, I hope that you shall find salvation!"
"آه دوست من، امیدوارم که نجات پیدا کنی"!
Govinda, did not completely understand it yet
گوویندا، هنوز آن را کاملاً درک نکرده است
he repeated his question in an impatient tone
سوالش را با لحنی بی حوصله تکرار کرد
"Speak up, I beg you, my dear!"
"صحبت کن، خواهش میکنم عزیزم"!
"Tell me, since it could not be any other way"
"به من بگو، زیرا راه دیگری نمی تواند باشد"
"won't you also take your refuge with the exalted Buddha?"
"آیا تو نیز به بودای متعال پناه نمی بری؟"
Siddhartha placed his hand on Govinda's shoulder

سیذارتا دستش را روی شانه گوویندا گذاشت

"You failed to hear my good wish for you"

"تو نتوانستی آرزوی خوب من برای خودت را بشنوی"

"I'm repeating my wish for you"

"من آرزوی خود را برای تو تکرار می کنم"

"I wish that you would go this path"

"کاش این راه را می رفتی"

"I wish that you would go up to this path's end"

"کاش تا آخر این راه بالا میرفتی"

"I wish that you shall find salvation!"

"آرزو میکنم که نجات پیدا کنی"!

In this moment, Govinda realized that his friend had left him

در این لحظه گوویندا متوجه شد که دوستش او را ترک کرده است

when he realized this he started to weep

وقتی متوجه شد شروع به گریه کرد

"Siddhartha!" he exclaimed lamentingly

"سیذارتا "!او با تاسف فریاد زد

Siddhartha kindly spoke to him

سیذارتا با مهربانی با او صحبت کرد

"don't forget, Govinda, who you are"

"فراموش نکن، گوویندا، تو کی هستی"

"you are now one of the Samanas of the Buddha"

"تو اکنون یکی از سامانای بودا هستی"

"You have renounced your home and your parents"

"تو خانه و پدر و مادرت را رها کرده ای"

"you have renounced your birth and possessions"

"تو از تولد و دارایی خود چشم پوشی کرده ای"

"you have renounced your free will"

"شما اراده آزاد خود را کنار گذاشته اید"

"you have renounced all friendship"

"تو از هر دوستی دست کشیدی"

"This is what the teachings require"

"این چیزی است که آموزه ها نیاز دارند"

"this is what the exalted one wants"

»این چیزی است که حق تعالی می خواهد«

"This is what you wanted for yourself"
"این چیزی است که برای خودت می خواستی"
"Tomorrow, oh Govinda, I will leave you"
"فردا، اوه گوویندا، من تو را ترک خواهم کرد"
For a long time, the friends continued walking in the garden
مدتها دوستان در باغ به راه رفتن ادامه دادند
for a long time, they lay there and found no sleep
مدت زیادی آنجا دراز کشیدند و خوابی نیافتند
And over and over again, Govinda urged his friend
و بارها و بارها گوویندا از دوستش اصرار کرد
"why would you not want to seek refuge in Gotama's teachings?"
"چرا نمی خواهید به آموزه های گوتاما پناه ببرید؟"
"what fault could you find in these teachings?"
"چه ایرادی می توانید در این آموزه ها پیدا کنید؟"
But Siddhartha turned away from his friend
اما سیذارتا از دوستش دور شد
every time he said, "Be content, Govinda!"
هر بار می گفت: قانع باش گوویندا!
"Very good are the teachings of the exalted one"
»بسیار خوب است تعالیم حضرت عالی«
"how could I find a fault in his teachings?"
چگونه می توانم در آموزه های او ایرادی پیدا کنم؟

it was very early in the morning
صبح خیلی زود بود
one of the oldest monks went through the garden
یکی از قدیمی ترین راهبان از باغ گذشت
he called to those who had taken their refuge in the teachings
او کسانی را که به تعالیم پناه برده بودند فرا خواند
he called them to dress them up in the yellow robe
او آنها را صدا زد تا لباس زرد به آنها بپوشاند
and he instruct them in the first teachings and duties of their position
و آنها را در اولین آموزه ها و وظایف مقامشان راهنمایی می کند

Govinda once again embraced his childhood friend

گوویندا بار دیگر دوست دوران کودکی خود را در آغوش گرفت

and then he left with the novices

و بعد با تازه کارها رفت

But Siddhartha walked through the garden, lost in thought

اما سیذارتا غرق در فکر در باغ قدم زد

Then he happened to meet Gotama, the exalted one

سپس به طور اتفاقی با گوتاما، آن حضرت عالی ملاقات کرد

he greeted him with respect

با احترام به او سلام کرد

the Buddha's glance was full of kindness and calm

نگاه بودا پر از مهربانی و آرامش بود

the young man summoned his courage

مرد جوان شجاعت خود را جلب کرد

he asked the venerable one for the permission to talk to him

از آن بزرگوار اجازه خواست تا با او صحبت کند

Silently, the exalted one nodded his approval

آن حضرت در سکوت با سر به تایید تکان داد

Spoke Siddhartha, "Yesterday, oh exalted one"

سیدارتا گفت: "دیروز، ای بزرگوار"

"I had been privileged to hear your wondrous teachings"

"من افتخار شنیدن آموزه های شگفت انگیز شما را داشتم"

"Together with my friend, I had come from afar, to hear your teachings"

"من به اتفاق دوستم از راه دور آمده بودم تا آموزش های شما را بشنوم"

"And now my friend is going to stay with your people"

"و اکنون دوست من با مردم شما خواهد ماند"

"he has taken his refuge with you"

"او به تو پناه آورده است"

"But I will again start on my pilgrimage"

"اما من دوباره به زیارت خود شروع خواهم کرد"

"As you please," the venerable one spoke politely

آن بزرگوار با ادب گفت: «هرطور که بخواهی».

"Too bold is my speech," Siddhartha continued

سیدارتا ادامه داد: «سخنرانی من خیلی جسورانه است

"but I do not want to leave the exalted on this note"

»اما نمی‌خواهم تعالی را در این یادداشت بگذارم«
"I want to share with the most venerable one my honest thoughts"
"من می خواهم افکار صادقانه خود را با محترم ترین آنها در میان بگذارم"
"Does it please the venerable one to listen for one moment longer?"
"آیا برای شخص محترم خوشایند است که یک لحظه بیشتر گوش کند؟"
Silently, the Buddha nodded his approval
بودا بی صدا سرش را برای تایید تکان داد
Spoke Siddhartha, "oh most venerable one"
سیدارتا گفت: "ای ارجمندترین"
"there is one thing I have admired in your teachings most of all"
"یک چیز است که من بیش از همه در آموزه های شما تحسین کرده ام"
"Everything in your teachings is perfectly clear"
"همه چیز در آموزه های شما کاملاً واضح است"
"what you speak of is proven"
"آنچه شما صحبت می کنید ثابت شده است"
"you are presenting the world as a perfect chain"
"شما دنیا را به عنوان یک زنجیره کامل معرفی می کنید"
"a chain which is never and nowhere broken"
"زنجیری که هرگز و هیچ کجا پاره نمی شود"
"an eternal chain the links of which are causes and effects"
"زنجیره ای جاودانه که حلقه های آن علت و معلول هستند"
"Never before, has this been seen so clearly"
"تا به حال هرگز، این به این وضوح دیده نشده بود"
"never before, has this been presented so irrefutably"
"تا به حال هرگز این چنین انکارناپذیر ارائه نشده است"
"truly, the heart of every Brahman has to beat stronger with love"
"به راستی که قلب هر برهمنی باید با عشق قوی تر بکوبد"
"he has seen the world through your perfectly connected teachings"
"او جهان را از طریق آموزه های کاملاً مرتبط شما دیده است"
"without gaps, clear as a crystal"

"بدون شکاف، شفاف مانند کریستال"
"not depending on chance, not depending on Gods"
"نه به شانس، نه وابسته به خدا"
"he has to accept it whether it may be good or bad"
"او باید آن را بپذیرد چه خوب باشد چه بد"
"he has to live by it whether it would be suffering or joy"
"او باید با آن زندگی کند چه رنج باشد چه شادی"
"but I do not wish to discuss the uniformity of the world"
"اما من نمی خواهم درباره یکنواختی جهان بحث کنم"
"it is possible that this is not essential"
"این امکان وجود دارد که این ضروری نباشد"
"everything which happens is connected"
"هر چیزی که اتفاق می افتد مرتبط است"
"the great and the small things are all encompassed"
"چیزهای بزرگ و کوچک همه احاطه شده اند"
"they are connected by the same forces of time"
"آنها توسط همان نیروهای زمان به هم مرتبط هستند"
"they are connected by the same law of causes"
"آنها توسط قانون علل یکسانی به هم مرتبط هستند"
"the causes of coming into being and of dying"
"علل به وجود آمدن و مردن"
"this is what shines brightly out of your exalted teachings"
"این همان چیزی است که از تعالیم عالی شما می درخشد"
"But, according to your very own teachings, there is a small gap"
"اما، طبق آموزه های خود شما، یک شکاف کوچک وجود دارد"
"this unity and necessary sequence of all things is broken in one place"
"این وحدت و توالی ضروری همه چیز در یک جا شکسته شده است"
"this world of unity is invaded by something alien"
"این دنیای وحدت مورد هجوم چیزی بیگانه است"
"there is something new, which had not been there before"
"چیز جدیدی وجود دارد که قبلاً آنجا نبوده است"
"there is something which cannot be demonstrated"
"چیزی وجود دارد که نمی توان آن را نشان داد"
"there is something which cannot be proven"

"چیزی هست که قابل اثبات نیست"
"these are your teachings of overcoming the world"
"اینها آموزه های شما برای غلبه بر جهان است"
"these are your teachings of salvation"
"اینها تعالیم نجات شما هستند"
"But with this small gap, the eternal breaks apart again"
"اما با این شکاف کوچک، ابدی دوباره از هم می پاشد"
"with this small breach, the law of the world becomes void"
"با این نقض کوچک، قانون جهان باطل می شود"
"Please forgive me for expressing this objection"
"لطفا مرا به خاطر بیان این اعتراض ببخشید"
Quietly, Gotama had listened to him, unmoved
گوتاما بی سر و صدا به او گوش داده بود، بی حرکت
Now he spoke, the perfected one, with his kind and polite clear voice
اکنون او با صدای شفاف مهربان و مؤدبانه خود سخن می گفت
"You've heard the teachings, oh son of a Brahman"
"تو آموزه ها را شنیدی ای پسر برهمن"
"and good for you that you've thought about it this deeply"
"و برای شما خوب است که در مورد آن عمیقاً فکر کرده اید"
"You've found a gap in my teachings, an error"
"شما شکافی در آموزه های من پیدا کردید، یک خطا"
"You should think about this further"
"شما باید بیشتر در مورد این فکر کنید"
"But be warned, oh seeker of knowledge, of the thicket of opinions"
»اما ای جوینده دانش، از انبوه عقاید برحذر باش«
"be warned of arguing about words"
"از بحث کردن در مورد کلمات هشدار داده شود"
"There is nothing to opinions"
"چیزی برای نظرات وجود ندارد"
"they may be beautiful or ugly"
"آنها ممکن است زیبا یا زشت باشند"
"opinions may be smart or foolish"
"نظرات ممکن است هوشمندانه یا احمقانه باشند"
"everyone can support opinions, or discard them"

"همه می توانند از نظرات حمایت کنند یا آنها را کنار بگذارند"
"But the teachings, you've heard from me, are no opinion"
"اما آموزه هایی که از من شنیده اید، نظری ندارند"
"their goal is not to explain the world to those who seek knowledge"
"هدف آنها این نیست که دنیا را برای کسانی که طالب علم هستند توضیح دهند"
"They have a different goal"
"آنها هدف متفاوتی دارند"
"their goal is salvation from suffering"
"هدف آنها نجات از رنج است"
"This is what Gotama teaches, nothing else"
"این چیزی است که گوتاما آموزش می دهد، هیچ چیز دیگری"
"I wish that you, oh exalted one, would not be angry with me" said the young man
مرد جوان گفت: ای بزرگوار، ای کاش بر من قهر نمی کردی
"I have not spoken to you like this to argue with you"
"من با شما اینطور صحبت نکرده ام که با شما بحث کنم"
"I do not wish to argue about words"
"من نمی خواهم در مورد کلمات بحث کنم"
"You are truly right, there is little to opinions"
"واقعاً حق با شماست، نظرات کمی وجود دارد"
"But let me say one more thing"
"اما بگذارید یک چیز دیگر بگویم"
"I have not doubted in you for a single moment"
"من یک لحظه به تو شک نکردم"
"I have not doubted for a single moment that you are Buddha"
"من حتی یک لحظه شک نکردم که تو بودا هستی"
"I have not doubted that you have reached the highest goal"
"من شک ندارم که تو به بالاترین هدف رسیده ای"
"the highest goal towards which so many Brahmans are on their way"
"بالاترین هدفی که برهمنان زیادی در راه هستند"
"You have found salvation from death"
"تو از مرگ نجات یافتی"

"It has come to you in the course of your own search"
"در جریان جستجوی خودت به دستت رسیده است"
"it has come to you on your own path"
"در مسیر خودت به سراغت آمده است"
"it has come to you through thoughts and meditation"
"از طریق افکار و مراقبه به شما رسیده است"
"it has come to you through realizations and enlightenment"
"از طریق درک و روشنگری به شما رسیده است"
"but it has not come to you by means of teachings!"
اما به وسیله تعالیم برای شما نیامده است!
"And this is my thought"
"و این فکر من است"
"nobody will obtain salvation by means of teachings!"
"هیچ کس با آموزه ها نجات نخواهد یافت"!
"You will not be able to convey your hour of enlightenment"
"شما نمی توانید ساعت روشنگری خود را منتقل کنید"
"words of what has happened to you won't convey the moment!"
"کلمات آنچه برای شما اتفاق افتاده است، لحظه را منتقل نمی کند"!
"The teachings of the enlightened Buddha contain much"
"آموزه های بودای روشنفکر حاوی چیزهای زیادی است"
"it teaches many to live righteously"
"به بسیاری می آموزد که درست زندگی کنند"
"it teaches many to avoid evil"
"به بسیاری می آموزد که از شر دوری کنند"
"But there is one thing which these teachings do not contain"
"اما یک چیز وجود دارد که این آموزه ها شامل نمی شود"
"they are clear and venerable, but the teachings miss something"
"آنها واضح و قابل احترام هستند، اما آموزه ها چیزی را از دست می دهند"
"the teachings do not contain the mystery"
"آموزه ها حاوی رمز و راز نیستند"
"the mystery of what the exalted one has experienced for himself"
»معمای آنچه حق تعالی برای خود تجربه کرده است«

"among hundreds of thousands, only he experienced it"

"در میان صدها هزار نفر، فقط او آن را تجربه کرد"

"This is what I have thought and realized, when I heard the teachings"

"این چیزی است که من با شنیدن آموزه ها فکر کردم و متوجه شدم"

"This is why I am continuing my travels"

"به همین دلیل است که من به سفر خود ادامه می دهم"

"this is why I do not to seek other, better teachings"

"به همین دلیل است که من به دنبال آموزش های دیگر و بهتر نیستم"

"I know there are no better teachings"

"من می دانم که هیچ آموزش بهتری وجود ندارد"

"I leave to depart from all teachings and all teachers"

"من ترک می کنم تا از همه آموزه ها و همه معلمان دور شوم"

"I leave to reach my goal by myself, or to die"

"من می روم تا خودم به هدفم برسم یا بمیرم"

"But often, I'll think of this day, oh exalted one"

"اما غالباً به این روز فکر خواهم کرد، ای بزرگ"

"and I'll think of this hour, when my eyes beheld a holy man"

"و من به این ساعت فکر خواهم کرد که چشمانم مرد مقدسی را دید"

The Buddha's eyes quietly looked to the ground

چشمان بودا بی سر و صدا به زمین خیره شد

quietly, in perfect equanimity, his inscrutable face was smiling

بی سر و صدا، در کمال آرامش، چهره ی غیرقابل درک او می خندید

the venerable one spoke slowly

آن بزرگوار آهسته صحبت کرد

"I wish that your thoughts shall not be in error"

"آرزو می کنم که افکار شما در اشتباه نباشند"

"I wish that you shall reach the goal!"

"ای کاش به هدفت می رسید"!

"But there is something I ask you to tell me"

"اما چیزی هست که از شما می خواهم به من بگویید"

"Have you seen the multitude of my Samanas?"

انبوه سامانای من را دیده ای؟

"they have taken refuge in the teachings"

«به تعالیم پناه برده اند»
"do you believe it would be better for them to abandon the teachings?"
"آیا شما معتقدید که بهتر است آنها آموزه ها را کنار بگذارند؟"
"should they to return into the world of desires?"
آیا آنها باید به دنیای آرزوها برگردند؟
"Far is such a thought from my mind" exclaimed Siddhartha
سیذارتا گفت: "چنین فکری از ذهن من دور است."
"I wish that they shall all stay with the teachings"
"آرزو دارم که همه آنها با آموزه ها بمانند"
"I wish that they shall reach their goal!"
"ای کاش به هدفشان برسند"!
"It is not my place to judge another person's life"
"جای من نیست که زندگی دیگران را قضاوت کنم"
"I can only judge my own life"
"من فقط می توانم زندگی خودم را قضاوت کنم"
"I must decide, I must chose, I must refuse"
"من باید تصمیم بگیرم، باید انتخاب کنم، باید امتناع کنم"
"Salvation from the self is what we Samanas search for"
"نجات از خود همان چیزی است که ما ساماناها به دنبالش هستیم"
"oh exalted one, if only I were one of your disciples"
"ای بزرگوار، اگر یکی از شاگردان تو بودم"
"I'd fear that it might happen to me"
"می ترسم این اتفاق برای من بیفتد"
"only seemingly, would my self be calm and be redeemed"
"فقط به ظاهر، خود من آرام می شود و رستگار می شود"
"but in truth it would live on and grow"
"اما در حقیقت زندگی خواهد کرد و رشد خواهد کرد"
"because then I would replace my self with the teachings"
"زیرا در آن صورت آموزه ها را جایگزین خودم می کنم"
"my self would be my duty to follow you"
"خودم وظیفه دارم از تو پیروی کنم"
"my self would be my love for you"
"خودم عشق من به تو خواهد بود"
"and my self would be the community of the monks!"
"و خود من جامعه راهبان خواهد بود"!

With half of a smile Gotama looked into the stranger's eyes

گوتاما با نیمی از لبخند به چشمان غریبه نگاه کرد

his eyes were unwaveringly open and kind

چشمانش بی دریغ باز و مهربان بود

he bid him to leave with a hardly noticeable gesture

با حرکتی که به سختی قابل توجه بود از او خواست که آنجا را ترک کند

"You are wise, oh Samana" the venerable one spoke

آن بزرگوار گفت: عاقل هستی ای سمانه

"You know how to talk wisely, my friend"

"تو می دانی چگونه عاقلانه صحبت کنی دوست من"

"Be aware of too much wisdom!"

"از خرد بیش از حد آگاه باشید"!

The Buddha turned away

بودا روی برگرداند

Siddhartha would never forget his glance

سیذارتا هرگز نگاه او را فراموش نمی کند

his half smile remained forever etched in Siddhartha's memory

نیمه لبخند او برای همیشه در خاطره سیدارتا ماندگار شد

Siddhartha thought to himself

سیذارتا با خودش فکر کرد

"I have never before seen a person glance and smile this way"

"تا حالا ندیده بودم کسی اینطوری نگاه کنه و لبخند بزنه"

"no one else sits and walks like he does"

"هیچ کس دیگری مثل او نمی نشیند و راه نمی رود"

"truly, I wish to be able to glance and smile this way"

"واقعا، آرزو می کنم بتوانم به این شکل نگاه کنم و لبخند بزنم"

"I wish to be able to sit and walk this way, too"

"آرزو دارم که بتوانم در این راه بنشینم و راه بروم"

"liberated, venerable, concealed, open, childlike and mysterious"

"رهایی، ارجمند، پنهان، آشکار، کودکانه و مرموز"

"he must have succeeded in reaching the innermost part of his self"

"او باید در رسیدن به درونی ترین بخش وجود خود موفق شده باشد"

"only then can someone glance and walk this way"
"تنها در این صورت است که کسی می تواند به این سمت نگاه کند و راه برود"

"I will also seek to reach the innermost part of my self"
"من همچنین به دنبال رسیدن به درونی ترین بخش خودم هستم"

"I saw a man" Siddhartha thought
سیذارتا فکر کرد: «مردی را دیدم».

"a single man, before whom I would have to lower my glance"
"مرد مجردی که باید نگاهم را در مقابلش کم کنم"

"I do not want to lower my glance before anyone else"
»نمی‌خواهم نگاهم را قبل از دیگران پایین بیاورم«

"No teachings will entice me more anymore"
"دیگر هیچ آموزشی مرا مجذوب نمی کند"

"because this man's teachings have not enticed me"
"چون آموزه های این مرد مرا اغوا نکرده است"

"I am deprived by the Buddha" thought Siddhartha
سیذارتا فکر کرد: «بودا من را محروم کرده است».

"I am deprived, although he has given so much"
»من محروم هستم، اگرچه او بسیار داده است«

"he has deprived me of my friend"
"او مرا از دوستم محروم کرده است"

"my friend who had believed in me"
"دوست من که به من ایمان داشت"

"my friend who now believes in him"
"دوست من که اکنون به او ایمان دارد"

"my friend who had been my shadow"
"دوست من که سایه من بود"

"and now he is Gotama's shadow"
"و اکنون او سایه گوتاما است"

"but he has given me Siddhartha"
"اما او به من سیذارتا داده است"

"he has given me myself"
"او خود را به من داده است"

Awakening
بیداری

Siddhartha left the mango grove behind him
سیذارتا بیشه انبه را پشت سر خود رها کرد
but he felt his past life also stayed behind
اما او احساس کرد که زندگی گذشته اش نیز عقب مانده است
the Buddha, the perfected one, stayed behind
بودا، کامل شده، عقب ماند
and Govinda stayed behind too
و گوویندا نیز عقب ماند
and his past life had parted from him
و زندگی گذشته اش از او جدا شده بود
he pondered as he was walking slowly
در حالی که آهسته راه می رفت فکر کرد
he pondered about this sensation, which filled him completely
او در مورد این احساس که او را کاملاً پر کرده بود فکر کرد
He pondered deeply, like diving into a deep water
او عمیقاً فکر کرد، مانند شیرجه زدن در آب عمیق
he let himself sink down to the ground of the sensation
او به خود اجازه داد تا در زمین احساس فرو رود
he let himself sink down to the place where the causes lie
او به خود اجازه داد تا جایی که علت ها در آن نهفته اند فرو رود
to identify the causes is the very essence of thinking
شناسایی علل ماهیت تفکر است
this was how it seemed to him
این طوری به نظرش رسید
and by this alone, sensations turn into realizations
و تنها از این طریق، احساسات به تحقق تبدیل می شوند
and these sensations are not lost
و این احساسات از بین نمی روند
but the sensations become entities
اما احساسات تبدیل به موجودیت می شوند
and the sensations start to emit what is inside of them
و احساسات شروع به ساطع آنچه در درون آنها است می کنند

they show their truths like rays of light
آنها حقایق خود را مانند پرتوهای نور نشان می دهند

Slowly walking along, Siddhartha pondered
سیدارتا به آرامی در حال قدم زدن بود

He realized that he was no youth any more
فهمید که دیگر جوان نیست

he realized that he had turned into a man
متوجه شد که تبدیل به یک مرد شده است

He realized that something had left him
متوجه شد که چیزی او را رها کرده است

the same way a snake is left by its old skin
همان طور که یک مار از پوست پیرش باقی می ماند

what he had throughout his youth no longer existed in him
آنچه در دوران جوانی داشت دیگر در او وجود نداشت

it used to be a part of him; the wish to have teachers
قبلا بخشی از او بود. آرزوی داشتن معلم

the wish to listen to teachings
تمایل به گوش دادن به آموزه ها

He had also left the last teacher who had appeared on his path
آخرین معلمی را هم که در راه او ظاهر شده بود، رها کرده بود

he had even left the highest and wisest teacher
او حتی بالاترین و داناترین معلم را ترک کرده بود

he had left the most holy one, Buddha
او مقدس ترین، بودا را ترک کرده بود

he had to part with him, unable to accept his teachings
او مجبور شد از او جدا شود، زیرا نمی توانست آموزه های او را بپذیرد

Slower, he walked along in his thoughts
آهسته تر، در افکارش پیش رفت

and he asked himself, "But what is this?"
و از خود پرسید: اما این چیست؟

"what have you sought to learn from teachings and from teachers?"
"به دنبال آموختن چه چیزی از آموزه ها و معلمان بوده اید؟"

"and what were they, who have taught you so much?"
"و آنها چه بودند که این همه به شما آموختند؟"

"what are they if they have been unable to teach you?"
"اگر نتوانسته اند به شما آموزش دهند، آنها چه هستند؟"
And he found, "It was the self"
و او متوجه شد "این خود بود"
"it was the purpose and essence of which I sought to learn"
"این هدف و جوهره ای بود که من به دنبال یادگیری آن بودم"
"It was the self I wanted to free myself from"
"این خودی بود که می خواستم خودم را از آن رها کنم"
"the self which I sought to overcome"
"خودی که به دنبال غلبه بر آن بودم"
"But I was not able to overcome it"
"اما من نتوانستم بر آن غلبه کنم"
"I could only deceive it"
"من فقط تونستم فریبش بدم"
"I could only flee from it"
"من فقط می توانستم از آن فرار کنم"
"I could only hide from it"
"من فقط توانستم از آن پنهان شوم"
"Truly, no thing in this world has kept my thoughts so busy"
"به راستی هیچ چیز در این دنیا افکار من را اینقدر مشغول نگه نداشته است"
"I have been kept busy by the mystery of me being alive"
"مرا با راز زنده بودنم مشغول کرده است"
"the mystery of me being one"
"راز یکی بودن من"
"the mystery if being separated and isolated from all others"
"راز جدایی و انزوا از دیگران"
"the mystery of me being Siddhartha!"
رمز و راز سیذارتا بودن من!
"And there is no thing in this world I know less about"
" و هیچ چیز در این دنیا نیست که من کمتر بدانم"
he had been pondering while slowly walking along
او در حالی که به آرامی در امتداد راه می رفت فکر می کرد
he stopped as these thoughts caught hold of him
وقتی این افکار او را درگیر کردند متوقف شد

and right away another thought sprang forth from these thoughts

و بلافاصله فکر دیگری از این افکار بیرون آمد

"there's one reason why I know nothing about myself"

"یک دلیل وجود دارد که من هیچ چیز در مورد خودم نمی دانم"

"there's one reason why Siddhartha has remained alien to me"

"یک دلیل وجود دارد که چرا سیذارتا با من بیگانه مانده است"

"all of this stems from one cause"

"همه اینها از یک علت ناشی می شود"

"I was afraid of myself, and I was fleeing"

"از خودم می ترسیدم و فرار می کردم"

"I have searched for both Atman and Brahman"

"من هر دو آتمن و برهمن را جستجو کرده ام"

"for this I was willing to dissect my self"

"برای این من حاضر بودم خودم را تشریح کنم"

"and I was willing to peel off all of its layers"

"و من حاضر بودم تمام لایه های آن را جدا کنم"

"I wanted to find the core of all peels in its unknown interior"

"من می خواستم هسته تمام لایه برداری ها را در داخل ناشناخته آن پیدا کنم"

"the Atman, life, the divine part, the ultimate part"

"آتمن، زندگی، بخش الهی، بخش نهایی"

"But I have lost myself in the process"

"اما من خودم را در این راه گم کرده ام"

Siddhartha opened his eyes and looked around

سیذارتا چشمانش را باز کرد و به اطراف نگاه کرد

looking around, a smile filled his face

با نگاه کردن به اطراف، لبخندی روی صورتش پر شد

a feeling of awakening from long dreams flowed through him

احساس بیداری از رویاهای طولانی در او جریان داشت

the feeling flowed from his head down to his toes

احساس از سرش به پایین تا انگشتان پا جاری شد

And it was not long before he walked again

و دیری نگذشت که دوباره راه افتاد

he walked quickly, like a man who knows what he has got to do

به سرعت راه می رفت، مثل مردی که می داند باید چه کار کند

"now I will not let Siddhartha escape from me again!"

حالا دیگر اجازه نمی دهم سیذارتا از دستم فرار کند!

"I no longer want to begin my thoughts and my life with Atman"

"دیگر نمی خواهم افکار و زندگیم را با آتمن شروع کنم"

"nor do I want to begin my thoughts with the suffering of the world"

"نه می خواهم افکارم را با رنج دنیا شروع کنم"

"I do not want to kill and dissect myself any longer"

"دیگر نمی خواهم خودم را بکشم و تشریح کنم"

"Yoga-Veda shall not teach me anymore"

"یوگا ودا دیگر به من یاد نخواهد داد"

"nor Atharva-Veda, nor the ascetics"

»نه آثاروا ودا، نه زاهدان«

"there will not be any kind of teachings"

"هیچ نوع آموزه ای وجود نخواهد داشت"

"I want to learn from myself and be my student"

"من می خواهم از خودم یاد بگیرم و شاگرد من باشم"

"I want to get to know myself; the secret of Siddhartha"

"من می خواهم خودم را بشناسم؛ راز سیدارتا"

He looked around, as if he was seeing the world for the first time

به اطراف نگاه کرد، انگار برای اولین بار است که دنیا را می بیند

Beautiful and colourful was the world

دنیا زیبا و رنگارنگ بود

strange and mysterious was the world

دنیا عجیب و مرموز بود

Here was blue, there was yellow, here was green

اینجا آبی بود، زرد بود، اینجا سبز بود

the sky and the river flowed

آسمان و رودخانه جاری شد

the forest and the mountains were rigid

جنگل و کوه ها سفت و سخت بود

all of the world was beautiful

تمام دنیا زیبا بود

all of it was mysterious and magical

همه چیز مرموز و جادویی بود

and in its midst was he, Siddhartha, the awakening one

و در میان آن او، سیذارتا، بیدار کننده بود

and he was on the path to himself

و او در مسیر خود بود

all this yellow and blue and river and forest entered Siddhartha

تمام این زرد و آبی و رودخانه و جنگل وارد سیذارتا شد

for the first time it entered through the eyes

برای اولین بار از طریق چشم وارد شد

it was no longer a spell of Mara

دیگر طلسم مارا نبود

it was no longer the veil of Maya

دیگر حجاب مایا نبود

it was no longer a pointless and coincidental

این دیگر بیهوده و تصادفی نبود

things were not just a diversity of mere appearances

همه چیز فقط تنوع ظاهری صرف نبود

appearances despicable to the deeply thinking Brahman

ظاهری نفرت انگیز برای برهمن عمیقاً متفکر

the thinking Brahman scorns diversity, and seeks unity

برهمن متفکر تنوع را تحقیر می کند و به دنبال وحدت است

Blue was blue and river was river

آبی آبی بود و رودخانه رودخانه بود

the singular and divine lived hidden in Siddhartha

مفرد و الهی در سیذارتا پنهان زندگی می کرد

divinity's way and purpose was to be yellow here, and blue there

راه و هدف الوهیت این بود که اینجا زرد و آنجا آبی باشد

there sky, there forest, and here Siddhartha

آنجا آسمان، آنجا جنگل، و اینجا سیذارتا

The purpose and essential properties was not somewhere behind the things

غرض و خواص ضروری جایی در پس چیزها نبود

the purpose and essential properties was inside of everything

هدف و خواص ضروری درون هر چیزی بود

"How deaf and stupid have I been!" he thought

"چقدر ناشنوا و احمق بودم "!او فکر کرد

and he walked swiftly along

و او به سرعت در امتداد راه رفت

"When someone reads a text he will not scorn the symbols and letters"

"وقتی کسی متنی را می خواند، علائم و حروف را تحقیر نمی کند".

"he will not call the symbols deceptions or coincidences"

"او نمادها را فریب یا تصادف نخواهد خواند"

"but he will read them as they were written"

"اما او آنها را همانطور که نوشته شده است خواهد خواند"

"he will study and love them, letter by letter"

"او نامه به نامه آنها را مطالعه خواهد کرد و دوست خواهد داشت"

"I wanted to read the book of the world and scorned the letters"

"من می خواستم کتاب جهان را بخوانم و حروف را تحقیر کردم"

"I wanted to read the book of myself and scorned the symbols"

"من می خواستم کتاب خودم را بخوانم و نمادها را تحقیر کردم"

"I called my eyes and my tongue coincidental"

"من چشمانم و زبانم را تصادفی صدا کردم"

"I said they were worthless forms without substance"

"گفتم آنها اشکال بی ارزش و بدون ماهیت هستند"

"No, this is over, I have awakened"

"نه، این تمام شد، من بیدار شدم"

"I have indeed awakened"

"من واقعاً بیدار شدم"

"I had not been born before this very day"

"من تا این روز به دنیا نیامده بودم"

In thinking these thoughts, Siddhartha suddenly stopped once again

سیذارتا در اندیشیدن به این افکار ناگهان یک بار دیگر متوقف شد

he stopped as if there was a snake lying in front of him

طوری ایستاد که انگار یک مار در مقابلش خوابیده بود

suddenly, he had also become aware of something else

ناگهان از چیز دیگری نیز آگاه شده بود

He was indeed like someone who had just woken up

او واقعاً مانند کسی بود که تازه از خواب بیدار شده بود

he was like a new-born baby starting life anew

او مانند یک نوزاد تازه متولد شده بود که زندگی را از نو آغاز می کرد

and he had to start again at the very beginning

و او باید از همان ابتدا دوباره شروع می کرد

in the morning he had had very different intentions

در صبح او نیات بسیار متفاوتی داشت

he had thought to return to his home and his father

فکر کرده بود به خانه و پدرش برگردد

But now he stopped as if a snake was lying on his path

اما حالا طوری ایستاد که انگار مار روی سر راهش افتاده بود

he made a realization of where he was

او متوجه شد که کجاست

"I am no longer the one I was"

"من دیگه اونی که بودم نیستم"

"I am no ascetic anymore"

"من دیگر زاهد نیستم"

"I am not a priest anymore"

"من دیگر یک کشیش نیستم"

"I am no Brahman anymore"

"من دیگر برهمن نیستم"

"Whatever should I do at my father's place?"

"من جای پدرم چه کار کنم؟"

"Study? Make offerings? Practise meditation?"

"مطالعه؟ ارائه پیشنهادات؟ مراقبه تمرین کنید؟"

"But all this is over for me"

"اما همه اینها برای من تمام شده است"

"all of this is no longer on my path"

"همه اینها دیگر در مسیر من نیست"
Motionless, Siddhartha remained standing there

سیذارتا بی حرکت در آنجا ایستاده بود

and for the time of one moment and breath, his heart felt cold

و به مدت یک لحظه و نفس، قلبش سرد شد

he felt a coldness in his chest

سردی در سینه اش احساس کرد

the same feeling a small animal feels when it sees how alone it is

همان حسی را که یک حیوان کوچک احساس می کند وقتی می بیند چقدر تنها است

For many years, he had been without home and had felt nothing

او سالها بدون خانه بود و هیچ احساسی نداشت

Now, he felt he had been without a home

حالا احساس می کرد که بدون خانه مانده است

Still, even in the deepest meditation, he had been his father's son

با این حال، حتی در عمیق ترین مراقبه، او پسر پدرش بود

he had been a Brahman, of a high caste

او یک برهمن بود، از کاست بالا

he had been a cleric

او یک روحانی بوده است

Now, he was nothing but Siddhartha, the awoken one

حالا او چیزی جز سیذارتای بیدار نبود

nothing else was left of him

چیز دیگری از او باقی نمانده بود

Deeply, he inhaled and felt cold

نفس عمیقی کشید و احساس سرما کرد

a shiver ran through his body

لرزی در بدنش جاری شد

Nobody was as alone as he was

هیچکس به اندازه او تنها نبود

There was no nobleman who did not belong to the noblemen

هیچ بزرگواری نبود که از آن بزرگواران نباشد

there was no worker that did not belong to the workers

کارگری نبود که متعلق به کارگران نباشد

they had all found refuge among themselves

همه در میان خودشان پناه گرفته بودند

they shared their lives and spoke their languages

آنها زندگی خود را به اشتراک می گذاشتند و به زبان خود صحبت می کردند

there are no Brahman who would not be regarded as Brahmans

هیچ برهمنی وجود ندارد که به عنوان برهمن در نظر گرفته نشود

and there are no Brahmans that didn't live as Brahmans

و هیچ برهمنی وجود ندارد که به عنوان برهمن زندگی نکرده باشد

there are no ascetic who could not find refuge with the Samanas

هیچ زاهدی نیست که نزد سامانا پناه نیاورد

and even the most forlorn hermit in the forest was not alone

و حتی فرسوده ترین گوشه نشین جنگل تنها نبود

he was also surrounded by a place he belonged to

او همچنین توسط مکانی که به آن تعلق داشت احاطه شده بود

he also belonged to a caste in which he was at home

او همچنین به طبقه ای تعلق داشت که در آن خانه بود

Govinda had left him and became a monk

گوویندا او را ترک کرده بود و راهب شده بود

and a thousand monks were his brothers

و هزار راهب برادران او بودند

they wore the same robe as him

همان لباس او را پوشیدند

they believed in his faith and spoke his language

آنها به ایمان او ایمان داشتند و به زبان او صحبت می کردند

But he, Siddhartha, where did he belong to?

اما او، سیدارتا، به کجا تعلق داشت؟

With whom would he share his life?

او زندگی خود را با چه کسی تقسیم می کند؟

Whose language would he speak?

او به زبان چه کسی صحبت می کند؟

the world melted away all around him

دنیا در اطرافش ذوب شد

he stood alone like a star in the sky

او مانند ستاره ای در آسمان تنها ایستاده بود

cold and despair surrounded him

سردی و ناامیدی او را احاطه کرده بود

but Siddhartha emerged out of this moment

اما سیذارتا از این لحظه بیرون آمد

Siddhartha emerged more his true self than before

سیذارتا بیشتر از قبل خود واقعی خود را آشکار کرد

he was more firmly concentrated than he had ever been

او محکم تر از همیشه متمرکز بود

He felt; "this had been the last tremor of the awakening"

او احساس کرد؛ "این آخرین لرزش بیداری بود"

"the last struggle of this birth"

"آخرین مبارزه این تولد"

And it was not long until he walked again in long strides

و طولی نکشید که دوباره با گامهای بلند راه رفت

he started to proceed swiftly and impatiently

با سرعت و بی حوصلگی شروع به حرکت کرد

he was no longer going home

او دیگر به خانه نمی رفت

he was no longer going to his father

او دیگر نزد پدرش نمی رفت

Part Two
قسمت دوم

***

Kamala
کامالا

Siddhartha learned something new on every step of his path
سیذارتا در هر مرحله از مسیرش چیز جدیدی یاد گرفت
because the world was transformed and his heart was enchanted
چون دنیا دگرگون شد و دلش مسحور شد
He saw the sun rising over the mountains
خورشید را دید که بر فراز کوهها طلوع می کرد
and he saw the sun setting over the distant beach
و خورشید را دید که در ساحل دور غروب می کند
At night, he saw the stars in the sky in their fixed positions
در شب ستارگان آسمان را در موقعیت ثابت خود دید
and he saw the crescent of the moon floating like a boat in the blue
و هلال ماه را دید که مانند قایق در آبی شناور است
He saw trees, stars, animals, and clouds
او درختان، ستاره ها، حیوانات و ابرها را دید
rainbows, rocks, herbs, flowers, streams and rivers
رنگین کمان ها، سنگ ها، گیاهان، گل ها، نهرها و رودخانه ها
he saw the glistening dew in the bushes in the morning
او صبح شبنم درخشان را در بوته ها دید
he saw distant high mountains which were blue
کوههای بلند دوری را دید که آبی بودند
wind blew through the rice-field
باد از میان مزرعه برنج وزید
all of this, a thousand-fold and colourful, had always been there
همه‌ی این‌ها، هزار برابر و رنگارنگ، همیشه وجود داشت
the sun and the moon had always shone

خورشید و ماه همیشه می درخشیدند

rivers had always roared and bees had always buzzed

رودخانه ها همیشه غرش می کردند و زنبورها همیشه وزوز می کردند

but in former times all of this had been a deceptive veil

اما در زمان های گذشته همه اینها حجابی فریبنده بود

to him it had been nothing more than fleeting

برای او چیزی جز گذرا نبود

it was supposed to be looked upon in distrust

قرار بود با بی اعتمادی به آن نگاه شود

it was destined to be penetrated and destroyed by thought

مقدر بود که اندیشه در آن نفوذ کند و نابود کند

since it was not the essence of existence

چون جوهر هستی نبود

since this essence lay beyond, on the other side of, the visible

از آنجایی که این جوهر در آن سوی امر مرئی قرار داشت

But now, his liberated eyes stayed on this side

اما حالا چشمان رها شده اش به این طرف ماند

he saw and became aware of the visible

دید و از مرئی آگاه شد

he sought to be at home in this world

او به دنبال این بود که در این دنیا در خانه باشد

he did not search for the true essence

او به دنبال جوهر واقعی نبود

he did not aim at a world beyond

او دنیایی فراتر را هدف قرار نداد

this world was beautiful enough for him

این دنیا به اندازه کافی برای او زیبا بود

looking at it like this made everything childlike

اینگونه نگاه کردن همه چیز را کودکانه می کرد

Beautiful were the moon and the stars

ماه و ستاره ها زیبا بودند

beautiful was the stream and the banks

زیبا بود نهر و سواحل

the forest and the rocks, the goat and the gold-beetle

جنگل و صخره ها، بز و سوسک طلا

the flower and the butterfly; beautiful and lovely it was
گل و پروانه؛ زیبا و دوست داشتنی بود
to walk through the world was childlike again
قدم زدن در جهان دوباره کودکانه بود
this way he was awoken
به این ترتیب او از خواب بیدار شد
this way he was open to what is near
بدین ترتیب او به آنچه نزدیک است باز بود
this way he was without distrust
به این ترتیب او بدون بی اعتمادی بود
differently the sun burnt the head
به طور متفاوت خورشید سر را سوزاند
differently the shade of the forest cooled him down
سایه جنگل او را خنک می کرد
differently the pumpkin and the banana tasted
مزه کدو تنبل و موز متفاوت است
Short were the days, short were the nights
روزها کوتاه بود، شب ها کوتاه
every hour sped swiftly away like a sail on the sea
هر ساعت مثل بادبانی روی دریا به سرعت دور می شد
and under the sail was a ship full of treasures, full of joy
و زیر بادبان یک کشتی پر از گنج بود، پر از شادی
Siddhartha saw a group of apes moving through the high canopy
سیذارتا گروهی از میمون ها را دید که از میان سایبان بلند حرکت می کردند
they were high in the branches of the trees
آنها در بالای شاخه های درختان بودند
and he heard their savage, greedy song
و آواز وحشیانه و حریصانه آنها را شنید
Siddhartha saw a male sheep following a female one and mating with her
سیذارتا گوسفند نر را دید که به دنبال یک گوسفند ماده می‌آمد و با او جفت‌گیری می‌کرد
In a lake of reeds, he saw the pike hungrily hunting for its dinner

در دریاچه ای از نی، او پیک را دید که با گرسنگی برای شامش شکار می کند

young fish were propelling themselves away from the pike

ماهی های جوان در حال دور شدن از پیک بودند

they were scared, wiggling and sparkling

آنها ترسیده بودند، تکان می خوردند و برق می زدند

the young fish jumped in droves out of the water

ماهی های جوان دسته دسته از آب بیرون پریدند

the scent of strength and passion came forcefully out of the water

بوی قدرت و اشتیاق به زور از آب بیرون آمد

and the pike stirred up the scent

و پیک عطر را برانگیخت

All of this had always existed

همه اینها همیشه وجود داشته است

and he had not seen it, nor had he been with it

و او آن را ندیده بود و با آن نبود

Now he was with it and he was part of it

حالا او با آن بود و بخشی از آن بود

Light and shadow ran through his eyes

نور و سایه از چشمانش می گذشت

stars and moon ran through his heart

ستارگان و ماه در قلبش می گذشت

Siddhartha remembered everything he had experienced in the Garden Jetavana

سیذارتا همه چیزهایی را که در باغ جتاوانا تجربه کرده بود به یاد آورد

he remembered the teaching he had heard there from the divine Buddha

او تعالیمی را که در آنجا از بودای الهی شنیده بود به یاد آورد

he remembered the farewell from Govinda

خداحافظی گوویندا را به یاد آورد

he remembered the conversation with the exalted one

گفتگو با حضرت عالی را به یاد آورد

Again he remembered his own words that he had spoken to the exalted one

دوباره به یاد سخنان خود افتاد که با آن حضرت فرموده بود

he remembered every word

او هر کلمه را به خاطر می آورد

he realized he had said things which he had not really known

او متوجه شد که چیز هایی گفته است که واقعاً نمی دانسته است

he astonished himself with what he had said to Gotama

او با آنچه به گوتاما گفته بود متحیر شد

the Buddha's treasure and secret was not the teachings

گنج و راز بودا تعالیم نبود

but the secret was the inexpressible and not teachable

اما راز غیرقابل بیان و آموزش ناپذیر بود

the secret which he had experienced in the hour of his enlightenment

رازی که او در ساعت روشنگری خود تجربه کرده بود

the secret was nothing but this very thing which he had now gone to experience

راز چیزی جز همین چیزی نبود که او حالا رفته بود آن را تجربه کند

the secret was what he now began to experience

راز این بود که او اکنون شروع به تجربه کردن کرد

Now he had to experience his self

حالا باید خودش را تجربه می کرد

he had already known for a long time that his self was Atman

او از مدت ها قبل می دانست که خود او آتمن است

he knew Atman bore the same eternal characteristics as Brahman

او می دانست که آتمن همان ویژگی های ابدی برهمن را دارد

But he had never really found this self

اما او هرگز این خود را پیدا نکرده بود

because he had wanted to capture the self in the net of thought

زیرا او می خواست خود را در شبکه فکر اسیر کند

but the body was not part of the self

اما بدن جزئی از خود نبود

it was not the spectacle of the senses

این منظره حواس نبود

so it also was not the thought, nor the rational mind

بنابراین نه فکر بود و نه ذهن منطقی

it was not the learned wisdom, nor the learned ability

این نه خرد آموخته شده بود و نه توانایی آموخته شده

from these things no conclusions could be drawn

از این چیزها هیچ نتیجه ای نمی توان گرفت

No, the world of thought was also still on this side

نه، عالم اندیشه هم هنوز این طرف بود

Both, the thoughts as well as the senses, were pretty things

هر دو، افکار و همچنین حواس، چیزهای زیبایی بودند

but the ultimate meaning was hidden behind both of them

اما معنای نهایی پشت هر دوی آنها پنهان بود

both had to be listened to and played with

باید به هر دو گوش داد و با آنها بازی کرد

neither had to be scorned nor overestimated

نه باید مورد تحقیر قرار می گرفت و نه بیش از حد

there were secret voices of the innermost truth

صداهای پنهانی از درونی ترین حقیقت وجود داشت

these voices had to be attentively perceived

این صداها را باید با دقت درک کرد

He wanted to strive for nothing else

او می خواست برای هیچ چیز دیگری تلاش کند

he would do what the voice commanded him to do

او کاری را که صدا به او دستور می داد انجام می داد

he would dwell where the voices advised him to

جایی که صداها به او توصیه می کردند ساکن می شد

Why had Gotama sat down under the Bodhi tree?

چرا گوتاما زیر درخت بودی نشسته بود؟

He had heard a voice in his own heart

در دل خودش صدایی شنیده بود

a voice which had commanded him to seek rest under this tree

صدایی که به او دستور داده بود زیر این درخت استراحت کند

he could have gone on to make offerings

او می توانست به ارائه پیشکش ها ادامه دهد

he could have performed his ablutions

می توانست وضو بگیرد

he could have spent that moment in prayer

او می توانست آن لحظه را در نماز بگذراند

he had chosen not to eat or drink

او انتخاب کرده بود که نخورد و ننوشد

he had chosen not to sleep or dream

او انتخاب کرده بود که نخوابد یا رویا نبیند

instead, he had obeyed the voice

در عوض، او از صدا اطاعت کرده بود

To obey like this was good

اطاعت اینگونه خوب بود

it was good not to obey to an external command

خوب بود که از دستور بیرونی اطاعت نکنیم

it was good to obey only the voice

خوب بود که فقط از صدا اطاعت کنم

to be ready like this was good and necessary

اینطور آماده بودن خوب و ضروری بود

there was nothing else that was necessary

هیچ چیز دیگری که لازم بود وجود نداشت

in the night Siddhartha got to a river

در شب سیذارتا به رودخانه ای رسید

he slept in the straw hut of a ferryman

او در کلبه حصیری یک کشتی گیر خوابید

this night Siddhartha had a dream

این شب سیذارتا خواب دید

Govinda was standing in front of him

گووindا روبرویش ایستاده بود

he was dressed in the yellow robe of an ascetic

جامه زرد زاهدی به تن داشت

Sad was how Govinda looked

ظاهر گووindا غمگین بود

sadly he asked, "Why have you forsaken me?"

با ناراحتی پرسید: چرا مرا ترک کردی؟

Siddhartha embraced Govinda, and wrapped his arms around him

سیذارتا گوویندا را در آغوش گرفت و دستانش را دور او حلقه کرد

he pulled him close to his chest and kissed him

او را به سینه‌اش نزدیک کرد و بوسید

but it was not Govinda anymore, but a woman

اما دیگر گوویندا نبود، بلکه یک زن بود

a full breast popped out of the woman's dress

یک سینه پر از لباس زن بیرون زد

Siddhartha lay and drank from the breast

سیذارتا دراز کشید و از سینه نوشید

sweetly and strongly tasted the milk from this breast

طعم شیرین و قوی شیر این سینه را چشید

It tasted of woman and man

طعم زن و مرد را می داد

it tasted of sun and forest

طعم آفتاب و جنگل را می داد

it tasted of animal and flower

طعم حیوان و گل می داد

it tasted of every fruit and every joyful desire

از هر میوه و هر آرزوی شادی آور مزه می کرد

It intoxicated him and rendered him unconscious

او را مست کرد و بیهوش کرد

Siddhartha woke up from the dream

سیذارتا از خواب بیدار شد

the pale river shimmered through the door of the hut

رودخانه رنگ پریده از در کلبه می درخشید

a dark call of an owl resounded deeply through the forest

صدای تاریک یک جغد عمیقاً در جنگل طنین انداز شد

Siddhartha asked the ferryman to get him across the river

سیذارتا از کشتی گیر خواست تا او را از رودخانه عبور دهد

The ferryman got him across the river on his bamboo-raft

کشتی سوار او را با قایق بامبو از رودخانه عبور داد

the water shimmered reddish in the light of the morning

آب در نور صبح قرمز شد

"This is a beautiful river," he said to his companion

به همراه خود گفت: این رودخانه زیبایی است
"Yes," said the ferryman, "a very beautiful river"
کشتی‌دار گفت: «بله، رودخانه‌ای بسیار زیبا»
"I love it more than anything"
"من بیشتر از هر چیزی دوستش دارم"
"Often I have listened to it"
"اغلب به آن گوش داده ام"
"often I have looked into its eyes"
"اغلب به چشمانش نگاه کرده ام"
"and I have always learned from it"
"و من همیشه از آن آموخته ام"
"Much can be learned from a river"
"از یک رودخانه چیزهای زیادی می توان آموخت"
"I thank you, my benefactor" spoke Siddhartha
سیذارتا گفت: "از تو سپاسگزارم، نیکوکار من".
he disembarked on the other side of the river
از آن طرف رودخانه پیاده شد
"I have no gift I could give you for your hospitality, my dear"
"هیچ هدیه ای ندارم که بتونم به خاطر مهمان نوازی تو بدم عزیزم"
"and I also have no payment for your work"
"و من هم هیچ پولی برای کار شما ندارم"
"I am a man without a home"
"من مردی هستم بدون خانه"
"I am the son of a Brahman and a Samana"
"من فرزند برهمن و سامانا هستم"
"I did see it," spoke the ferryman
کشتی گیر گفت: "من آن را دیدم."
"I did not expect any payment from you"
"من هیچ انتظاری از شما نداشتم"
"it is custom for guests to bear a gift"
"رسم است که مهمانان هدیه ببرند"
"but I did not expect this from you either"
"اما من هم از تو انتظار این را نداشتم"
"You will give me the gift another time"
"وقتی دیگر به من هدیه می دهی"

"Do you think so?" asked Siddhartha, bemusedly
"اینطور فکر می کنی؟ "سیذارتا با تعجب پرسید
"I am sure of it," replied the ferryman
کشتی‌دار پاسخ داد: "من از آن مطمئن هستم."
"This too, I have learned from the river"
"این را هم از رودخانه یاد گرفته ام"
"everything that goes comes back!"
"هر چیزی که برمی گردد برمی گردد"!
"You too, Samana, will come back"
"تو هم سامانا برمیگردی"
"Now farewell! Let your friendship be my reward"
"حالا خداحافظ! بگذار دوستی تو پاداش من باشد"
"Commemorate me, when you make offerings to the gods"
"وقتی برای خدایان پیشکش می کنی مرا یاد کن"
Smiling, they parted from each other
آنها با لبخند از یکدیگر جدا شدند
Smiling, Siddhartha was happy about the friendship
سیدارتا با لبخند از این دوستی خوشحال شد
and he was happy about the kindness of the ferryman
و از مهربانی کشتی گیر خوشحال شد
"He is like Govinda," he thought with a smile
با لبخند فکر کرد: «او مثل گوویندا است
"all I meet on my path are like Govinda"
"تمام آنچه در مسیرم می بینم شبیه گوویندااست"
"All are thankful for what they have"
"همه به خاطر داشته هایشان شکرگزارند"
"but they are the ones who would have a right to receive thanks"
"اما آنها کسانی هستند که حق دارند تشکر کنند"
"all are submissive and would like to be friends"
"همه مطیع هستند و دوست دارند با هم دوست باشند"
"all like to obey and think little"
"همه دوست دارند اطاعت کنند و اندک فکر کنند"
"all people are like children"
"همه مردم مثل بچه ها هستند"

At about noon, he came through a village
حوالی ظهر از روستایی گذشت

In front of the mud cottages, children were rolling about in the street
جلوی کلبه های گلی، بچه ها در خیابان می چرخیدند

they were playing with pumpkin-seeds and sea-shells
آنها با تخم کدو و صدف دریایی بازی می کردند

they screamed and wrestled with each other
آنها فریاد زدند و با یکدیگر کشتی گرفتند

but they all timidly fled from the unknown Samana
اما همه آنها با ترس از سامانای ناشناس فرار کردند

In the end of the village, the path led through a stream
در انتهای روستا مسیر از نهر می گذشت

by the side of the stream, a young woman was kneeling
در کنار نهر، زن جوانی زانو زده بود

she was washing clothes in the stream
او در حال شستن لباس ها در رودخانه بود

When Siddhartha greeted her, she lifted her head
وقتی سیدارتا به او سلام کرد، سرش را بلند کرد

and she looked up to him with a smile
و با لبخند به او نگاه کرد

he could see the white in her eyes glistening
او می توانست سفیدی در چشمان او را ببیند که برق می زند

He called out a blessing to her
برای او دعای خیر کرد

this was the custom among travellers
این رسم در بین مسافران بود

and he asked how far it was to the large city
و پرسید تا شهر بزرگ چقدر فاصله دارد

Then she got up and came to him
سپس برخاست و نزد او آمد

beautifully her wet mouth was shimmering in her young face
به زیبایی دهان خیسش در چهره جوانش می درخشید

She exchanged humorous banter with him
او شوخی های طنز آمیز با او رد و بدل کرد

she asked whether he had eaten already

او پرسید که آیا قبلاً غذا خورده است؟

and she asked curious questions

و او سوالات کنجکاوی پرسید

"is it true that the Samanas slept alone in the forest at night?"

درست است که سمناها شبها در جنگل تنها می خوابیدند؟

"is it true Samanas are not allowed to have women with them"

"آیا درست است که سمناها مجاز به همراه داشتن زنان نیستند؟"

While talking, she put her left foot on his right one

در حین صحبت، پای چپش را روی پای راست او گذاشت

the movement of a woman who would want to initiate sexual pleasure

حرکت زنی که می خواهد لذت جنسی را آغاز کند

the textbooks call this "climbing a tree"

کتاب های درسی به این می گویند "بالا رفتن از درخت"

Siddhartha felt his blood heating up

سیذارتا احساس کرد خونش داغ شده است

he had to think of his dream again

او باید دوباره به رویای خود فکر می کرد

he bend slightly down to the woman

کمی به سمت زن خم شد

and he kissed with his lips the brown nipple of her breast

و با لب هایش نوک قهوه ای سینه اش را بوسید

Looking up, he saw her face smiling

به بالا نگاه کرد، چهره او را در حال خندان دید

and her eyes were full of lust

و چشمانش پر از شهوت بود

Siddhartha also felt desire for her

سیذارتا نیز به او تمایل داشت

he felt the source of his sexuality moving

او احساس می کرد که منبع تمایلات جنسی اش در حال حرکت است

but he had never touched a woman before

اما قبل از این هرگز به زنی دست نزده بود

so he hesitated for a moment

بنابراین او یک لحظه تردید کرد

his hands were already prepared to reach out for her
دستانش از قبل آماده شده بود تا او را دراز کند
but then he heard the voice of his innermost self
اما بعد صدای درونی خود را شنید
he shuddered with awe at his voice
از صدایش از ترس میلرزید
and this voice told him no
و این صدا به او گفت نه
all charms disappeared from the young woman's smiling face
تمام جذابیت ها از چهره خندان زن جوان محو شد
he no longer saw anything else but a damp glance
او دیگر چیزی جز یک نگاه مرطوب نمی دید
all he could see was female animal in heat
تنها چیزی که او می توانست ببیند حیوان ماده در گرما بود
Politely, he petted her cheek
مودبانه گونه اش را نوازش کرد
he turned away from her and disappeared away
از او دور شد و ناپدید شد
he left from the disappointed woman with light steps
او با قدم های سبک از زن ناامید خارج شد
and he disappeared into the bamboo-wood
و او در چوب بامبو ناپدید شد

he reached the large city before the evening
قبل از غروب به شهر بزرگ رسید
and he was happy to have reached the city
و از رسیدن به شهر خوشحال شد
because he felt the need to be among people
چون احساس می کرد باید در میان مردم باشد
or a long time, he had lived in the forests
یا مدت زیادی در جنگل زندگی کرده بود
for first time in a long time he slept under a roof
برای اولین بار بعد از مدت ها زیر یک سقف خوابید
Before the city was a beautifully fenced garden
قبل از این شهر یک باغ زیبا حصارکشی شده بود

the traveller came across a small group of servants
مسافر با گروه کوچکی از خدمتکاران برخورد کرد
the servants were carrying baskets of fruit
خادمان سبدهای میوه حمل می کردند
four servants were carrying an ornamental sedan-chair
چهار خدمتکار یک صندلی سدان زینتی حمل می کردند
on this chair sat a woman, the mistress
روی این صندلی زنی نشسته بود، معشوقه
she was on red pillows under a colourful canopy
او روی بالش های قرمز زیر یک سایبان رنگارنگ بود
Siddhartha stopped at the entrance to the pleasure-garden
سیذارتا در ورودی باغ تفریحی توقف کرد
and he watched the parade go by
و رژه را تماشا کرد
he saw saw the servants and the maids
او غلامان و کنیزان را دید
he saw the baskets and the sedan-chair
او سبدها و صندلی سدان را دید
and he saw the lady on the chair
و خانم را روی صندلی دید
Under her black hair he saw a very delicate face
زیر موهای سیاهش چهره بسیار ظریفی دید
a bright red mouth, like a freshly cracked fig
دهان قرمز روشن، مانند انجیر تازه ترک خورده
eyebrows which were well tended and painted in a high arch
ابروهایی که به خوبی کشیده شده بودند و در یک قوس بلند رنگ شده بودند
they were smart and watchful dark eyes
آنها چشمان تیره باهوش و مراقب بودند
a clear, tall neck rose from a green and golden garment
یک گردن شفاف و بلند از یک لباس سبز و طلایی برخاست
her hands were resting, long and thin
دستانش دراز و نازک در حال استراحت بودند
she had wide golden bracelets over her wrists
دستبندهای طلایی پهنی روی مچ دست داشت

Siddhartha saw how beautiful she was, and his heart rejoiced

سیذارتا او را دید که چقدر زیباست و قلبش شاد شد

He bowed deeply, when the sedan-chair came closer

وقتی صندلی سدان نزدیکتر شد، عمیقاً خم شد

straightening up again, he looked at the fair, charming face

دوباره صاف شد و به چهره زیبا و جذاب نگاه کرد

he read her smart eyes with the high arcs

چشمان باهوش او را با قوس بلند خواند

he breathed in a fragrance of something he did not know

عطر چیزی را استشمام کرد که نمی دانست

With a smile, the beautiful woman nodded for a moment

زن زیبا با لبخند برای لحظه ای سر تکان داد

then she disappeared into the garden

سپس او در باغ ناپدید شد

and then the servants disappeared as well

و سپس خادمان نیز ناپدید شدند

"I am entering this city with a charming omen" Siddhartha thought

سیذارتا فکر کرد: "من با یک فال جذاب وارد این شهر می شوم."

He instantly felt drawn into the garden

او بلافاصله احساس کرد که به باغ کشیده شده است

but he thought about his situation

اما او به وضعیت خود فکر کرد

he became aware of how the servants and maids had looked at him

او متوجه شد که غلامان و کنیزان چگونه به او نگاه کرده اند

they thought him despicable, distrustful, and rejected him

آنها او را حقیر، بی اعتماد می دانستند و او را طرد می کردند

"I am still a Samana" he thought

او فکر کرد: "من هنوز یک سامانا هستم."

"I am still an ascetic and beggar"

"من هنوز زاهد و گدا هستم"

"I must not remain like this"

"من نباید اینطور بمانم"

"I will not be able to enter the garden like this," he laughed

او خندید: «من نمی توانم اینطور وارد باغ شوم

he asked the next person who came along the path about the garden

از نفر بعدی که در مسیر آمده بود درباره باغ پرسید

and he asked for the name of the woman

و نام آن زن را پرسید

he was told that this was the garden of Kamala, the famous courtesan

به او گفته شد که این باغ کامالا، زن شهیر معروف است

and he was told that she also owned a house in the city

و به او گفته شد که او نیز صاحب خانه ای در شهر است

Then, he entered the city with a goal

سپس با هدف وارد شهر شد

Pursuing his goal, he allowed the city to suck him in

او با تعقیب هدفش به شهر اجازه داد تا او را جذب کند

he drifted through the flow of the streets

او در میان جریان خیابان ها رانده شد

he stood still on the squares in the city

او در میدان های شهر بی حرکت ایستاد

he rested on the stairs of stone by the river

روی پله های سنگی کنار رودخانه استراحت کرد

When the evening came, he made friends with a barber's assistant

عصر که شد با دستیار آرایشگر دوست شد

he had seen him working in the shade of an arch

او را دیده بود که زیر سایه طاق کار می کند

and he found him again praying in a temple of Vishnu

و دوباره او را در حال دعا در معبدی از ویشنو یافت

he told about stories of Vishnu and the Lakshmi

او در مورد داستان های ویشنو و لاکشمی گفت

Among the boats by the river, he slept this night

در میان قایق های کنار رودخانه، او این شب را خوابید

Siddhartha came to him before the first customers came into his shop

سیذارتا قبل از ورود اولین مشتریان به مغازه اش نزد او آمد

he had the barber's assistant shave his beard and cut his hair

او از دستیار آرایشگر خواست که ریش او را بتراشد و موهایش را کوتاه کند

he combed his hair and anointed it with fine oil

موهایش را شانه کرد و با روغن ریز مالید

Then he went to take his bath in the river

سپس رفت تا در رودخانه غسل کند

late in the afternoon, beautiful Kamala approached her garden

اواخر بعد از ظهر، کامالای زیبا به باغ او نزدیک شد

Siddhartha was standing at the entrance again

سیذارتا دوباره در ورودی ایستاده بود

he made a bow and received the courtesan's greeting

تعظیم کرد و احوالپرسی زن را پذیرفت

he got the attention of one of the servant

توجه یکی از خادم را جلب کرد

he asked him to inform his mistress

از او خواست تا به معشوقه اش اطلاع دهد

"a young Brahman wishes to talk to her"

"برهمن جوانی می خواهد با او صحبت کند"

After a while, the servant returned

بعد از مدتی خادم برگشت

the servant asked Siddhartha to follow him

خدمتکار از سیذارتا خواست که او را دنبال کند

Siddhartha followed the servant into a pavilion

سیذارتا به دنبال خدمتکار وارد یک غرفه شد

here Kamala was lying on a couch

اینجا کامالا روی یک کاناپه دراز کشیده بود

and the servant left him alone with her

و خادم او را با او تنها گذاشت

"Weren't you also standing out there yesterday, greeting me?" asked Kamala

«تو هم دیروز بیرون ایستاده نبودی و به من سلام می‌کردی؟» از کامالا پرسید

"It's true that I've already seen and greeted you yesterday"

"درست است که من قبلاً دیروز شما را دیده بودم و سلام کردم"

"But didn't you yesterday wear a beard, and long hair?"

"اما دیروز ریش و موهای بلند نداشتی؟"

"and was there not dust in your hair?"

"و آیا گرد و غبار در موهای شما نبود؟"

"You have observed well, you have seen everything"

"تو خوب مشاهده کردی، همه چیز را دیدی"

"You have seen Siddhartha, the son of a Brahman"

"سیذارتا، پسر برهمن را دیده ای"

"the Brahman who has left his home to become a Samana"

"برهمنی که خانه اش را ترک کرد تا سامانا شود"

"the Brahman who has been a Samana for three years"

"برهمنی که سه سال سامانا بوده"

"But now, I have left that path and came into this city"

اما اکنون، من آن راه را ترک کرده و به این شهر آمدم.

"and the first one I met, even before I had entered the city, was you"

"و اولین کسی که حتی قبل از اینکه وارد شهر شوم، تو بودی"

"To say this, I have come to you, oh Kamala!"

-برای گفتن این حرف، اومدم پیش تو، ای کمالا!

"before, Siddhartha addressed all woman with his eyes to the ground"

"پیش از این، سیذارتا همه زنان را با چشمان خود به زمین خطاب کرد"

"You are the first woman whom I address otherwise"

"تو اولین زنی هستی که من در غیر این صورت با او خطاب می کنم"

"Never again do I want to turn my eyes to the ground"

"دیگر نمی خواهم چشمانم را به زمین برگردانم"

"I won't turn when I'm coming across a beautiful woman"

"وقتی با یک زن زیبا روبرو می شوم بر نمی گردم"

Kamala smiled and played with her fan of peacocks' feathers

کامالا لبخندی زد و با طرفدار پرهای طاووسش بازی کرد

"And only to tell me this, Siddhartha has come to me?"

"و فقط برای اینکه این را به من بگوید، سیدارتا پیش من آمده است؟"

"To tell you this and to thank you for being so beautiful"

"این را به شما بگویم و از شما تشکر کنم که بسیار زیبا هستید"

"I would like to ask you to be my friend and teacher"

"من از شما می خواهم که دوست و معلم من باشید"
"for I know nothing yet of that art which you have mastered"
"زیرا من هنوز چیزی از آن هنری که شما بر آن مسلط هستید نمی دانم"
At this, Kamala laughed aloud
با این حرف کامالا با صدای بلند خندید
"Never before this has happened to me, my friend"
"تا به حال این اتفاق برای من نیفتاده بود دوست من"
"a Samana from the forest came to me and wanted to learn from me!"
"یک سمانه از جنگل نزد من آمد و می خواست از من یاد بگیرد"!
"Never before this has happened to me"
"تا به حال این اتفاق برای من نیفتاده بود"
"a Samana came to me with long hair and an old, torn loincloth!"
"یک سامانا با موهای بلند و کمری کهنه و پاره پیش من آمد"!
"Many young men come to me"
"بسیاری از مردان جوان پیش من می آیند"
"and there are also sons of Brahmans among them"
"و در میان آنها پسران برهمن نیز هستند"
"but they come in beautiful clothes"
"اما آنها با لباس های زیبا می آیند"
"they come in fine shoes"
"آنها با کفش های خوب می آیند"
"they have perfume in their hair
»آنها در موهایشان عطر دارند
"and they have money in their pouches"
"و آنها پول در کیسه های خود دارند"
"This is how the young men are like, who come to me"
»جوان‌هایی که پیش من می‌آیند این‌گونه هستند. «
Spoke Siddhartha, "Already I am starting to learn from you"
سیدارتا گفت: "از قبل شروع به یادگیری از تو کردم"
"Even yesterday, I was already learning"
"حتی دیروز، من قبلاً در حال یادگیری بودم"
"I have already taken off my beard"
"من قبلاً ریشم را برداشته ام"
"I have combed the hair"

"من موها را شانه کرده ام"
"and I have oil in my hair"
"و من روغن در موهایم دارم"
"There is little which is still missing in me"
"هنوز چیز کمی در من وجود دارد"
"oh excellent one, fine clothes, fine shoes, money in my pouch"
"اوه عالی، لباس های خوب، کفش های خوب، پول در کیف من"
"You shall know Siddhartha has set harder goals for himself"
باید بدانید که سیدارتا اهداف سخت تری برای خود در نظر گرفته است.
"and he has reached these goals"
"و او به این اهداف رسیده است"
"How shouldn't I reach that goal?"
"چطور نباید به آن هدف برسم؟"
"the goal which I have set for myself yesterday"
"هدفی که دیروز برای خودم تعیین کردم"
"to be your friend and to learn the joys of love from you"
"دوست تو باشم و لذت عشق را از تو بیاموزم"
"You'll see that I'll learn quickly, Kamala"
"می بینی که به سرعت یاد خواهم گرفت، کامالا"
"I have already learned harder things than what you're supposed to teach me"
"من قبلاً چیزهای سخت تر از آنچه شما قرار است به من بیاموزید یاد گرفته ام"
"And now let's get to it"
"و حالا بیایید به آن برسیم"
"You aren't satisfied with Siddhartha as he is?"
"تو از سیذارتا آنطور که هست راضی نیستی؟"
"with oil in his hair, but without clothes"
"با روغن در موهایش، اما بدون لباس"
"Siddhartha without shoes, without money"
"سیذارتا بدون کفش، بدون پول"
Laughing, Kamala exclaimed, "No, my dear"
کامالا با خنده گفت: "نه عزیزم"
"he doesn't satisfy me, yet"

"او هنوز مرا راضی نمی کند"
"Clothes are what he must have"
"لباس همان چیزی است که او باید داشته باشد"
"pretty clothes, and shoes is what he needs"
"لباس و کفش زیبا چیزی است که او نیاز دارد"
"pretty shoes, and lots of money in his pouch"
"کفش های زیبا، و پول زیادی در کیف او"
"and he must have gifts for Kamala"
"و او باید برای کامالا هدایایی داشته باشد"
"Do you know it now, Samana from the forest?"
"حالا میدونی سامانای جنگل؟"
"Did you mark my words?"
"حرف های من را علامت زدی؟"
"Yes, I have marked your words," Siddhartha exclaimed
سیذارتا فریاد زد: "بله، من کلمات شما را مشخص کردم."
"How should I not mark words which are coming from such a mouth!"
"چگونه کلماتی را که از چنین دهانی می آید علامت نزنم"!
"Your mouth is like a freshly cracked fig, Kamala"
"دهان تو مانند انجیر تازه ترک خورده است، کامالا"
"My mouth is red and fresh as well"
"دهان من قرمز و تازه است"
"it will be a suitable match for yours, you'll see"
"این یک مسابقه مناسب برای شما خواهد بود، خواهید دید"
"But tell me, beautiful Kamala"
"اما بگو کامالای زیبا"
"aren't you at all afraid of the Samana from the forest""
"اصلا از سامانای جنگل نمی ترسی؟"
"the Samana who has come to learn how to make love"
"سامانا که آمده تا عشق ورزی را بیاموزد"
"Whatever for should I be afraid of a Samana?"
"برای چه باید از سمانه بترسم؟"
"a stupid Samana from the forest"
"یک سامانای احمق از جنگل"
"a Samana who is coming from the jackals"
"سمانه ای که از شغال ها می آید"

"a Samana who doesn't even know yet what women are?"

"یک سامانا که هنوز نمی داند زنان چیست؟"

"Oh, he's strong, the Samana"

"اوه، او قوی است، سامانا"

"and he isn't afraid of anything"

"و او از هیچ چیز نمی ترسد"

"He could force you, beautiful girl"

"او می تواند تو را مجبور کند، دختر زیبا"

"He could kidnap you and hurt you"

"او می تواند شما را بدزدد و به شما آسیب برساند"

"No, Samana, I am not afraid of this"

"نه سامانا، من از این نمی ترسم"

"Did any Samana or Brahman ever fear someone might come and grab him?"

"آیا هیچ سامانا یا برهمنی تا به حال ترسیده است که کسی بیاید و او را بگیرد؟"

"could he fear someone steals his learning?

"آیا می تواند ترس داشته باشد که کسی آموخته های او را بدزدد؟

"could anyone take his religious devotion"

"آیا کسی می تواند ارادت مذهبی خود را تحمل کند"

"is it possible to take his depth of thought?

"آیا می توان عمق فکر او را در نظر گرفت؟

"No, because these things are his very own"

"نه، چون این چیزها مال خودش است"

"he would only give away the knowledge he is willing to give"

"او فقط دانشی را که مایل به دادن است به ما می دهد"

"he would only give to those he is willing to give to"

"او فقط به کسانی می دهد که حاضر است به آنها بدهد"

"precisely like this it is also with Kamala"

"دقیقاً در مورد کامالا هم همینطور است"

"and it is the same way with the pleasures of love"

«و در لذّت های عشق نیز همین گونه است»

"Beautiful and red is Kamala's mouth," answered Siddhartha

سیذارتا پاسخ داد: دهان کامالا زیبا و قرمز است

"but don't try to kiss it against Kamala's will"

"اما سعی نکنید برخلاف میل کاملا آن را ببوسید"

"because you will not obtain a single drop of sweetness from it"

زیرا از آن یک قطره شیرینی به دست نمی آورید.

"You are learning easily, Siddhartha"

"شما به راحتی یاد می گیرید، سیدارتا"

"you should also learn this"

"شما هم باید این را یاد بگیرید"

"love can be obtained by begging, buying"

"عشق را می توان با التماس، خرید به دست آورد"

"you can receive it as a gift"

"می توانید آن را به عنوان هدیه دریافت کنید"

"or you can find it in the street"

"یا می توانید آن را در خیابان پیدا کنید"

"but love cannot be stolen"

"اما عشق را نمی توان دزدید"

"In this, you have come up with the wrong path"

"در این، شما با راه اشتباه آمده اید"

"it would be a pity if you would want to tackle love in such a wrong manner"

حیف است اگر بخواهی با عشق به این شیوه اشتباه برخورد کنی

Siddhartha bowed with a smile

سیذارتا با لبخند تعظیم کرد

"It would be a pity, Kamala, you are so right"

حیف شد کامالا، حق با توست

"It would be such a great pity"

"این بسیار حیف خواهد بود"

"No, I shall not lose a single drop of sweetness from your mouth"

"نه، من حتی یک قطره شیرینی از دهانت کم نمی کنم"

"nor shall you lose sweetness from my mouth"

"نه شیرینی را از دهان من از دست خواهی داد"

"So it is agreed. Siddhartha will return"

"پس توافق شده است. سیدارتا باز خواهد گشت"

"Siddhartha will return once he has what he still lacks"

"سیذارتا زمانی که چیزی را که هنوز ندارد داشته باشد، برمی گردد".

"he will come back with clothes, shoes, and money"

"او با لباس، کفش و پول برمی گردد"

"But speak, lovely Kamala, couldn't you still give me one small advice?"

"اما صحبت کن، کامالای دوست داشتنی، هنوز نمی توانی یک نصیحت کوچک به من بکنی؟"

"Give you an advice? Why not?"

"یک نصیحت می کنم؟ چرا نه؟"

"Who wouldn't like to give advice to a poor, ignorant Samana?"

"چه کسی دوست ندارد به سمانه فقیر و نادان نصیحت کند؟"

"Dear Kamala, where I should go to find these three things most quickly?"

"کامالای عزیز، کجا باید برم تا سریعتر این سه چیز را پیدا کنم؟"

"Friend, many would like to know this"

"دوست، خیلی ها دوست دارند این را بدانند"

"You must do what you've learned and ask for money"

"شما باید آنچه را که آموخته اید انجام دهید و پول بخواهید"

"There is no other way for a poor man to obtain money"

"برای یک فقیر راه دیگری برای به دست آوردن پول وجود ندارد"

"What might you be able to do?"

"چه کاری ممکن است بتوانید انجام دهید؟"

"I can think. I can wait. I can fast" said Siddhartha

سیذارتا گفت: "می توانم فکر کنم. می توانم صبر کنم. می توانم روزه بگیرم."

"Nothing else?" asked Kamala

"هیچی دیگه؟" از کامالا پرسید

"yes, I can also write poetry"

"بله، من هم می توانم شعر بنویسم"

"Would you like to give me a kiss for a poem?"

"دوست داری برای شعری مرا ببوسی؟"

"I would like to, if I like your poem"

"دوست دارم، اگر شعر شما را دوست دارم"

"What would be its title?"

عنوان آن چه خواهد بود؟

Siddhartha spoke, after he had thought about it for a moment

سیذارتا بعد از اینکه لحظه ای به آن فکر کرد صحبت کرد

"Into her shady garden stepped the pretty Kamala"

"کامالای زیبا وارد باغ سایه اش شد"

"At the garden's entrance stood the brown Samana"

"در ورودی باغ سمنا قهوه ای ایستاده بود"

"Deeply, seeing the lotus's blossom, Bowed that man"

"با دیدن شکوفه نیلوفر آبی، آن مرد را تعظیم کرد"

"and smiling, Kamala thanked him"

"و کامالا با لبخند از او تشکر کرد"

"More lovely, thought the young man, than offerings for gods"

مرد جوان فکر کرد: دوست داشتنی تر از پیشکش برای خدایان است.

Kamala clapped her hands so loud that the golden bracelets clanged

کامالا چنان دست هایش را محکم زد که دستبندهای طلایی به صدا در آمدند

"Beautiful are your verses, oh brown Samana"

"زیبا است ابیات تو ای سمانه قهوه ای"

"and truly, I'm losing nothing when I'm giving you a kiss for them"

"و واقعاً، وقتی تو را به خاطر آنها می بوسم، چیزی از دست نمی دهم"

She beckoned him with her eyes

با چشمانش به او اشاره کرد

he tilted his head so that his face touched hers

سرش را خم کرد به طوری که صورتش به صورت او برخورد کرد

and he placed his mouth on her mouth

و دهانش را روی دهان او گذاشت

the mouth which was like a freshly cracked fig

دهانی که مانند انجیر تازه ترک خورده بود

For a long time, Kamala kissed him

برای مدت طولانی، کامالا او را بوسید

and with a deep astonishment Siddhartha felt how she taught him

و سیذارتا با شگفتی عمیق احساس کرد که چگونه به او یاد داده است

he felt how wise she was

او احساس کرد که او چقدر عاقل است

he felt how she controlled him

او احساس کرد که چگونه او را کنترل می کند

he felt how she rejected him

او احساس کرد که چگونه او را طرد کرد

he felt how she lured him

او احساس کرد که چگونه او را فریب داد

and he felt how there were to be more kisses

و احساس کرد که چگونه باید بوسه های بیشتری وجود داشته باشد

every kiss was different from the others

هر بوسه با بقیه فرق داشت

he was still, when he received the kisses

وقتی بوسه‌ها را دریافت کرد، او هنوز بود

Breathing deeply, he remained standing where he was

نفس عمیقی کشید و همانجا که بود ایستاد

he was astonished like a child about the things worth learning

او مانند یک کودک در مورد چیزهایی که ارزش یادگیری دارند شگفت زده شده بود

the knowledge revealed itself before his eyes

دانش خود را در برابر چشمان او آشکار کرد

"Very beautiful are your verses" exclaimed Kamala

کامالا فریاد زد: "آیات شما بسیار زیباست".

"if I were rich, I would give you pieces of gold for them"

"اگر پولدار بودم، برای آنها تکه های طلا به تو می دادم"

"But it will be difficult for you to earn enough money with verses"

"اما کسب درآمد کافی با آیات برای شما دشوار خواهد بود"

"because you need a lot of money, if you want to be Kamala's friend"

"چون شما به پول زیادی نیاز دارید، اگر می خواهید دوست کامالا باشید"

"The way you're able to kiss, Kamala!" stammered Siddhartha

"آنطور که می توانی ببوسی، کامالا" سیذارتا لکنت زد

"Yes, this I am able to do"
"بله، من می توانم این کار را انجام دهم"
"therefore I do not lack clothes, shoes, bracelets"
"بنابراین من لباس، کفش، دستبند کم ندارم"
"I have all the beautiful things"
"من همه چیزهای زیبا را دارم"
"But what will become of you?"
"اما سرنوشت شما چه خواهد شد؟"
"Aren't you able to do anything else?"
"کار دیگه ای نمیتونی بکنی؟"
"can you do more than think, fast, and make poetry?"
"آیا می توانی بیشتر از فکر کردن، روزه گرفتن و شعر ساختن انجام دهی؟"
"I also know the sacrificial songs" said Siddhartha
سیذارتا گفت: "من آهنگ های قربانی را هم می شناسم."
"but I do not want to sing those songs anymore"
"اما من دیگر نمی خواهم آن آهنگ ها را بخوانم"
"I also know how to make magic spells"
"من همچنین می دانم چگونه طلسم های جادویی درست کنم"
"but I do not want to speak them anymore"
"اما من دیگر نمی خواهم با آنها صحبت کنم"
"I have read the scriptures"
"من کتاب مقدس را خوانده ام"
"Stop!" Kamala interrupted him
"ایست کن!"کامالا حرفش را قطع کرد
"You're able to read and write?"
"شما قادر به خواندن و نوشتن هستید؟"
"Certainly, I can do this, many people can"
"مطمئناً، من می توانم این کار را انجام دهم، بسیاری از مردم می توانند"
"Most people can't," Kamala replied
کامالا پاسخ داد: "بیشتر مردم نمی توانند."
"I am also one of those who can't do it"
"من هم یکی از کسانی هستم که نمی توانم این کار را انجام دهم"
"It is very good that you're able to read and write"
"خیلی خوب است که شما قادر به خواندن و نوشتن هستید"

"you will also find use for the magic spells"

"همچنین از طلسم های جادویی استفاده خواهید کرد"

In this moment, a maid came running in

در این لحظه خدمتکاری دوان دوان وارد شد

she whispered a message into her mistress's ear

او پیامی را در گوش معشوقه اش زمزمه کرد

"There's a visitor for me" exclaimed Kamala

کامالا فریاد زد: "یک بازدیدکننده برای من وجود دارد."

"Hurry and get yourself away, Siddhartha"

"عجله کن و خودت را دور کن، سیذارتا"

"nobody may see you in here, remember this!"

"کسی ممکن است شما را در اینجا نبیند، این را به خاطر بسپار"!

"Tomorrow, I'll see you again"

"فردا دوباره میبینمت"

Kamala ordered her maid to give Siddhartha white garments

کامالا به خدمتکارش دستور داد که لباس سفید به سیذارتا بدهد

and then Siddhartha found himself being dragged away by the maid

و سپس سیذارتا متوجه شد که توسط خدمتکار کشیده شده است

he was brought into a garden-house out of sight of any paths

او را دور از دید هر مسیری به داخل باغی آوردند

then he was led into the bushes of the garden

سپس او را به داخل بوته های باغ هدایت کردند

he was urged to get himself out of the garden as soon as possible

از او خواسته شد که هر چه زودتر خودش را از باغ بیرون بیاورد

and he was told he must not be seen

و به او گفته شد که نباید دیده شود

he did as he had been told

همانطور که به او گفته شده بود عمل کرد

he was accustomed to the forest

او به جنگل عادت کرده بود

so he managed to get out without making a sound

بنابراین او بدون اینکه صدایی درآورد توانست از آنجا خارج شود

he returned to the city carrying the rolled up garments under his arm

او در حالی که لباس‌های پیچیده شده را زیر بغلش می‌برد به شهر بازگشت

At the inn, where travellers stay, he positioned himself by the door

در مسافرخانه ای که مسافران در آن اقامت می کنند، خود را کنار در قرار داد

without words he asked for food

بدون هیچ حرفی غذا خواست

without a word he accepted a piece of rice-cake

بدون هیچ حرفی یک تکه کیک برنجی را پذیرفت

he thought about how he had always begged

او به این فکر کرد که چگونه همیشه التماس کرده است

"Perhaps as soon as tomorrow I will ask no one for food anymore"

"شاید به محض فردا دیگر از کسی غذا نخواهم"

Suddenly, pride flared up in him

ناگهان غرور در او شعله ور شد

He was no Samana any more

او دیگر سامانا نبود

it was no longer appropriate for him to beg for food

دیگر برای او گدایی غذا مناسب نبود

he gave the rice-cake to a dog

کیک برنج را به سگی داد

and that night he remained without food

و آن شب بدون غذا ماند

Siddhartha thought to himself about the city

سیذارتا با خود در مورد شهر فکر کرد

"Simple is the life which people lead in this world"

"زندگی ساده ای است که مردم در این دنیا دارند"

"this life presents no difficulties"

"این زندگی هیچ مشکلی ندارد"

"Everything was difficult and toilsome when I was a Samana"

"وقتی سمانه بودم همه چیز سخت و پر زحمت بود"

"as a Samana everything was hopeless"
"به عنوان یک سامانا همه چیز ناامید بود"
"but now everything is easy"
"اما اکنون همه چیز آسان است"
"it is easy like the lesson in kissing from Kamala"
"آسان است مثل درس بوسیدن از کامالا"
"I need clothes and money, nothing else"
"من به لباس و پول نیاز دارم، هیچ چیز دیگری"
"these goals are small and achievable"
"این اهداف کوچک و دست یافتنی هستند"
"such goals won't make a person lose any sleep"
"چنین اهدافی باعث نمی شود که فرد خوابش را از دست بدهد"

the next day he returned to Kamala's house
روز بعد به خانه کامالا بازگشت
"Things are working out well" she called out to him
او به او گفت: "همه چیز خوب پیش می رود."
"They are expecting you at Kamaswami's"
"آنها در کاماسوامی منتظر شما هستند"
"he is the richest merchant of the city"
"او ثروتمندترین تاجر شهر است"
"If he likes you, he'll accept you into his service"
"اگر او شما را دوست داشته باشد، شما را در خدمت خود می پذیرد"
"but you must be smart, brown Samana"
"اما تو باید باهوش باشی سامانای قهوه ای"
"I had others tell him about you"
"من از دیگران خواسته بودم که در مورد شما به او بگویند"
"Be polite towards him, he is very powerful"
"با او مودب باشید، او بسیار قدرتمند است"
"But I warn you, don't be too modest!"
اما من به شما هشدار می دهم، زیاد متواضع نباشید!
"I do not want you to become his servant"
»نمی‌خواهم نوکر او بشوی«
"you shall become his equal"
"شما برابر او خواهید شد"
"or else I won't be satisfied with you"

"وگرنه از تو راضی نخواهم شد"

"Kamaswami is starting to get old and lazy"

"کاماسوامی در حال پیر شدن و تنبل شدن است"

"If he likes you, he'll entrust you with a lot"

"اگر او شما را دوست داشته باشد، چیزهای زیادی را به شما واگذار خواهد کرد"

Siddhartha thanked her and laughed

سیدارتا از او تشکر کرد و خندید

she found out that he had not eaten

او متوجه شد که او چیزی نخورده است

so she sent him bread and fruits

پس برای او نان و میوه فرستاد

"You've been lucky" she said when they parted

وقتی از هم جدا شدند گفت: "شانس بودی".

"I'm opening one door after another for you"

"من یکی پس از دیگری درها را برای شما باز می کنم"

"How come? Do you have a spell?"

"چطور؟ طلسم داری؟"

"I told you I knew how to think, to wait, and to fast"

"من به شما گفتم که می دانم چگونه فکر کنم، صبر کنم و روزه بگیرم"

"but you thought this was of no use"

"اما فکر کردی فایده ای نداشت"

"But it is useful for many things"

"اما برای خیلی چیزها مفید است"

"Kamala, you'll see that the stupid Samanas are good at learning"

"کامالا، می بینی که سامانای احمق در یادگیری مهارت دارند"

"you'll see they are able to do many pretty things in the forest"

"شما خواهید دید که آنها می توانند کارهای زیبای زیادی در جنگل انجام دهند"

"things which the likes of you aren't capable of"

"چیزهایی که امثال شما قادر به انجام آنها نیستند"

"The day before yesterday, I was still a shaggy beggar"

"پریروز، من هنوز یک گدای پشمالو بودم"

"as recently as yesterday I have kissed Kamala"

"تا همین دیروز من کامالا را بوسیدم"

"and soon I'll be a merchant and have money"

"و به زودی تاجر خواهم شد و پول خواهم داشت"

"and I'll have all those things you insist upon"

"و من همه چیزهایی که شما بر آنها اصرار دارید را خواهم داشت"

"Well yes," she admitted, "but where would you be without me?"

او اعتراف کرد: "خب بله، اما تو بدون من کجا بودی؟"

"What would you be, if Kamala wasn't helping you?"

"اگر کامالا به شما کمک نمی کرد شما چه می شدید؟"

"Dear Kamala" said Siddhartha

سیذارتا گفت: "کامالای عزیز".

and he straightened up to his full height

و تا تمام قدش راست شد

"when I came to you into your garden, I did the first step"

"وقتی به باغت آمدم، اولین قدم را انجام دادم"

"It was my resolution to learn love from this most beautiful woman"

تصمیم من این بود که عشق را از این زیباترین زن بیاموزم.

"that moment I had made this resolution"

"آن لحظه من این تصمیم را گرفته بودم"

"and I knew I would carry it out"

"و من می دانستم که آن را انجام خواهم داد"

"I knew that you would help me"

"میدونستم کمکم میکنی"

"at your first glance at the entrance of the garden I already knew it"

"در اولین نگاه شما به ورودی باغ من قبلاً آن را می دانستم"

"But what if I hadn't been willing?" asked Kamala

اما اگر من مایل نبودم چه می شد؟ از کامالا پرسید

"You were willing" replied Siddhartha

سیذارتا پاسخ داد: "تو مایل بودی".

"When you throw a rock into water, it takes the fastest course to the bottom"

"وقتی سنگی را در آب می اندازید، سریع ترین مسیر را به سمت پایین طی می کند"

"This is how it is when Siddhartha has a goal"
"وقتی سیذارتا هدف دارد اینگونه است"

"Siddhartha does nothing; he waits, he thinks, he fasts"
"سیذارتا هیچ کاری نمی کند، منتظر می ماند، فکر می کند، روزه می گیرد".

"but he passes through the things of the world like a rock through water"
"اما او مانند صخره ای از آب می گذرد"

"he passed through the water without doing anything"
"او بدون انجام کاری از آب گذشت"

"he is drawn to the bottom of the water"
"او به ته آب کشیده شده است"

"he lets himself fall to the bottom of the water"
"او اجازه می دهد به ته آب بیفتد"

"His goal attracts him towards it"
"هدف او را به سمت خود جذب می کند"

"he doesn't let anything enter his soul which might oppose the goal"
او نمی گذارد چیزی وارد روح او شود که مخالف هدف باشد.

"This is what Siddhartha has learned among the Samanas"
"این چیزی است که سیذارتا در میان ساماناها آموخته است"

"This is what fools call magic"
"این چیزی است که احمق ها به آن جادو می گویند"

"they think it is done by daemons"
"آنها فکر می کنند این کار توسط شیاطین انجام می شود"

"but nothing is done by daemons"
"اما هیچ چیز توسط شیاطین انجام نمی شود"

"there are no daemons in this world"
"هیچ شیطانی در این دنیا وجود ندارد"

"Everyone can perform magic, should they choose to"
"هر کس می تواند جادو انجام دهد، اگر آن را انتخاب کند"

"everyone can reach his goals if he is able to think"
"هر کس می تواند به اهداف خود برسد اگر بتواند فکر کند"

"everyone can reach his goals if he is able to wait"
"هر کس می تواند به اهداف خود برسد اگر بتواند صبر کند"

"everyone can reach his goals if he is able to fast"

"هر کس می تواند به اهداف خود برسد اگر بتواند روزه بگیرد"
Kamala listened to him; she loved his voice
کامالا به او گوش داد. او صدای او را دوست داشت
she loved the look from his eyes
او عاشق نگاه از چشمان او بود
"Perhaps it is as you say, friend"
"شاید اینطور باشد که شما می گویید دوست"
"But perhaps there is another explanation"
"اما شاید توضیح دیگری وجود داشته باشد"
"Siddhartha is a handsome man"
"سیذارتا مرد خوش تیپی است"
"his glance pleases the women"
"نگاه او زنان را خشنود می کند"
"good fortune comes towards him because of this"
"به این دلیل شانس به او می رسد"
With one kiss, Siddhartha bid his farewell
سیذارتا با یک بوسه خداحافظی کرد
"I wish that it should be this way, my teacher"
"کاش اینجوری باشه استاد من"
"I wish that my glance shall please you"
"کاش نگاه من تو را خشنود کند"
"I wish that that you always bring me good fortune"
"آرزو میکنم که همیشه برای من خوشبختی بیاوری"

With the Childlike People
با مردم بچه گانه

Siddhartha went to Kamaswami the merchant
سیذارتا نزد کاماسوامی تاجر رفت
he was directed into a rich house
او را به خانه ای ثروتمند هدایت کردند
servants led him between precious carpets into a chamber
خادمان او را بین فرش های قیمتی به داخل اتاقی بردند
in the chamber was where he awaited the master of the house
در اتاقک جایی بود که او منتظر ارباب خانه بود
Kamaswami entered swiftly into the room
کاماسوامی به سرعت وارد اتاق شد
he was a smoothly moving man
او مردی بود که آرام حرکت می کرد
he had very gray hair and very intelligent, cautious eyes
او موهای بسیار خاکستری و چشمانی بسیار باهوش و محتاط داشت
and he had a greedy mouth
و دهانش حریص بود
Politely, the host and the guest greeted one another
مودبانه میزبان و مهمان با هم احوالپرسی کردند
"I have been told that you were a Brahman" the merchant began
بازرگان شروع کرد: "به من گفته اند که تو برهمن بودی".
"I have been told that you are a learned man"
"به من گفته اند که تو مردی عالم هستی"
"and I have also been told something else"
"و همچنین چیز دیگری به من گفته شده است"
"you seek to be in the service of a merchant"
"شما به دنبال این هستید که در خدمت یک تاجر باشید"
"Might you have become destitute, Brahman, so that you seek to serve?"
"ممکن است فقیر شده باشی، برهمن، به طوری که به دنبال خدمت خواهی بود؟"
"No," said Siddhartha, "I have not become destitute"

سیذارتا گفت: "نه، من فقیر نشده ام"
"nor have I ever been destitute" added Siddhartha
سیذارتا اضافه کرد: «من هرگز فقیر نبوده‌ام».
"You should know that I'm coming from the Samanas"
"باید بدونی که من از سامانا میام"
"I have lived with them for a long time"
"من برای مدت طولانی با آنها زندگی کرده ام"
"you are coming from the Samanas"
"تو از سامانا می آیی"
"how could you be anything but destitute?"
چگونه می‌توانی چیزی جز فقیر باشی؟
"Aren't the Samanas entirely without possessions?"
"آیا سمناها کاملاً بدون دارایی نیستند؟"
"I am without possessions, if that is what you mean" said Siddhartha
سیذارتا گفت: "من بدون دارایی هستم، اگر منظور شما این است."
"But I am without possessions voluntarily"
"اما من داوطلبانه بدون دارایی هستم"
"and therefore I am not destitute"
"و بنابراین من فقیر نیستم"
"But what are you planning to live from, being without possessions?"
"اما شما از چه چیزی قصد دارید زندگی کنید، بدون دارایی؟"
"I haven't thought of this yet, sir"
"من هنوز به این موضوع فکر نکرده ام، قربان"
"For more than three years, I have been without possessions"
"بیش از سه سال است که من بدون دارایی هستم"
"and I have never thought about of what I should live"
"و من هرگز به آنچه باید زندگی کنم فکر نکرده ام"
"So you've lived of the possessions of others"
"پس تو از دارایی های دیگران زندگی کرده ای"
"Presumable, this is how it is?"
"قابل فرض، این طور است؟"
"Well, merchants also live of what other people own"
"خب، بازرگانان نیز از آنچه دیگران دارند زندگی می کنند"
"Well said," granted the merchant

تاجر گفت: "خوب گفتی."

"But he wouldn't take anything from another person for nothing"

"اما او هیچ چیز را بیهوده از دیگری نمی گیرد"

"he would give his merchandise in return" said Kamaswami

کاماسوامی گفت: "او در ازای آن کالای خود را می داد."

"So it seems to be indeed"

"پس به نظر می رسد واقعا"

"Everyone takes, everyone gives, such is life"

"همه می گیرند، همه می دهند، زندگی چنین است"

"But if you don't mind me asking, I have a question"

"اما اگر برای شما مهم نیست که بپرسم، من یک سوال دارم"

"being without possessions, what would you like to give?"

"بدون دارایی، دوست داری چه چیزی بدهی؟"

"Everyone gives what he has"

"هر کس آنچه دارد می دهد"

"The warrior gives strength"

"جنگجو قدرت می بخشد"

"the merchant gives merchandise"

"تاجر کالا می دهد"

"the teacher gives teachings"

"معلم آموزش می دهد"

"the farmer gives rice"

"کشاورز برنج می دهد"

"the fisher gives fish"

"ماهیگیر ماهی می دهد"

"Yes indeed. And what is it that you've got to give?"

"بله در واقع. و چه چیزی است که شما باید برای دادن؟"

"What is it that you've learned?"

"چه چیزی یاد گرفتی؟"

"what you're able to do?"

"چه کاری می توانید انجام دهید؟"

"I can think. I can wait. I can fast"

"من می توانم فکر کنم. می توانم صبر کنم. می توانم روزه بگیرم"

"That's everything?" asked Kamaswami

"این همه چیز است؟ "کاماسوامی پرسید

"I believe that is everything there is!"

"من معتقدم که همه چیز وجود دارد"!

"And what's the use of that?"

"و چه فایده ای دارد؟"

"For example; fasting. What is it good for?"

»مثلاً روزه گرفتن برای چیست؟«

"It is very good, sir"

"خیلی خوبه قربان"

"there are times a person has nothing to eat"

"مواقعی هست که انسان چیزی برای خوردن ندارد"

"then fasting is the smartest thing he can do"

"پس روزه عاقلانه ترین کاری است که می تواند انجام دهد"

"there was a time where Siddhartha hadn't learned to fast"

"زمانی بود که سیذارتا روزه گرفتن را یاد نگرفته بود"

"in this time he had to accept any kind of service"

"در این زمان او باید هر نوع خدمتی را می پذیرفت"

"because hunger would force him to accept the service"

"زیرا گرسنگی او را مجبور به پذیرش خدمت می کند"

"But like this, Siddhartha can wait calmly"

"اما به این ترتیب، سیدارتا می تواند با آرامش صبر کند"

"he knows no impatience, he knows no emergency"

"او بی صبری نمی شناسد، او هیچ اضطراری نمی شناسد"

"for a long time he can allow hunger to besiege him"

"برای مدت طولانی او می تواند اجازه دهد گرسنگی او را محاصره کند"

"and he can laugh about the hunger"

"و او می تواند به گرسنگی بخندد"

"This, sir, is what fasting is good for"

»آقا، روزه برایش خوب است«

"You're right, Samana" acknowledged Kamaswami

کاماسوامی تأیید کرد: "حق با شماست، سامانا".

"Wait for a moment" he asked of his guest

از مهمانش پرسید: یک لحظه صبر کن

Kamaswami left the room and returned with a scroll

کاماسوامی از اتاق خارج شد و با طوماری برگشت

he handed Siddhartha the scroll and asked him to read it

طومار را به سیذارتا داد و از او خواست آن را بخواند
Siddhartha looked at the scroll handed to him
سیذارتا به طوماری که به او داده شده بود نگاه کرد
on the scroll a sales-contract had been written
روی طومار یک قرارداد فروش نوشته شده بود
he began to read out the scroll's contents
او شروع به خواندن محتویات طومار کرد
Kamaswami was very pleased with Siddhartha
کاماسوامی از سیدارتا بسیار راضی بود
"would you write something for me on this piece of paper?"
"آیا روی این تکه کاغذ چیزی برای من می نویسی؟"
He handed him a piece of paper and a pen
یک کاغذ و یک خودکار به دستش داد
Siddhartha wrote, and returned the paper
سیذارتا نوشت و کاغذ را پس داد
Kamaswami read, "Writing is good, thinking is better"
کاماسوامی خواند: "نوشتن خوب است، فکر کردن بهتر است"
"Being smart is good, being patient is better"
"باهوش بودن خوب است، صبور بودن بهتر است"
"It is excellent how you're able to write" the merchant praised him
تاجر او را تحسین کرد: "این عالی است که چگونه می توانی بنویسی".
"Many a thing we will still have to discuss with one another"
"خیلی چیزها هنوز باید با هم بحث کنیم"
"For today, I'm asking you to be my guest"
"برای امروز از شما می خواهم که مهمان من باشید"
"please come to live in this house"
"لطفا بیایید در این خانه زندگی کنید"
Siddhartha thanked Kamaswami and accepted his offer
سیدارتا از کاماسوامی تشکر کرد و پیشنهاد او را پذیرفت
he lived in the dealer's house from now on
او از این به بعد در خانه دلال زندگی می کرد
Clothes were brought to him, and shoes
لباس و کفش برایش آوردند
and every day, a servant prepared a bath for him
و هر روز خدمتکاری برای او غسل می کرد

Twice a day, a plentiful meal was served
دو بار در روز، یک وعده غذایی فراوان سرو می شد
but Siddhartha only ate once a day
اما سیذارتا فقط یک بار در روز غذا می خورد
and he ate neither meat, nor did he drink wine
و نه گوشت خورد و نه شراب نوشید
Kamaswami told him about his trade
کاماسوامی در مورد تجارت خود به او گفت
he showed him the merchandise and storage-rooms
اجناس و انبارها را به او نشان داد
he showed him how the calculations were done
او نحوه انجام محاسبات را به او نشان داد
Siddhartha got to know many new things
سیذارتا با چیزهای جدید زیادی آشنا شد
he heard a lot and spoke little
زیاد شنید و کم حرف زد
but he did not forget Kamala's words
اما او سخنان کامالا را فراموش نکرد
so he was never subservient to the merchant
بنابراین او هرگز مطیع تاجر نبود
he forced him to treat him as an equal
او را مجبور کرد که با او مانند یک شخص رفتار کند
perhaps he forced him to treat him as even more than an equal
شاید او را مجبور کرد که با او حتی بیشتر از یک برابر رفتار کند
Kamaswami conducted his business with care
کاماسوامی تجارت خود را با دقت انجام داد
and he was very passionate about his business
و او به تجارت خود بسیار علاقه مند بود
but Siddhartha looked upon all of this as if it was a game
اما سیذارتا به همه اینها طوری نگاه کرد که انگار یک بازی است
he tried hard to learn the rules of the game precisely
او تلاش زیادی کرد تا قوانین بازی را دقیقاً یاد بگیرد
but the contents of the game did not touch his heart
اما محتویات بازی به دل او نخورد

He had not been in Kamaswami's house for long
او مدت زیادی در خانه کاماسوامی نبوده بود
but soon he took part in his landlord's business
اما به زودی در کار صاحبخانه اش شرکت کرد

every day he visited beautiful Kamala
او هر روز از کامالای زیبا دیدن می کرد
Kamala had an hour appointed for their meetings
کامالا یک ساعت برای جلسات آنها تعیین کرده بود
she was wearing pretty clothes and fine shoes
او لباس های زیبا و کفش های زیبا پوشیده بود
and soon he brought her gifts as well
و به زودی هدایایی برای او نیز آورد
Much he learned from her red, smart mouth
از دهان قرمز و باهوش او چیزهای زیادی یاد گرفت
Much he learned from her tender, supple hand
چیزهای زیادی از دست لطیف و انعطاف پذیر او آموخت
regarding love, Siddhartha was still a boy
در مورد عشق، سیذارتا هنوز پسر بود
and he had a tendency to plunge into love blindly
و او تمایل داشت کورکورانه در عشق غوطه ور شود
he fell into lust like into a bottomless pit
او مانند یک گودال بی انتها در شهوت افتاد
she taught him thoroughly, starting with the basics
او به طور کامل به او آموزش داد و از اصول اولیه شروع کرد
pleasure cannot be taken without giving pleasure
بدون لذت بردن نمی توان لذت برد
every gesture, every caress, every touch, every look
هر ژست، هر نوازش، هر لمس، هر نگاه
every spot of the body, however small it was, had its secret
هر نقطه از بدن، هر چند کوچک بود، راز خود را داشت
the secrets would bring happiness to those who know them
رازها برای کسانی که آنها را می شناسند شادی می آورد
lovers must not part from one another after celebrating love
عاشقان پس از جشن عشق نباید از یکدیگر جدا شوند
they must not part without one admiring the other

آنها نباید بدون اینکه یکی دیگری را تحسین کند از هم جدا شوند
they must be as defeated as they have been victorious
آنها باید به همان اندازه که پیروز شده اند شکست بخورند
neither lover should start feeling fed up or bored
هیچ یک از عاشقان نباید احساس سیری یا بی حوصلگی کند
they should not get the evil feeling of having been abusive
آنها نباید احساس بد سوء استفاده را داشته باشند
and they should not feel like they have been abused
و نباید احساس کنند که مورد سوء استفاده قرار گرفته اند
Wonderful hours he spent with the beautiful and smart artist
ساعات فوق العاده ای را که او با این هنرمند زیبا و باهوش گذراند
he became her student, her lover, her friend
شاگردش شد، معشوقش شد، دوستش شد
Here with Kamala was the worth and purpose of his present life
اینجا با کامالا ارزش و هدف زندگی فعلی او بود
his purpose was not with the business of Kamaswami
هدف او کار کاماسوامی نبود

Siddhartha received important letters and contracts
سیذارتا نامه ها و قراردادهای مهمی دریافت کرد
Kamaswami began discussing all important affairs with him
کاماسوامی شروع به گفتگو در مورد تمام امور مهم با او کرد
He soon saw that Siddhartha knew little about rice and wool
او به زودی متوجه شد که سیدارتا اطلاعات کمی در مورد برنج و پشم دارد
but he saw that he acted in a fortunate manner
اما دید که خوش شانسی کرد
and Siddhartha surpassed him in calmness and equanimity
و سیذارتا در آرامش و متانت از او پیشی گرفت
he surpassed him in the art of understanding previously unknown people
او در هنر درک افراد ناشناخته قبلی از او پیشی گرفت
Kamaswami spoke about Siddhartha to a friend
کاماسوامی در مورد سیذارتا با یکی از دوستانش صحبت کرد

"This Brahman is no proper merchant"
"این برهمن تاجر درستی نیست"
"he will never be a merchant"
"او هرگز تاجر نخواهد شد"
"for business there is never any passion in his soul"
"برای تجارت هرگز در روح او هیچ علاقه ای وجود ندارد"
"But he has a mysterious quality about him"
"اما او ویژگی مرموزی در مورد خود دارد"
"this quality brings success about all by itself"
"این کیفیت به خودی خود باعث موفقیت می شود"
"it could be from a good Star of his birth"
"این می تواند از ستاره خوبی از تولد او باشد"
"or it could be something he has learned among Samanas"
"یا ممکن است چیزی باشد که او در بین سمناها یاد گرفته است"
"He always seems to be merely playing with our business-affairs"
"به نظر می رسد او همیشه فقط با امور تجاری ما بازی می کند".
"his business never fully becomes a part of him"
"کسب و کار او هرگز به طور کامل بخشی از او نمی شود"
"his business never rules over him"
"کسب و کار او هرگز بر او حکومت نمی کند"
"he is never afraid of failure"
"او هرگز از شکست نمی ترسد"
"he is never upset by a loss"
"او هرگز از باخت ناراحت نمی شود"
The friend advised the merchant
دوست به تاجر توصیه کرد
"Give him a third of the profits he makes for you"
"یک سوم از سودی را که برای شما به دست می آورد به او بدهید"
"but let him also be liable when there are losses"
"اما بگذارید او نیز در مواقعی که زیان وجود دارد مسئول باشد"
"Then, he'll become more zealous"
"سپس، او غیرت بیشتری می کند"
Kamaswami was curious, and followed the advice
کاماسوامی کنجکاو بود و به توصیه ها عمل کرد
But Siddhartha cared little about loses or profits

اما سیذارتا اهمیت چندانی به ضرر یا سود نداشت
When he made a profit, he accepted it with equanimity
وقتی سود می کرد، با کمال میل آن را می پذیرفت
when he made losses, he laughed it off
وقتی ضرر می کرد، خندید
It seemed indeed, as if he did not care about the business
به نظر می رسید واقعاً به این تجارت اهمیت نمی داد
At one time, he travelled to a village
زمانی به روستایی سفر کرد
he went there to buy a large harvest of rice
او به آنجا رفت تا برداشت زیادی از برنج بخرد
But when he got there, the rice had already been sold
اما وقتی به آنجا رسید، برنج قبلا فروخته شده بود
another merchant had gotten to the village before him
پیش از او تاجر دیگری به روستا رسیده بود
Nevertheless, Siddhartha stayed for several days in that village
با این وجود، سیدارتا چند روز در آن دهکده ماند
he treated the farmers for a drink
او از کشاورزان نوشیدنی پذیرایی کرد
he gave copper-coins to their children
به فرزندانشان سکه های مسی داد
he joined in the celebration of a wedding
او در جشن عروسی شرکت کرد
and he returned extremely satisfied from his trip
و بسیار راضی از سفر برگشت
Kamaswami was angry that Siddhartha had wasted time and money
کاماسوامی از اینکه سیذارتا وقت و پول خود را تلف کرده بود عصبانی بود
Siddhartha answered "Stop scolding, dear friend!"
سیذارتا پاسخ داد: دوست عزیز دست از سرزنش بردارید!
"Nothing was ever achieved by scolding"
"هیچ وقت با سرزنش چیزی به دست نیامد"
"If a loss has occurred, let me bear that loss"
"اگر ضرری رخ داده است، بگذار آن ضرر را تحمل کنم"

"I am very satisfied with this trip"

"من از این سفر بسیار راضی هستم"

"I have gotten to know many kinds of people"

"من با افراد زیادی آشنا شدم"

"a Brahman has become my friend"

"یک برهمن دوست من شده است"

"children have sat on my knees"

"بچه ها روی زانوهای من نشسته اند"

"farmers have shown me their fields"

"کشاورزان مزارع خود را به من نشان داده اند"

"nobody knew that I was a merchant"

"هیچ کس نمی دانست که من یک تاجر هستم"

"That's all very nice," exclaimed Kamaswami indignantly

کاماسوامی با عصبانیت فریاد زد: "همه اینها خیلی خوب است."

"but in fact, you are a merchant after all"

"اما در واقع شما یک تاجر هستید"

"Or did you have only travel for your amusement?"

"یا فقط برای تفریح خود سفر داشتید؟"

"of course I have travelled for my amusement" Siddhartha laughed

سیدارتا خندید: "البته من برای تفریحم سفر کرده ام."

"For what else would I have travelled?"

"برای چه چیز دیگری باید سفر می کردم؟"

"I have gotten to know people and places"

"من با مردم و مکان ها آشنا شدم"

"I have received kindness and trust"

"محبت و اعتماد دریافت کردم"

"I have found friendships in this village"

"من در این روستا دوستی پیدا کرده ام"

"if I had been Kamaswami, I would have travelled back annoyed"

"اگر کاماسوامی بودم، با ناراحتی به عقب برمی گشتم"

"I would have been in hurry as soon as my purchase failed"

"به محض اینکه خریدم شکست خورد، عجله داشتم"

"and time and money would indeed have been lost"

"و زمان و پول واقعاً از دست می رفت"

"But like this, I've had a few good days"
"اما اینجوری من چند روز خوب داشتم"
"I've learned from my time there"
"من از زمانم در آنجا آموخته ام"
"and I have had joy from the experience"
"و من از این تجربه لذت بردم"
"I've neither harmed myself nor others by annoyance and hastiness"
"من با آزردگی و عجله نه به خودم و نه به دیگران آسیب رسانده ام"
"if I ever return friendly people will welcome me"
"اگر روزی برگردم مردم دوستانه از من استقبال خواهند کرد"
"if I return to do business friendly people will welcome me too"
"اگر برای تجارت برگردم، افراد دوستدار نیز از من استقبال خواهند کرد".
"I praise myself for not showing any hurry or displeasure"
"من خودم را ستایش می کنم که هیچ عجله یا نارضایتی نشان ندادم"
"So, leave it as it is, my friend"
"پس همینطور که هست بگذار دوست من"
"and don't harm yourself by scolding"
"و با سرزنش خودت را آزار نده"
"If you see Siddhartha harming himself, then speak with me"
"اگر سیذارتا را دیدی که به خودش آسیب می رساند، پس با من صحبت کن"
"and Siddhartha will go on his own path"
"و سیذارتا راه خود را خواهد رفت"
"But until then, let's be satisfied with one another"
"اما تا آن زمان، بیایید از یکدیگر راضی باشیم"
the merchant's attempts to convince Siddhartha were futile
تلاش های تاجر برای متقاعد کردن سیذارتا بیهوده بود
he could not make Siddhartha eat his bread
او نتوانست سیذارتا را مجبور کند که نان او را بخورد
Siddhartha ate his own bread
سیذارتا نان خودش را خورد
or rather, they both ate other people's bread

یا بهتر بگویم هر دو نان دیگران را خوردند

Siddhartha never listened to Kamaswami's worries

سیذارتا هرگز به نگرانی های کاماسوامی گوش نداد

and Kamaswami had many worries he wanted to share

و کاماسوامی نگرانی های زیادی داشت که می خواست در میان بگذارد

there were business-deals going on in danger of failing

معاملات تجاری در حال انجام بود که در خطر شکست بود

shipments of merchandise seemed to have been lost

محموله های کالا به نظر گم شده بود

debtors seemed to be unable to pay

به نظر می رسید بدهکاران قادر به پرداخت نیستند

Kamaswami could never convince Siddhartha to utter words of worry

کاماسوامی هرگز نتوانست سیذارتا را متقاعد کند که کلمات نگران کننده را به زبان بیاورد

Kamaswami could not make Siddhartha feel anger towards business

کاماسوامی نتوانست سیذارتا را نسبت به تجارت احساس خشم کند

he could not get him to to have wrinkles on the forehead

او نمی توانست او را وادار کند که روی پیشانی چین و چروک داشته باشد

he could not make Siddhartha sleep badly

او نتوانست سیذارتا را بد بخواباند

one day, Kamaswami tried to speak with Siddhartha

یک روز کاماسوامی سعی کرد با سیذارتا صحبت کند

"Siddhartha, you have failed to learn anything new"

"سیذارتا، تو نتوانسته ای چیز جدیدی یاد بگیری"

but again, Siddhartha laughed at this

اما دوباره، سیدارتا به این موضوع خندید

"Would you please not kid me with such jokes"

"لطفاً مرا با این جوک ها شوخی نکن"

"What I've learned from you is how much a basket of fish costs"

"چیزی که من از شما یاد گرفتم این است که قیمت یک سبد ماهی چقدر است"

"and I learned how much interest may be charged on loaned money"

"و من یاد گرفتم که چه مقدار سود ممکن است از پول قرض گرفته شود"

"These are your areas of expertise"

"اینها زمینه های تخصصی شما هستند"

"I haven't learned to think from you, my dear Kamaswami"

"کاماسوامی عزیزم فکر کردن را از تو یاد نگرفتم"

"you ought to be the one seeking to learn from me"

"تو باید کسی باشی که به دنبال یادگیری از من هستی"

Indeed his soul was not with the trade

در واقع روح او با تجارت نبود

The business was good enough to provide him with money for Kamala

کسب و کار به اندازه کافی خوب بود که او را برای کامالا پول تهیه کرد

and it earned him much more than he needed

و خیلی بیشتر از آنچه نیاز داشت برای او درآمد داشت

Besides Kamala, Siddhartha's curiosity was with the people

علاوه بر کامالا، کنجکاوی سیذارتا با مردم بود

their businesses, crafts, worries, and pleasures

مشاغل، صنایع دستی، دغدغه ها و لذت های آنها

all these things used to be alien to him

همه این چیزها برای او بیگانه بود

their acts of foolishness used to be as distant as the moon

اعمال احمقانه آنها به اندازه ماه دور بود

he easily succeeded in talking to all of them

او به راحتی موفق شد با همه آنها صحبت کند

he could live with all of them

او می توانست با همه آنها زندگی کند

and he could continue to learn from all of them

و او می توانست از همه آنها یاد بگیرد

but there was something which separated him from them

اما چیزی وجود داشت که او را از آنها جدا می کرد

he could feel a divide between him and the people

او می توانست بین او و مردم شکاف احساس کند

this separating factor was him being a Samana

این عامل جداکننده، سمانه بودن او بود

He saw mankind going through life in a childlike manner

او دید که بشر به شیوه ای کودکانه از زندگی عبور می کند

in many ways they were living the way animals live

از بسیاری جهات آنها به شیوه زندگی حیوانات زندگی می کردند

he loved and also despised their way of life

او شیوه زندگی آنها را دوست داشت و همچنین از آنها متنفر بود

He saw them toiling and suffering

آنها را در حال زحمت و رنج دید

they were becoming gray for things unworthy of this price

آنها برای چیزهایی که ارزش این قیمت را ندارند خاکستری می شدند

they did things for money and little pleasures

آنها کارها را برای پول و لذت های کوچک انجام می دادند

they did things for being slightly honoured

آنها کارهایی را برای کمی افتخار انجام دادند

he saw them scolding and insulting each other

آنها را دید که همدیگر را سرزنش و ناسزا می گفتند

he saw them complaining about pain

آنها را دید که از درد شکایت دارند

pains at which a Samana would only smile

دردی که یک سامانا فقط به آن لبخند می زند

and he saw them suffering from deprivations

و آنان را گرفتار محرومیت ها می دید

deprivations which a Samana would not feel

محرومیت هایی که یک سمانه احساس نمی کند

He was open to everything these people brought his way

او به روی هر چیزی که این افراد سر راهش آوردند باز بود

welcome was the merchant who offered him linen for sale

خوش آمدید تاجری که به او کتانی برای فروش پیشنهاد داد

welcome was the debtor who sought another loan

خوش آمدید بدهکاری که به دنبال وام دیگری بود

welcome was the beggar who told him the story of his poverty

خوش آمد گفت گدای که داستان فقرش را برایش تعریف کرد

the beggar who was not half as poor as any Samana

گدای که نصف سامانا فقیر نبود

He did not treat the rich merchant and his servant different
او با تاجر ثروتمند و خدمتکارش رفتار متفاوتی نداشت
he let street-vendor cheat him when buying bananas
او به فروشنده خیابانی اجازه داد هنگام خرید موز او را فریب دهد
Kamaswami would often complain to him about his worries
کاماسوامی اغلب از نگرانی هایش به او شکایت می کرد
or he would reproach him about his business
یا او را در مورد تجارتش سرزنش می کرد
he listened curiously and happily
او با کنجکاوی و خوشحالی گوش داد
but he was puzzled by his friend
اما او توسط دوستش متحیر شده بود
he tried to understand him
سعی کرد او را درک کند
and he admitted he was right, up to a certain point
و او اعتراف کرد که تا حدی درست می گفت
there were many who asked for Siddhartha
خیلی ها بودند که سیذارتا را خواستند
many wanted to do business with him
بسیاری می خواستند با او تجارت کنند
there were many who wanted to cheat him
خیلی ها بودند که می خواستند او را فریب دهند
many wanted to draw some secret out of him
بسیاری می خواستند رازی را از او بیرون بکشند
many wanted to appeal to his sympathy
بسیاری می خواستند به همدردی او متوسل شوند
many wanted to get his advice
خیلی ها می خواستند از او راهنمایی بگیرند
He gave advice to those who wanted it
به کسانی که می خواستند نصیحت می کرد
he pitied those who needed pity
او برای کسانی که نیاز به ترحم داشتند ترحم کرد
he made gifts to those who liked presents
او به کسانی که هدایایی را دوست داشتند هدیه داد
he let some cheat him a bit
او اجازه داد برخی او را فریب دهند

this game which all people played occupied his thoughts

این بازی که همه مردم انجام می دادند افکار او را به خود مشغول کرد

he thought about this game just as much as he had about the Gods

او به همان اندازه که درباره خدایان فکر می کرد به این بازی فکر می کرد

deep in his chest he felt a dying voice

در اعماق سینه اش صدای مرگباری را احساس کرد

this voice admonished him quietly

این صدا به آرامی او را نصیحت کرد

and he hardly perceived the voice inside of himself

و او به سختی صدای درون خود را درک کرد

And then, for an hour, he became aware of something

و بعد ساعتی از چیزی آگاه شد

he became aware of the strange life he was leading

او از زندگی عجیبی که داشت آگاه شد

he realized this life was only a game

او متوجه شد که این زندگی فقط یک بازی است

at times he would feel happiness and joy

گاهی احساس خوشبختی و شادی می کرد

but real life was still passing him by

اما زندگی واقعی هنوز از کنارش می گذشت

and it was passing by without touching him

و بدون دست زدن به او می گذشت

Siddhartha played with his business-deals

سیذارتا با معاملات تجاری خود بازی کرد

Siddhartha found amusement in the people around him

سیذارتا در اطرافیانش سرگرمی پیدا کرد

but regarding his heart, he was not with them

اما در مورد قلب او با آنها نبود

The source ran somewhere, far away from him

منبع به جایی دور از او دوید

it ran and ran invisibly

دوید و نامرئی دوید

it had nothing to do with his life any more

دیگر ربطی به زندگی او نداشت

at several times he became scared on account of such thoughts
چندین بار از چنین افکاری ترسیده بود

he wished he could participate in all of these childlike games
او آرزو می کرد که می توانست در همه این بازی های کودکانه شرکت کند

he wanted to really live
او می خواست واقعا زندگی کند

he wanted to really act in their theatre
او می خواست واقعاً در تئاتر آنها بازی کند

he wanted to really enjoy their pleasures
او می خواست واقعاً از لذت های آنها لذت ببرد

and he wanted to live, instead of just standing by as a spectator
و او می خواست زندگی کند، به جای اینکه فقط به عنوان یک تماشاگر در کنارش بایستد

But again and again, he came back to beautiful Kamala
اما بارها و بارها به کامالای زیبا بازگشت

he learned the art of love
او هنر عشق را آموخت

and he practised the cult of lust
و آیین شهوات را انجام داد

lust, in which giving and taking becomes one
شهوت که در آن دادن و گرفتن یکی می شود

he chatted with her and learned from her
با او صحبت کرد و از او آموخت

he gave her advice, and he received her advice
او را نصیحت کرد و نصیحتش را دریافت کرد

She understood him better than Govinda used to understand him
بهتر از چیزی که گوویندا او را درک می کرد، او را درک می کرد

she was more similar to him than Govinda had been
او بیشتر از گوویندا به او شبیه بود

"You are like me," he said to her

به او گفت: تو هم مثل من هستی
"you are different from most people"
"شما با بیشتر مردم فرق دارید"
"You are Kamala, nothing else"
"تو کامالا هستی، هیچ چیز دیگری"
"and inside of you, there is a peace and refuge"
"و در درون تو آرامش و پناهی است"
"a refuge to which you can go at every hour of the day"
"پناهگاهی که در هر ساعت از روز می توانید به آن بروید"
"you can be at home with yourself"
"شما می توانید با خودتان در خانه باشید"
"I can do this too"
"من هم می توانم این کار را انجام دهم"
"Few people have this place"
"تعداد کمی از مردم این مکان را دارند"
"and yet all of them could have it"
"و با این حال همه آنها می توانند آن را داشته باشند"
"Not all people are smart" said Kamala
کامالا گفت: همه مردم باهوش نیستند
"No," said Siddhartha, "that's not the reason why"
سیذارتا گفت: "نه، این دلیل نیست"
"Kamaswami is just as smart as I am"
"کاماسوامی به اندازه من باهوش است"
"but he has no refuge in himself"
"اما او به خود پناهی ندارد"
"Others have it, although they have the minds of children"
"دیگران آن را دارند، اگرچه آنها ذهن کودکان را دارند"
"Most people, Kamala, are like a falling leaf"
"بیشتر مردم، کامالا، مانند یک برگ در حال سقوط هستند"
"a leaf which is blown and is turning around through the air"
"برگی که دمیده می شود و در هوا می چرخد"
"a leaf which wavers, and tumbles to the ground"
"برگی که می لرزد و به زمین می افتد"
"But others, a few, are like stars"
"اما دیگران، تعداد کمی، مانند ستاره هستند"

"they go on a fixed course"
"آنها در یک دوره ثابت می روند"

"no wind reaches them"
"هیچ بادی به آنها نمی رسد"

"in themselves they have their law and their course"
"در خود آنها قانون و مسیر خود را دارند"

"Among all the learned men I have met, there was one of this kind"
"در میان تمام مردان دانشمندی که ملاقات کردم، یکی از این دست بود".

"he was a truly perfected one"
"او واقعاً یک فرد کامل بود"

"I'll never be able to forget him"
"من هرگز نمی توانم او را فراموش کنم"

"It is that Gotama, the exalted one"
"این است که گوتاما، آن متعال"

"Thousands of followers are listening to his teachings every day"
"هزاران پیرو هر روز به آموزه های او گوش می دهند"

"they follow his instructions every hour"
"آنها هر ساعت دستورات او را دنبال می کنند"

"but they are all falling leaves"
"اما همه آنها در حال ریختن برگ هستند"

"not in themselves they have teachings and a law"
»آنها به خودی خود تعالیم و قانون ندارند«

Kamala looked at him with a smile
کامالا با لبخند به او نگاه کرد

"Again, you're talking about him," she said
او گفت: "باز هم شما در مورد او صحبت می کنید."

"again, you're having a Samana's thoughts"
"دوباره، شما افکار یک سامانا را دارید"

Siddhartha said nothing, and they played the game of love
سیذارتا چیزی نگفت و آنها بازی عشق را انجام دادند

one of the thirty or forty different games Kamala knew
یکی از سی یا چهل بازی مختلف که کامالا می دانست

Her body was flexible like that of a jaguar
بدن او مانند یک جگوار انعطاف پذیر بود

flexible like the bow of a hunter

منعطف مانند کمان یک شکارچی

he who had learned from her how to make love

او که از او یاد گرفته بود چگونه عشق ورزی کند

he was knowledgeable of many forms of lust

او به بسیاری از اشکال شهوت آگاه بود

he that learned from her knew many secrets

کسی که از او آموخته بود رازهای زیادی می دانست

For a long time, she played with Siddhartha

او برای مدت طولانی با سیذارتا بازی کرد

she enticed him and rejected him

او را اغوا کرد و طردش کرد

she forced him and embraced him

او را مجبور کرد و در آغوش گرفت

she enjoyed his masterful skills

او از مهارت های استادانه او لذت می برد

until he was defeated and rested exhausted by her side

تا اینکه شکست خورد و خسته در کنار او استراحت کرد

The courtesan bent over him

زن اجباری روی او خم شد

she took a long look at his face

نگاهی طولانی به صورت او انداخت

she looked at his eyes, which had grown tired

به چشمان او که خسته شده بود نگاه کرد

"You are the best lover I have ever seen" she said thoughtfully

او متفکرانه گفت: "تو بهترین معشوقی هستی که تا به حال دیده ام."

"You're stronger than others, more supple, more willing"

"شما قوی تر از دیگران، منعطف تر، مشتاق تر هستید"

"You've learned my art well, Siddhartha"

"تو هنر من را خوب یاد گرفتی، سیدارتا"

"At some time, when I'll be older, I'd want to bear your child"

"یه زمانی، وقتی بزرگتر شدم، می خواهم فرزندت را به دنیا بیاورم"

"And yet, my dear, you've remained a Samana"

"و با این حال، عزیز من، تو یک سمانه ماندی"

"and despite this, you do not love me"
"و با وجود این، تو مرا دوست نداری"
"there is nobody that you love"
"هیچکس نیست که دوستش داشته باشی"
"Isn't it so?" asked Kamala
"اینطور نیست؟ "از کامالا پرسید
"It might very well be so," Siddhartha said tiredly
سیذارتا با خستگی گفت: "ممکن است اینطور باشد."
"I am like you, because you also do not love"
"من مثل شما هستم، زیرا شما نیز دوست ندارید"
"how else could you practise love as a craft?"
"چگونه می‌توانستید عشق را به عنوان یک هنر پیشه کنید؟"
"Perhaps, people of our kind can't love"
"شاید، افراد همنوع ما نتوانند عاشق شوند"
"The childlike people can love, that's their secret"
"افراد کودکانه می توانند دوست داشته باشند، این راز آنهاست"

Sansara
سانسارا

For a long time, Siddhartha had lived in the world and lust
سیذارتا مدتها در دنیا و هوس زندگی کرده بود
he lived this way though, without being a part of it
او به این شکل زندگی می کرد، بدون اینکه بخشی از آن باشد
he had killed this off when he had been a Samana
او این را زمانی که سامانا بود کشته بود
but now they had awoken again
اما حالا دوباره بیدار شده بودند
he had tasted riches, lust, and power
او طعم ثروت، شهوت و قدرت را چشیده بود
for a long time he had remained a Samana in his heart
مدتها در قلبش سمانه باقی مانده بود
Kamala, being smart, had realized this quite right
کامالا که باهوش بود، این را کاملاً درست متوجه شده بود
thinking, waiting, and fasting still guided his life
تفکر، انتظار و روزه همچنان زندگی او را هدایت می کرد
the childlike people remained alien to him
مردم کودکانه با او بیگانه ماندند
and he remained alien to the childlike people
و با مردمان کودکانه بیگانه ماند
Years passed by; surrounded by the good life
سالها گذشت؛ احاطه شده توسط زندگی خوب
Siddhartha hardly felt the years fading away
سیذارتا به سختی احساس کرد که سال ها از بین می روند
He had become rich and possessed a house of his own
او ثروتمند شده بود و خانه ای برای خودش داشت
he even had his own servants
او حتی خدمتگزاران خود را داشت
he had a garden before the city, by the river
او باغی قبل از شهر، کنار رودخانه داشت
The people liked him and came to him for money or advice
مردم او را دوست داشتند و برای پول یا نصیحت نزد او می آمدند
but there was nobody close to him, except Kamala

اما هیچ کس به او نزدیک نبود، جز کمالا

the bright state of being awake

حالت روشن بیداری

the feeling which he had experienced at the height of his youth

احساسی که در اوج جوانی تجربه کرده بود

in those days after Gotama's sermon

در آن روزهای پس از خطبه گوتاما

after the separation from Govinda

پس از جدایی از گوویندا

the tense expectation of life

انتظار پرتنش از زندگی

the proud state of standing alone

حالت غرور آفرین تنها ایستادن

being without teachings or teachers

بدون تعلیم و معلم بودن

the supple willingness to listen to the divine voice in his own heart

تمایل انعطاف پذیر برای گوش دادن به صدای الهی در قلب خود

all these things had slowly become a memory

همه این چیزها کم کم تبدیل به خاطره شده بود

the memory had been fleeting, distant, and quiet

خاطره زودگذر، دور و آرام بود

the holy source, which used to be near, now only murmured

منبع مقدس که قبلا نزدیک بود، اکنون فقط زمزمه می کند

the holy source, which used to murmur within himself

منبع مقدسی که در درون خود زمزمه می کرد

Nevertheless, many things he had learned from the Samanas

با این وجود چیزهای زیادی از سامانا آموخته بود

he had learned from Gotama

او از گوتاما یاد گرفته بود

he had learned from his father the Brahman

او برهمن را از پدرش آموخته بود

his father had remained within his being for a long time

پدرش مدتها در وجودش مانده بود

moderate living, the joy of thinking, hours of meditation

زندگی معتدل، لذت تفکر، ساعت ها مراقبه
the secret knowledge of the self; his eternal entity
شناخت پنهان خود؛ موجود ابدی او
the self which is neither body nor consciousness
خودی که نه جسم است و نه آگاهی
Many a part of this he still had
بخش زیادی از این را او هنوز داشت
but one part after another had been submerged
اما یکی پس از دیگری زیر آب رفته بودند
and eventually each part gathered dust
و در نهایت هر قسمت گرد و غبار جمع کرد
a potter's wheel, once in motion, will turn for a long time
یک چرخ سفالگر، هنگامی که در حرکت باشد، برای مدت طولانی خواهد چرخید

it loses its vigour only slowly
فقط به آرامی قدرت خود را از دست می دهد
and it comes to a stop only after time
و فقط بعد از زمان متوقف می شود
Siddhartha's soul had kept on turning the wheel of asceticism
روح سیذارتا همچنان چرخ زهد را می چرخاند
the wheel of thinking had kept turning for a long time
چرخ تفکر مدتها بود که می چرخید
the wheel of differentiation had still turned for a long time
چرخ تمایز مدت زیادی بود که چرخیده بود
but it turned slowly and hesitantly
اما به آرامی و با تردید چرخید
and it was close to coming to a standstill
و نزدیک بود که متوقف شود
Slowly, like humidity entering the dying stem of a tree
به آرامی مانند رطوبت وارد ساقه در حال مرگ درخت می شود
filling the stem slowly and making it rot
ساقه را به آرامی پر کنید و آن را پوسیده کنید
the world and sloth had entered Siddhartha's soul
دنیا و تنبلی وارد روح سیذارتا شده بود
slowly it filled his soul and made it heavy

آرام آرام روحش را پر کرد و سنگین کرد

it made his soul tired and put it to sleep

روحش را خسته کرد و خوابش برد

On the other hand, his senses had become alive

از طرفی حواسش زنده شده بود

there was much his senses had learned

حواس او چیزهای زیادی یاد گرفته بود

there was much his senses had experienced

حواس او چیزهای زیادی را تجربه کرده بود

Siddhartha had learned to trade

سیذارتا تجارت را آموخته بود

he had learned how to use his power over people

او یاد گرفته بود که چگونه از قدرت خود بر مردم استفاده کند

he had learned how to enjoy himself with a woman

او یاد گرفته بود که چگونه با یک زن لذت ببرد

he had learned how to wear beautiful clothes

او یاد گرفته بود که چگونه لباس های زیبا بپوشد

he had learned how to give orders to servants

او یاد گرفته بود که چگونه به خدمتگزاران دستور دهد

he had learned how to bathe in perfumed waters

او یاد گرفته بود که چگونه در آب های معطر استحمام کند

He had learned how to eat tenderly and carefully prepared food

او یاد گرفته بود که چگونه غذاهای لطیف و با دقت آماده شده بخورد

he even ate fish, meat, and poultry

او حتی ماهی، گوشت و مرغ می خورد

spices and sweets and wine, which causes sloth and forgetfulness

ادویه و شیرینی و شراب که باعث تنبلی و فراموشی می شود

He had learned to play with dice and on a chess-board

او یاد گرفته بود با تاس و روی صفحه شطرنج بازی کند

he had learned to watch dancing girls

او یاد گرفته بود که دختران را در حال رقص تماشا کند

he learned to have himself carried about in a sedan-chair

او یاد گرفت که خودش را روی یک صندلی سدان حمل کند

he learned to sleep on a soft bed

او یاد گرفت روی یک تخت نرم بخوابد

But still he felt different from others

اما هنوز احساس می کرد با دیگران متفاوت است

he still felt superior to the others

او همچنان نسبت به دیگران احساس برتری می کرد

he always watched them with some mockery

او همیشه آنها را با کمی تمسخر تماشا می کرد

there was always some mocking disdain to how he felt about them

همیشه نوعی تحقیر تمسخر آمیز نسبت به احساس او نسبت به آنها وجود داشت

the same disdain a Samana feels for the people of the world

همان تحقیر یک سامانا نسبت به مردم جهان

Kamaswami was ailing and felt annoyed

کاماسوامی بیمار بود و احساس ناراحتی می کرد

he felt insulted by Siddhartha

او احساس می کرد که توسط سیدارتا توهین شده است

and he was vexed by his worries as a merchant

و او از نگرانی های خود به عنوان یک تاجر ناراحت بود

Siddhartha had always watched these things with mockery

سیذارتا همیشه این چیز ها را با تمسخر تماشا می کرد

but his mockery had become more tired

اما تمسخر او خسته تر شده بود

his superiority had become more quiet

برتری او ساکت تر شده بود

as slowly imperceptible as the rainy season passing by

به آرامی نامحسوس مانند فصل بارانی که می گذرد

slowly, Siddhartha had assumed something of the childlike people's ways

به آرامی، سیدارتا چیزی از شیوه های کودکانه مردم را در پیش گرفته بود

he had gained some of their childishness

او کمی از کودکانه آنها را به دست آورده بود

and he had gained some of their fearfulness

و او مقداری از ترس آنها را به دست آورده بود

And yet, the more be become like them the more he envied them

و با این حال، هر چه بیشتر شبیه آنها می شد، بیشتر به آنها حسادت می کرد

He envied them for the one thing that was missing from him

به خاطر تنها چیزی که از او کم شده بود به آنها حسادت می کرد

the importance they were able to attach to their lives

اهمیتی که توانستند به زندگی خود قائل شوند

the amount of passion in their joys and fears

میزان شور و شوق در شادی ها و ترس های آنها

the fearful but sweet happiness of being constantly in love

شادی ترسناک اما شیرینِ دائماً عاشق بودن

These people were in love with themselves all of the time

این افراد همیشه عاشق خودشان بودند

women loved their children, with honours or money

زنان فرزندان خود را با افتخار یا پول دوست داشتند

the men loved themselves with plans or hopes

مردها خود را با برنامه یا امید دوست داشتند

But he did not learn this from them

اما او این را از آنها یاد نگرفت

he did not learn the joy of children

او شادی کودکان را یاد نگرفت

and he did not learn their foolishness

و حماقت آنها را نیاموخت

what he mostly learned were their unpleasant things

چیزی که او بیشتر یاد گرفت چیزهای ناخوشایند آنها بود

and he despised these things

و او این چیزها را تحقیر کرد

in the morning, after having had company

صبح، پس از شرکت

more and more he stayed in bed for a long time

او بیشتر و بیشتر برای مدت طولانی در رختخواب می ماند

he felt unable to think, and was tired

احساس می کرد نمی تواند فکر کند و خسته بود

he became angry and impatient when Kamaswami bored him with his worries

وقتی کاماسوامی او را از نگرانی هایش خسته کرد، عصبانی و بی تاب شد
he laughed just too loud when he lost a game of dice
وقتی یک بازی تاس را از دست داد، خیلی بلند خندید
His face was still smarter and more spiritual than others
چهره او هنوز باهوش ترا و معنوی تر از دیگران بود
but his face rarely laughed anymore
اما چهره‌اش دیگر به ندرت می‌خندید
slowly, his face assumed other features
به آهستگی صورتش ویژگی های دیگری پیدا کرد
the features often found in the faces of rich people
ویژگی هایی که اغلب در چهره افراد ثروتمند دیده می شود
features of discontent, of sickliness, of ill-humour
ویژگی های نارضایتی، بیماری، شوخ طبعی
features of sloth, and of a lack of love
ویژگی های تنبلی و کمبود عشق
the disease of the soul which rich people have
بیماری روح که افراد ثروتمند به آن مبتلا هستند
Slowly, this disease grabbed hold of him
کم کم این بیماری گریبانش را گرفت
like a thin mist, tiredness came over Siddhartha
مثل یک غبار نازک، خستگی بر سیذارتا آمد
slowly, this mist got a bit denser every day
آرام آرام، این غبار هر روز کمی متراکم تر می شد
it got a bit murkier every month
هر ماه کمی تیره تر می شد
and every year it got a bit heavier
و هر سال کمی سنگین تر می شد
dresses become old with time
لباس ها با گذشت زمان کهنه می شوند
clothes lose their beautiful colour over time
لباس ها با گذشت زمان رنگ زیبای خود را از دست می دهند
they get stains, wrinkles, worn off at the seams
آنها لکه، چین و چروک می شوند، در درزها فرسوده می شوند
they start to show threadbare spots here and there
آنها شروع به نشان دادن نقاط نخ نما از اینجا و آنجا می کنند

this is how Siddhartha's new life was

زندگی جدید سیذارتا اینگونه بود

the life which he had started after his separation from Govinda

زندگی ای که او پس از جدایی از گوویندا آغاز کرده بود

his life had grown old and lost colour

زندگی او پیر شده بود و رنگ از دست داده بود

there was less splendour to it as the years passed by

با گذشت سالها شکوه کمتری در آن وجود داشت

his life was gathering wrinkles and stains

زندگی او در حال جمع کردن چین و چروک و لکه بود

and hidden at bottom, disappointment and disgust were waiting

و در پایین پنهان، ناامیدی و انزجار منتظر بود

they were showing their ugliness

زشتی خود را نشان می دادند

Siddhartha did not notice these things

سیذارتا متوجه این چیزها نشد

he remembered the bright and reliable voice inside of him

صدای روشن و قابل اعتماد درونش را به یاد آورد

he noticed the voice had become silent

متوجه شد صدا ساکت شده است

the voice which had awoken in him at that time

صدایی که در آن زمان در او بیدار شده بود

the voice that had guided him in his best times

صدایی که او را در بهترین دورانش راهنمایی کرده بود

he had been captured by the world

او اسیر جهان شده بود

he had been captured by lust, covetousness, sloth

او اسیر شهوت، طمع، تنبلی شده بود

and finally he had been captured by his most despised vice

و سرانجام اسیر منفورترین رذیله اش شد

the vice which he mocked the most

رذیله ای که او بیش از همه آن را مسخره کرد

the most foolish one of all vices

احمقانه ترین رذیله

he had let greed into his heart

طمع را به قلبش راه داده بود

Property, possessions, and riches also had finally captured him

اموال، اموال و ثروت نیز سرانجام او را اسیر خود کرده بود

having things was no longer a game to him

داشتن چیزها دیگر برای او یک بازی نبود

his possessions had become a shackle and a burden

دارایی های او تبدیل به یک غل و زنجیر و بار شده بود

It had happened in a strange and devious way

به طرز عجیب و غریبی اتفاق افتاده بود

Siddhartha had gotten this vice from the game of dice

سیذارتا این رذیله را از بازی تاس گرفته بود

he had stopped being a Samana in his heart

او در قلبش سمانه بودن را متوقف کرده بود

and then he began to play the game for money

و سپس او شروع به بازی برای پول کرد

first he joined the game with a smile

ابتدا با لبخند وارد بازی شد

at this time he only played casually

در این زمان او فقط معمولی بازی می کرد

he wanted to join the customs of the childlike people

او می خواست به آداب و رسوم مردم بچه گانه بپیوندد

but now he played with an increasing rage and passion

اما حالا با خشم و اشتیاق فزاینده ای بازی می کرد

He was a feared gambler among the other merchants

او در میان سایر بازرگانان قمارباز ترسناکی بود

his stakes were so audacious that few dared to take him on

سهام او آنقدر جسورانه بود که کمتر کسی جرات قبول کردن او را داشت

He played the game due to a pain of his heart

او بازی را به دلیل درد قلبی انجام داد

losing and wasting his wretched money brought him an angry joy

از دست دادن و هدر دادن پول های رقت بار خود برای او شادی خشمگینی به همراه داشت

he could demonstrate his disdain for wealth in no other way
او نمی توانست به هیچ وجه بیزاری خود را از ثروت نشان دهد
he could not mock the merchants' false god in a better way
او نمی توانست خدای دروغین بازرگانان را به شکلی بهتر مسخره کند
so he gambled with high stakes
بنابراین او با سهام بالا قمار کرد
he mercilessly hated himself and mocked himself
او بی رحمانه از خود متنفر بود و خود را مسخره می کرد
he won thousands, threw away thousands
او هزاران نفر را برد، هزاران نفر را دور انداخت
he lost money, jewellery, a house in the country
او پول، جواهرات، خانه ای در کشور را از دست داد
he won it again, and then he lost again
او دوباره آن را برد و سپس دوباره باخت
he loved the fear he felt while he was rolling the dice
او ترسی را که در حین انداختن تاس احساس می کرد، دوست داشت
he loved feeling worried about losing what he gambled
او عاشق احساس نگرانی در مورد از دست دادن چیزی بود که قمار می کرد
he always wanted to get this fear to a slightly higher level
او همیشه می خواست این ترس را به سطح کمی بالاتر برساند
he only felt something like happiness when he felt this fear
او فقط وقتی این ترس را احساس کرد چیزی شبیه شادی را احساس کرد
it was something like an intoxication
چیزی شبیه مستی بود
something like an elevated form of life
چیزی شبیه یک شکل عالی زندگی
something brighter in the midst of his dull life
چیزی روشن تر در میانه زندگی کسل کننده اش
And after each big loss, his mind was set on new riches
و پس از هر باخت بزرگ، ذهن او به ثروت های جدید می رفت
he pursued the trade more zealously
او تجارت را با غیرت بیشتری دنبال کرد
he forced his debtors more strictly to pay
او بدهکاران خود را با شدت بیشتری مجبور به پرداخت کرد
because he wanted to continue gambling

چون می خواست به قمار ادامه دهد
he wanted to continue squandering

او می خواست به اسراف ادامه دهد
he wanted to continue demonstrating his disdain of wealth

او می خواست به نشان دادن بیزاری خود از ثروت ادامه دهد
Siddhartha lost his calmness when losses occurred

سیذارتا آرامش خود را هنگام باخت از دست داد
he lost his patience when he was not paid on time

زمانی که حقوقش به موقع پرداخت نشد، صبر خود را از دست داد
he lost his kindness towards beggars

مهربانی خود را نسبت به گدایان از دست داد
He gambled away tens of thousands at one roll of the dice

او با یک تاس انداختن ده ها هزار قمار کرد
he became more strict and more petty in his business

او در کسب و کار خود سختگیرتر و کوچکتر شد
occasionally, he was dreaming at night about money!

گاهی شب ها خواب پول می دید!
whenever he woke up from this ugly spell, he continued fleeing

هر وقت از این طلسم زشت بیدار می شد به فرار ادامه می داد
whenever he found his face in the mirror to have aged, he found a new game

هر گاه چهره اش را در آینه پیر شده می دید، بازی جدیدی پیدا می کرد
whenever embarrassment and disgust came over him, he numbed his mind

هرگاه خجالت و انزجار او را فرا می گرفت، ذهنش را بی حس می کرد
he numbed his mind with sex and wine

او ذهن خود را با رابطه جنسی و شراب بی حس کرد
and from there he fled back into the urge to pile up and obtain possessions

و از آنجا به قصد انباشتن و به دست آوردن اموال دوباره فرار کرد
In this pointless cycle he ran

در این چرخه بیهوده دوید
from his life he grow tired, old, and ill

از زندگی اش خسته، پیر و بیمار می شود

Then the time came when a dream warned him
سپس زمانی فرا رسید که خواب به او هشدار داد
He had spent the hours of the evening with Kamala
او ساعات شب را با کامالا گذرانده بود
he had been in her beautiful pleasure-garden
او در باغ تفریحی زیبای او بوده است
They had been sitting under the trees, talking
آنها زیر درختان نشسته بودند و صحبت می کردند
and Kamala had said thoughtful words
و کامالا کلمات متفکرانه ای گفته بود
words behind which a sadness and tiredness lay hidden
کلماتی که غم و خستگی در پس آنها نهفته است
She had asked him to tell her about Gotama
از او خواسته بود که در مورد گوتاما به او بگوید
she could not hear enough of him
او نمی توانست به اندازه کافی از او بشنود
she loved how clear his eyes were
او عاشق شفافیت چشمانش بود
she loved how still and beautiful his mouth was
او عاشق این بود که چقدر دهانش آرام و زیبا بود
she loved the kindness of his smile
او مهربانی لبخند او را دوست داشت
she loved how peaceful his walk had been
او دوست داشت راه رفتن او چقدر آرام بوده است
For a long time, he had to tell her about the exalted Buddha
برای مدت طولانی، او باید در مورد بودای متعالی به او می گفت
and Kamala had sighed, and spoke
و کامالا آهی کشید و صحبت کرد
"One day, perhaps soon, I'll also follow that Buddha"
"یک روز، شاید به زودی، من نیز از آن بودا پیروی کنم"
"I'll give him my pleasure-garden for a gift"
"من باغ لذت خود را برای هدیه به او می دهم"
"and I will take my refuge in his teachings"
»و من به تعالیم او پناه خواهم برد«
But after this, she had aroused him
اما بعد از این او را تحریک کرده بود

she had tied him to her in the act of making love

او را در عمل عشقبازی به او بسته بود

with painful fervour, biting and in tears

با شوری دردناک، گاز گرفتن و در اشک

it was as if she wanted to squeeze the last sweet drop out of this wine

انگار می خواست آخرین قطره شیرین را از این شراب بیرون بکشد

Never before had it become so strangely clear to Siddhartha

پیش از این هرگز برای سیذارتا اینقدر عجیب و غریب روشن نشده بود

he felt how close lust was akin to death

او احساس کرد که شهوت چقدر به مرگ نزدیک است

he laid by her side, and Kamala's face was close to him

کنارش دراز کشید و صورت کامالا به او نزدیک بود

under her eyes and next to the corners of her mouth

زیر چشم و کنار گوشه دهانش

it was as clear as never before

مثل قبل واضح بود

there read a fearful inscription

آنجا کتیبه ترسناکی را خواند

an inscription of small lines and slight grooves

کتیبه ای از خطوط کوچک و شیارهای جزئی

an inscription reminiscent of autumn and old age

کتیبه ای که یادآور پاییز و پیری است

here and there, gray hairs among his black ones

اینجا و آنجا، موهای خاکستری در میان موهای سیاه او

Siddhartha himself, who was only in his forties, noticed the same thing

خود سیذارتا که تازه چهل ساله بود متوجه همین موضوع شد

Tiredness was written on Kamala's beautiful face

خستگی بر چهره زیبای کمالا نوشته شده بود

tiredness from walking a long path

خستگی از راه رفتن در یک مسیر طولانی

a path which has no happy destination

راهی که مقصد خوشی ندارد

tiredness and the beginning of withering

خستگی و شروع پژمردگی

fear of old age, autumn, and having to die
ترس از پیری، پاییز و مرگ
With a sigh, he had bid his farewell to her
با آهی با او خداحافظی کرده بود
the soul full of reluctance, and full of concealed anxiety
روح پر از اکراه و پر از اضطراب پنهان

Siddhartha had spent the night in his house with dancing girls
سیذارتا شب را در خانه اش با دختران رقصنده گذرانده بود
he acted as if he was superior to them
طوری رفتار می کرد که انگار از آنها برتری داشت
he acted superior towards the fellow-members of his caste
او نسبت به دیگر اعضای کاست خود برتر عمل می کرد
but this was no longer true
اما این دیگر درست نبود
he had drunk much wine that night
آن شب شراب زیادی نوشیده بود
and he went to bed a long time after midnight
و مدتها بعد از نیمه شب به رختخواب رفت
tired and yet excited, close to weeping and despair
خسته و در عین حال هیجان زده، نزدیک به گریه و ناامیدی
for a long time he sought to sleep, but it was in vain
برای مدت طولانی او به دنبال خواب بود، اما بیهوده بود
his heart was full of misery
قلبش پر از بدبختی بود
he thought he could not bear any longer
فکر می کرد دیگر نمی تواند تحمل کند
he was full of a disgust, which he felt penetrating his entire body
او پر از انزجار بود که احساس می کرد در تمام بدنش نفوذ می کند
like the lukewarm repulsive taste of the wine
مانند طعم ولرم دفع کننده شراب
the dull music was a little too happy
موسیقی کسل کننده کمی بیش از حد شاد بود
the smile of the dancing girls was a little too soft

لبخند دختران رقصنده کمی بیش از حد نرم بود

the scent of their hair and breasts was a little too sweet

بوی موها و سینه هایشان کمی شیرین بود

But more than by anything else, he was disgusted by himself

اما بیشتر از هر چیز دیگری از خودش بیزار بود

he was disgusted by his perfumed hair

از موهای معطرش منزجر شده بود

he was disgusted by the smell of wine from his mouth

از بوی شراب از دهانش منزجر شده بود

he was disgusted by the listlessness of his skin

از بی حالی پوستش منزجر شده بود

Like when someone who has eaten and drunk far too much

مثل زمانی که کسی که خیلی زیاد خورده و نوشیده است

they vomit it back up again with agonising pain

آنها دوباره آن را با درد دردناک استفراغ می کنند

but they feel relieved by the vomiting

اما با استفراغ احساس تسکین می کنند

this sleepless man wished to free himself of these pleasures

این مرد بی خواب می خواست خود را از این لذت ها رها کند

he wanted to be rid of these habits

او می خواست از شر این عادت ها خلاص شود

he wanted to escape all of this pointless life

او می خواست از این همه زندگی بیهوده فرار کند

and he wanted to escape from himself

و می خواست از دست خودش فرار کند

it wasn't until the light of the morning when he had slightly fallen sleep

هنوز به نور صبح نرسیده بود که کمی به خواب رفته بود

the first activities in the street were already beginning

اولین فعالیت ها در خیابان از قبل شروع شده بود

for a few moments he had found a hint of sleep

برای چند لحظه خوابی پیدا کرده بود

In those moments, he had a dream

در آن لحظات خوابی دید

Kamala owned a small, rare singing bird in a golden cage

کاملا صاحب یک پرنده کوچک و کمیاب آوازخوان در یک قفس طلایی بود
it always sung to him in the morning
همیشه صبح برایش می خواند
but then he dreamt this bird had become mute
اما بعد خواب دید که این پرنده لال شده است
since this arose his attention, he stepped in front of the cage
از آنجایی که این توجه او را برانگیخت، جلوی قفس رفت
he looked at the bird inside the cage
به پرنده داخل قفس نگاه کرد
the small bird was dead, and lay stiff on the ground
پرنده کوچک مرده بود و سفت روی زمین افتاده بود
He took the dead bird out of its cage
پرنده مرده را از قفس بیرون آورد
he took a moment to weigh the dead bird in his hand
چند لحظه طول کشید تا پرنده مرده را که در دستش بود وزن کرد
and then threw it away, out in the street
و سپس آن را دور انداخت، بیرون در خیابان
in the same moment he felt terribly shocked
در همان لحظه او احساس وحشتناکی شوکه کرد
his heart hurt as if he had thrown away all value
قلبش چنان درد می کرد که انگار تمام ارزش ها را دور انداخته است
everything good had been inside of this dead bird
همه چیز خوب درون این پرنده مرده بود
Starting up from this dream, he felt encompassed by a deep sadness
با شروع از این رویا، او احساس غم و اندوه عمیقی کرد
everything seemed worthless to him
همه چیز برای او بی ارزش به نظر می رسید
worthless and pointless was the way he had been going through life
بی ارزش و بیهوده راهی بود که او در زندگی طی کرده بود
nothing which was alive was left in his hands
چیزی که زنده بود در دست او باقی نمانده بود
nothing which was in some way delicious could be kept
چیزی که به نوعی خوشمزه بود را نمی شد نگه داشت

nothing worth keeping would stay

هیچ چیز ارزش نگه داشتن باقی نمی ماند

alone he stood there, empty like a castaway on the shore

او به تنهایی آنجا ایستاده بود، مانند یک مرده در ساحل خالی بود

With a gloomy mind, Siddhartha went to his pleasure-garden

سیذارتا با ذهنی غمگین به باغ تفریحی خود رفت

he locked the gate and sat down under a mango-tree

در را قفل کرد و زیر درخت انبه نشست

he felt death in his heart and horror in his chest

مرگ را در دل و وحشت را در سینه احساس کرد

he sensed how everything died and withered in him

او احساس کرد که چگونه همه چیز در او مرده و پژمرده شد

By and by, he gathered his thoughts in his mind

هر از گاهی افکارش را در ذهنش جمع کرد

once again, he went through the entire path of his life

او یک بار دیگر تمام مسیر زندگی خود را طی کرد

he started with the first days he could remember

او از اولین روزهایی که به یاد آورد شروع کرد

When was there ever a time when he had felt a true bliss?

چه زمانی زمانی بود که او یک سعادت واقعی را احساس کرد؟

Oh yes, several times he had experienced such a thing

اوه بله، چندین بار چنین چیزی را تجربه کرده بود

In his years as a boy he had had a taste of bliss

در سال های پسری اش طعم سعادت را چشیده بود

he had felt happiness in his heart when he obtained praise from the Brahmans

هنگامی که از برهمن ها ستایش می کرد، شادی را در دل خود احساس می کرد

"There is a path in front of the one who has distinguished himself"

"در مقابل کسی که خود را متمایز کرده راهی است"

he had felt bliss reciting the holy verses

از تلاوت آیات شریفه احساس سعادت کرده بود

he had felt bliss disputing with the learned ones

از مجادله با علما احساس سعادت کرده بود

he had felt bliss when he was an assistant in the offerings

زمانی که در هدایا دستیار بود، احساس خوشبختی کرده بود

Then, he had felt it in his heart

سپس، او آن را در قلب خود احساس کرده بود

"There is a path in front of you"

"یک مسیر پیش روی شماست"

"you are destined for this path"

"تو برای این راه مقدر شده ای"

"the gods are awaiting you"

"خدایان منتظرت هستند"

And again, as a young man, he had felt bliss

و دوباره در جوانی احساس سعادت کرده بود

when his thoughts separated him from those thinking on the same things

وقتی افکارش او را از کسانی که به همان چیزها فکر می کردند جدا می کرد

when he wrestled in pain for the purpose of Brahman

زمانی که او با درد به قصد برهمن کشتی گرفت

when every obtained knowledge only kindled new thirst in him

زمانی که هر دانش به دست آمده تنها عطش تازه ای را در او برانگیخت

in the midst of the pain he felt this very same thing

در میان درد، او دقیقاً همین چیز را احساس کرد

"Go on! You are called upon!"

"برو ! تو را فراخوانده اند"!

He had heard this voice when he had left his home

او این صدا را زمانی که خانه اش را ترک کرده بود شنیده بود

he heard heard this voice when he had chosen the life of a Samana

او این صدا را زمانی شنید که زندگی یک سمانه را انتخاب کرده بود

and again he heard this voice when left the Samanas

و دوباره هنگام خروج از سامانا این صدا را شنید

he had heard the voice when he went to see the perfected one

او صدا را شنیده بود زمانی که به دیدن کامل رفت

and when he had gone away from the perfected one, he had heard the voice

و چون از کامل شده دور شد، صدا را شنید

he had heard the voice when he went into the uncertain

او صدا را شنیده بود زمانی که او به نامعلوم رفت

For how long had he not heard this voice anymore?

چند وقت بود که دیگر این صدا را نشنیده بود؟

for how long had he reached no height anymore?

چه مدت بود که دیگر به قد نرسیده بود؟

how even and dull was the manner in which he went through life?

شیوه زندگی او چقدر یکنواخت و کسل کننده بود؟

for many long years without a high goal

برای سالهای طولانی بدون هدف بالا

he had been without thirst or elevation

او بدون تشنگی و بلندی بود

he had been content with small lustful pleasures

او به لذت های کوچک شهوانی بسنده کرده بود

and yet he was never satisfied!

و با این حال او هرگز راضی نبود!

For all of these years he had tried hard to become like the others

در تمام این سال ها تلاش زیادی کرده بود تا شبیه دیگران شود

he longed to be one of the childlike people

او آرزو داشت یکی از افراد بچه گانه باشد

but he didn't know that that was what he really wanted

اما او نمی دانست که این همان چیزی است که او واقعا می خواهد

his life had been much more miserable and poorer than theirs

زندگی او بسیار بدتر و فقیرتر از زندگی آنها بود

because their goals and worries were not his

زیرا اهداف و نگرانی های آنها متعلق به او نبود

the entire world of the Kamaswami-people had only been a game to him

تمام دنیای مردم کاماسوامی برای او فقط یک بازی بود

their lives were a dance he would watch

زندگی آنها رقصی بود که او تماشا می کرد

they performed a comedy he could amuse himself with

آنها یک کمدی اجرا کردند که او می توانست خود را با آن سرگرم کند

Only Kamala had been dear and valuable to him

فقط کامالا برای او عزیز و ارزشمند بوده است

but was she still valuable to him?

اما آیا او هنوز برای او ارزشمند بود؟

Did he still need her?

آیا او هنوز به او نیاز داشت؟

Or did she still need him?

یا هنوز به او نیاز داشت؟

Did they not play a game without an ending?

آیا آنها یک بازی بدون پایان انجام ندادند؟

Was it necessary to live for this?

آیا برای این زندگی لازم بود؟

No, it was not necessary!

نه لازم نبود!

The name of this game was Sansara

نام این بازی سانسارا بود

a game for children which was perhaps enjoyable to play once

یک بازی برای کودکان که شاید یک بار بازی کردنش لذت بخش بود

maybe it could be played twice

شاید بتوان آن را دو بار بازی کرد

perhaps you could play it ten times

شاید بتوانی ده بار آن را بازی کنی

but should you play it for ever and ever?

اما آیا باید آن را برای همیشه و همیشه بازی کنید؟

Then, Siddhartha knew that the game was over

سپس، سیدارتا فهمید که بازی تمام شده است

he knew that he could not play it any more

او می دانست که دیگر نمی تواند آن را بازی کند

Shivers ran over his body and inside of him

لرزی بر بدن و درونش جاری شد

he felt that something had died

احساس کرد چیزی مرده است

That entire day, he sat under the mango-tree

تمام آن روز، او زیر درخت انبه نشست

he was thinking of his father

او به پدرش فکر می کرد

he was thinking of Govinda

او به گوویندا فکر می کرد

and he was thinking of Gotama

و او به گوتاما فکر می کرد

Did he have to leave them to become a Kamaswami?

آیا او باید آنها را ترک می کرد تا کاماسوامی شود؟

He was still sitting there when the night had fallen

او هنوز آنجا نشسته بود که شب فرا رسیده بود

he caught sight of the stars, and thought to himself

او به ستاره ها نگاه کرد و با خود فکر کرد

"Here I'm sitting under my mango-tree in my pleasure-garden"

"اینجا من در زیر درخت انبه خود در باغ لذت خود نشسته ام"

He smiled a little to himself

لبخند کوچکی به خودش زد

was it really necessary to own a garden?

آیا واقعاً داشتن یک باغ ضروری بود؟

was it not a foolish game?

بازی احمقانه ای نبود؟

did he need to own a mango-tree?

آیا او نیاز به داشتن یک درخت انبه داشت؟

He also put an end to this

او هم به این موضوع پایان داد

this also died in him

این نیز در او مرد

He rose and bid his farewell to the mango-tree

برخاست و با درخت انبه خداحافظی کرد

he bid his farewell to the pleasure-garden

او با باغ لذت خداحافظی کرد

Since he had been without food this day, he felt strong hunger

از آنجایی که او این روز بدون غذا بود، احساس گرسنگی شدید کرد

and he thought of his house in the city

و به خانه اش در شهر فکر کرد

he thought of his chamber and bed

به اتاق و تختش فکر کرد

he thought of the table with the meals on it

به میزی فکر کرد که غذا روی آن بود

He smiled tiredly, shook himself, and bid his farewell to these things

لبخند خسته ای زد، خودش را تکان داد و با این چیزها خداحافظی کرد

In the same hour of the night, Siddhartha left his garden

در همان ساعت شب، سیذارتا باغ خود را ترک کرد

he left the city and never came back

او شهر را ترک کرد و دیگر برنگشت

For a long time, Kamaswami had people look for him

برای مدت طولانی، کاماسوامی مردم را مجبور به جستجوی او می کرد

they thought he had fallen into the hands of robbers

آنها فکر می کردند او به دست دزدان افتاده است

Kamala had no one look for him

کامالا هیچ کس دنبالش نبود

she was not astonished by his disappearance

او از ناپدید شدن او شگفت زده نشد

Did she not always expect it?

آیا او همیشه انتظارش را نداشت؟

Was he not a Samana?

او سمانه نبود؟

a man who was at home nowhere, a pilgrim

مردی که در خانه نبود، یک زائر

she had felt this the last time they had been together

او این را آخرین باری که با هم بودند احساس کرده بود

she was happy despite all the pain of the loss

او با وجود تمام درد از دست دادن خوشحال بود

she was happy she had been with him one last time

او خوشحال بود که برای آخرین بار با او بوده است

she was happy she had pulled him so affectionately to her heart

خوشحال بود که او را با محبت به قلبش کشیده بود

she was happy she had felt completely possessed and penetrated by him

او خوشحال بود که کاملاً در تسخیر و نفوذ او بود

When she received the news, she went to the window

وقتی خبر را دریافت کرد، به سمت پنجره رفت

at the window she held a rare singing bird

او در پنجره یک پرنده آوازخوان کمیاب را نگه داشت

the bird was held captive in a golden cage

پرنده در قفس طلایی اسیر بود

She opened the door of the cage

در قفس را باز کرد

she took the bird out and let it fly

او پرنده را بیرون آورد و اجازه داد پرواز کند

For a long time, she gazed after it

برای مدت طولانی، او به آن خیره شد

From this day on, she received no more visitors

از این روز به بعد، او دیگر بازدید کننده ای نداشت

and she kept her house locked

و خانه اش را قفل نگه داشت

But after some time, she became aware that she was pregnant

اما بعد از مدتی متوجه شد که باردار است

she was pregnant from the last time she was with Siddhartha

او از آخرین باری که با سیذارتا بود باردار بود

By the River
کنار رودخانه

Siddhartha walked through the forest
سیذارتا در جنگل قدم زد
he was already far from the city
او قبلاً از شهر دور بود
and he knew nothing but one thing
و او جز یک چیز چیزی نمی دانست
there was no going back for him
بازگشتی برای او وجود نداشت
the life that he had lived for many years was over
عمری که او سالها زندگی کرده بود به پایان رسیده بود
he had tasted all of this life
او طعم تمام این زندگی را چشیده بود
he had sucked everything out of this life
او همه چیز را از این زندگی گرفته بود
until he was disgusted with it
تا اینکه از آن منزجر شد
the singing bird he had dreamt of was dead
پرنده آوازخوانی که در خواب دیده بود مرده بود
and the bird in his heart was dead too
و پرنده در دلش مرده بود
he had been deeply entangled in Sansara
او عمیقاً در سانسارا گرفتار شده بود
he had sucked up disgust and death into his body
انزجار و مرگ را در بدنش فرو کرده بود
like a sponge sucks up water until it is full
مثل اسفنج آب را می مکد تا پر شود
he was full of misery and death
او پر از بدبختی و مرگ بود
there was nothing left in this world which could have attracted him
چیزی در این دنیا باقی نمانده بود که بتواند او را جذب کند
nothing could have given him joy or comfort
هیچ چیز نمی توانست به او شادی یا آرامش بدهد

he passionately wished to know nothing about himself anymore

او مشتاقانه آرزو داشت که دیگر چیزی درباره خود بداند

he wanted to have rest and be dead

او می خواست استراحت کند و بمیرد

he wished there was a lightning-bolt to strike him dead!

او آرزو داشت که صاعقه ای وجود داشته باشد که او را بمیرد!

If there only was a tiger to devour him!

اگر فقط ببری وجود داشت که او را ببلعد!

If there only was a poisonous wine which would numb his senses

اگر فقط شراب سمی بود که حواس او را بی حس می کرد

a wine which brought him forgetfulness and sleep

شرابی که برای او فراموشی و خواب به ارمغان آورد

a wine from which he wouldn't awake from

شرابی که از آن بیدار نمی شد

Was there still any kind of filth he had not soiled himself with?

آیا هنوز هر نوع کثیفی وجود داشت که او خود را با آن آلوده نکرده بود؟

was there a sin or foolish act he had not committed?

آیا گناه یا عمل احمقانه ای وجود داشت که مرتکب نشده بود؟

was there a dreariness of the soul he didn't know?

آیا ترسی از روح وجود داشت که او نمی دانست؟

was there anything he had not brought upon himself?

آیا چیزی بود که او برای خودش نیاورده بود؟

Was it still at all possible to be alive?

آیا اصلاً امکان زنده بودن وجود داشت؟

Was it possible to breathe in again and again?

آیا امکان نفس کشیدن دوباره و دوباره وجود داشت؟

Could he still breathe out?

آیا او هنوز می تواند نفس خود را بیرون بیاورد؟

was he able to bear hunger?

آیا او می توانست گرسنگی را تحمل کند؟

was there any way to eat again?

آیا راهی برای خوردن دوباره وجود داشت؟

was it possible to sleep again?

آیا امکان خواب مجدد وجود داشت؟

could he sleep with a woman again?

آیا او می تواند دوباره با یک زن بخوابد؟

had this cycle not exhausted itself?

آیا این چرخه خودش را تمام نکرده بود؟

were things not brought to their conclusion?

آیا چیزها به نتیجه نرسیدند؟

Siddhartha reached the large river in the forest

سیذارتا به رودخانه بزرگ جنگل رسید

it was the same river he crossed when he had still been a young man

همان رودخانه ای بود که وقتی هنوز جوان بود از آن عبور کرد

it was the same river he crossed from the town of Gotama

همان رودخانه ای بود که از شهر گوتاما عبور کرد

he remembered a ferryman who had taken him over the river

او به یاد یک کشتی گیر افتاد که او را روی رودخانه برده بود

By this river he stopped, and hesitantly he stood at the bank

کنار این رودخانه ایستاد و با تردید در کنار ساحل ایستاد

Tiredness and hunger had weakened him

خستگی و گرسنگی او را ضعیف کرده بود

"what should I walk on for?"

"برای چه باید راه بروم؟"

"to what goal was there left to go?"

"به چه هدفی باقی مانده بود که برویم؟"

No, there were no more goals

نه، دیگر هیچ گلی وجود نداشت

there was nothing left but a painful yearning to shake off this dream

چیزی جز آرزوی دردناک برای از بین بردن این رویا باقی نمانده بود

he yearned to spit out this stale wine

او مشتاق بود این شراب کهنه را تف کند

he wanted to put an end to this miserable and shameful life

می خواست به این زندگی نکبت بار و ننگین پایان دهد

a coconut-tree bent over the bank of the river

درخت نارگیلی که روی ساحل رودخانه خم شده بود

Siddhartha leaned against its trunk with his shoulder

سیذارتا با شانه اش به تنه آن تکیه داد

he embraced the trunk with one arm

با یک بازو تنه را در آغوش گرفت

and he looked down into the green water

و به آب سبز نگاه کرد

the water ran under him

آب زیر او دوید

he looked down and found himself to be entirely filled with the wish to let go

او به پایین نگاه کرد و متوجه شد که کاملاً مملو از آرزوی رها شدن است

he wanted to drown in these waters

می خواست در این آب ها غرق شود

the water reflected a frightening emptiness back at him

آب خلأ ترسناکی را به او منعکس می کرد

the water answered to the terrible emptiness in his soul

آب به خلأ وحشتناک روح او پاسخ داد .

Yes, he had reached the end

بله به آخر رسیده بود

There was nothing left for him, except to annihilate himself

چیزی برایش باقی نمانده بود جز اینکه خودش را نابود کند

he wanted to smash the failure into which he had shaped his life

او می خواست شکستی را که زندگی اش را در آن شکل داده بود، در هم بکوبد

he wanted to throw his life before the feet of mockingly laughing gods

او می خواست زندگی خود را جلوی پای خدایان مسخره خنده بیندازد

This was the great vomiting he had longed for; death

این همان استفراغ بزرگی بود که او آرزویش را داشت. مرگ

the smashing to bits of the form he hated

شکستن تکه هایی از شکلی که از آن متنفر بود

Let him be food for fishes and crocodiles

بگذارید او غذای ماهی ها و کروکودیل ها باشد
Siddhartha the dog, a lunatic
سگ سیذارتا، یک دیوانه
a depraved and rotten body; a weakened and abused soul!
بدنی فاسد و پوسیده؛ روح ضعیف و آزار دیده!
let him be chopped to bits by the daemons
بگذارید او توسط شیاطین تکه تکه شود
With a distorted face, he stared into the water
با چهره ای درهم به آب خیره شد
he saw the reflection of his face and spat at it
انعکاس صورتش را دید و به آن تف کرد
In deep tiredness, he took his arm away from the trunk of the tree
با خستگی عمیق دستش را از تنه درخت برداشت
he turned a bit, in order to let himself fall straight down
کمی چرخید تا خودش را مستقیماً پایین بیاورد
in order to finally drown in the river
تا در نهایت در رودخانه غرق شود
With his eyes closed, he slipped towards death
با چشمان بسته به سمت مرگ لیز خورد
Then, out of remote areas of his soul, a sound stirred up
سپس از نواحی دورافتاده روحش صدایی بلند شد
a sound stirred up out of past times of his now weary life
صدایی برخاسته از زمان های گذشته زندگی خسته اکنون او
It was a singular word, a single syllable
یک کلمه مفرد بود، یک هجا
without thinking he spoke the voice to himself
بدون اینکه فکر کند صدا را با خودش گفت
he slurred the beginning and the end of all prayers of the Brahmans
او شروع و پایان تمام دعاهای برهمنان را نامفهوم کرد
he spoke the holy Om
او ام مقدس را گفت
"that what is perfect" or "the completion"
"آن چیزی که کامل است "یا" تکمیل"
And in the moment he realized the foolishness of his actions

و در همان لحظه متوجه حماقت اعمال خود شد

the sound of Om touched Siddhartha's ear

صدای اوم گوش سیذارتا را لمس کرد

his dormant spirit suddenly woke up

روح خفته اش ناگهان بیدار شد

Siddhartha was deeply shocked

سیذارتا عمیقاً شوکه شده بود

he saw this was how things were with him

او دید که اوضاع با او اینگونه است

he was so doomed that he had been able to seek death

او چنان محکوم به فنا بود که توانسته بود به دنبال مرگ باشد

he had lost his way so much that he wished the end

آنقدر راهش را گم کرده بود که آرزوی پایان داشت

the wish of a child had been able to grow in him

آرزوی کودکی توانسته بود در او رشد کند

he had wished to find rest by annihilating his body!

او آرزو داشت با نابود کردن بدنش آرامش پیدا کند!

all the agony of recent times

تمام مصیبت های دوران اخیر

all sobering realizations that his life had created

همه درک هشیار کننده ای که زندگی او ایجاد کرده بود

all the desperation that he had felt

تمام ناامیدی که او احساس کرده بود

these things did not bring about this moment

این چیزها این لحظه را به وجود نیاورد

when the Om entered his consciousness he became aware of himself

هنگامی که ام وارد هوشیاری او شد، از خود آگاه شد

he realized his misery and his error

او متوجه بدبختی و خطای خود شد

Om! he spoke to himself

اوم! با خودش صحبت کرد

Om! and again he knew about Brahman

اوم! و دوباره از برهمن خبر داشت

Om! he knew about the indestructibility of life

اوم! او از فنا ناپذیری زندگی آگاه بود

Om! he knew about all that is divine, which he had forgotten
اوم! او از همه چیزهای الهی که فراموش کرده بود آگاه بود
But this was only a moment that flashed before him
اما این تنها لحظه ای بود که از مقابلش گذشت
By the foot of the coconut-tree, Siddhartha collapsed
سیذارتا در پای درخت نارگیل فرو ریخت
he was struck down by tiredness
او از خستگی تحت تأثیر قرار گرفت
mumbling "Om", he placed his head on the root of the tree
با زمزمه کردن "ام" سرش را روی ریشه درخت گذاشت
and he fell into a deep sleep
و به خواب عمیقی فرو رفت
Deep was his sleep, and without dreams
خوابش عمیق بود و بدون رویا
for a long time he had not known such a sleep any more
مدتها بود که دیگر چنین خوابی را نمی شناخت

When he woke up after many hours, he felt as if ten years had passed
وقتی بعد از چند ساعت از خواب بیدار شد، احساس کرد که ده سال گذشته است
he heard the water quietly flowing
او صدای جریان آب را شنید
he did not know where he was
او نمی دانست کجاست
and he did not know who had brought him here
و او نمی دانست چه کسی او را به اینجا آورده است
he opened his eyes and looked with astonishment
چشمانش را باز کرد و با تعجب نگاه کرد
there were trees and the sky above him
درختان و آسمان بالای سرش بود
he remembered where he was and how he got here
او به یاد آورد که کجا بود و چگونه به اینجا رسید
But it took him a long while for this
اما برای این کار مدت زیادی طول کشید

the past seemed to him as if it had been covered by a veil
گذشته به نظرش می رسید که گویی با حجابی پوشانده شده بود
infinitely distant, infinitely far away, infinitely meaningless
بی نهایت دور، بی نهایت دور، بی نهایت بی معنی
He only knew that his previous life had been abandoned
او فقط می دانست که زندگی قبلی اش رها شده است
this past life seemed to him like a very old, previous incarnation
این زندگی گذشته به نظر او یک تجسم بسیار قدیمی و قبلی بود
this past life felt like a pre-birth of his present self
این زندگی گذشته مانند یک تولد قبل از خود فعلی او بود
full of disgust and wretchedness, he had intended to throw his life away
پر از انزجار و بدبختی قصد داشت جانش را دور بیندازد
he had come to his senses by a river, under a coconut-tree
کنار رودخانه ای زیر درخت نارگیل به هوش آمده بود
the holy word "Om" was on his lips
کلمه مقدس "ام" بر لبانش بود
he had fallen asleep and had now woken up
خوابش برده بود و حالا بیدار شده بود
he was looking at the world as a new man
او به عنوان یک انسان جدید به دنیا نگاه می کرد
Quietly, he spoke the word "Om" to himself
به آرامی کلمه "اُم" را با خودش گفت
the "Om" he was speaking when he had fallen asleep
"اُم "را که وقتی به خواب رفته بود صحبت می کرد
his sleep felt like nothing more than a long meditative recitation of "Om"
خواب او چیزی بیش از یک تلاوت مدیتیشن طولانی "Om" نبود.
all his sleep had been a thinking of "Om"
تمام خوابش فکر "ام" بود
a submergence and complete entering into "Om"
غرق شدن و ورود کامل به "Om"
a going into the perfected and completed
رفتن به کامل و تکمیل شده
What a wonderful sleep this had been!

چه خواب شگفت انگیزی بود!
he had never before been so refreshed by sleep
او قبلاً هرگز اینقدر از خواب سرحال نشده بود
Perhaps, he really had died
شاید واقعاً مرده بود
maybe he had drowned and was reborn in a new body?
شاید او غرق شده بود و در یک بدن جدید دوباره متولد شد؟
But no, he knew himself and who he was
اما نه، او خودش و کیست
he knew his hands and his feet
دست و پاهایش را می شناخت
he knew the place where he lay
جایی که دراز کشیده بود را می دانست
he knew this self in his chest
او این خود را در سینه می دانست
Siddhartha the eccentric, the weird one
سیذارتای عجیب و غریب، عجیب و غریب
but this Siddhartha was nevertheless transformed
اما این سیذارتا با این وجود دگرگون شد
he was strangely well rested and awake
او به طرز عجیبی استراحت و بیدار بود
and he was joyful and curious
و او شاد و کنجکاو بود

Siddhartha straightened up and looked around
سیذارتا راست شد و به اطراف نگاه کرد
then he saw a person sitting opposite to him
سپس شخصی را دید که روبروی او نشسته است
a monk in a yellow robe with a shaven head
راهبی با لباس زرد با سر تراشیده
he was sitting in the position of pondering
او در حالت تفکر نشسته بود
He observed the man, who had neither hair on his head nor a beard
مرد را دید که نه موی سرش بود و نه ریش

he had not observed him for long when he recognised this monk

زمانی که این راهب را شناخت، مدت زیادی او را مشاهده نکرده بود

it was Govinda, the friend of his youth

گوویندا، دوست دوران جوانی اش بود

Govinda, who had taken his refuge with the exalted Buddha

گوویندا که به بودای والا پناه برده بود

Like Siddhartha, Govinda had also aged

گوویندا نیز مانند سیذارتا پیر شده بود

but his face still bore the same features

اما صورتش همچنان همان ویژگی ها را داشت

his face still expressed zeal and faithfulness

چهره او همچنان حاکی از غیرت و وفاداری بود

you could see he was still searching, but timidly

می توانستید ببینید که او همچنان در حال جستجو است، اما با ترس

Govinda sensed his gaze, opened his eyes, and looked at him

گوویندا نگاه او را حس کرد، چشمانش را باز کرد و به او نگاه کرد

Siddhartha saw that Govinda did not recognise him

سیذارتا دید که گوویندا او را نمی شناسد

Govinda was happy to find him awake

گوویندا از اینکه او را بیدار یافت خوشحال شد

apparently, he had been sitting here for a long time

ظاهراً او مدت زیادی اینجا نشسته بود

he had been waiting for him to wake up

منتظر بود تا بیدار شود

he waited, although he did not know him

او صبر کرد، اگرچه او را نمی شناخت

"I have been sleeping" said Siddhartha

سیذارتا گفت: "من خواب بودم"

"How did you get here?"

"چطور به اینجا رسیدی؟"

"You have been sleeping" answered Govinda

گوویندا پاسخ داد: "تو خواب بودی."

"It is not good to be sleeping in such places"

"خوابیدن در چنین جاهایی خوب نیست"

"snakes and the animals of the forest have their paths here"
"مارها و حیوانات جنگل راه خود را اینجا دارند"
"I, oh sir, am a follower of the exalted Gotama"
"من، ای آقا، پیرو گوتاما عالی هستم"
"I was on a pilgrimage on this path"
"من در این راه زیارت بودم"
"I saw you lying and sleeping in a place where it is dangerous to sleep"
"تو را دیدم که در جایی دراز کشیده و خوابیده ای که خوابیدن خطرناک است"
"Therefore, I sought to wake you up"
"بنابراین من به دنبال بیدار کردنت بودم"
"but I saw that your sleep was very deep"
"اما دیدم خوابت خیلی عمیق بود"
"so I stayed behind from my group"
"پس من از گروهم عقب ماندم"
"and I sat with you until you woke up"
"و من با تو نشستم تا بیدار شوی"
"And then, so it seems, I have fallen asleep myself"
"و بعد، به نظر می رسد، من خودم به خواب رفته ام"
"I, who wanted to guard your sleep, fell asleep"
"من که می خواستم نگهبان خواب تو باشم، خوابم برد"
"Badly, I have served you"
بدجوری خدمتتون کردم
"tiredness had overwhelmed me"
"خستگی بر من غلبه کرده بود"
"But since you're awake, let me go to catch up with my brothers"
"اما چون تو بیدار هستی، بگذار بروم تا به برادرانم برسم"
"I thank you, Samana, for watching out over my sleep" spoke Siddhartha
سیذارتا گفت: "از تو متشکرم سامانا، که مراقب خواب من بودی."
"You're friendly, you followers of the exalted one"
"شما دوست هستید ای پیروان حق تعالی"
"Now you may go to them"
"حالا شما ممکن است به آنها مراجعه کنید"

"I'm going, sir. May you always be in good health"

"من میرم قربان، انشاالله همیشه سلامت باشی"

"I thank you, Samana"

"ازت ممنونم سامانا"

Govinda made the gesture of a salutation and said "Farewell"

گوویندا سلام کرد و گفت "خداحافظ"

"Farewell, Govinda" said Siddhartha

سیذارتا گفت: خداحافظ گوویندا

The monk stopped as if struck by lightning

راهب چنان ایستاد که گویی صاعقه او را زده است

"Permit me to ask, sir, from where do you know my name?"

"اجازه بدهید بپرسم آقا اسم من را از کجا می دانید؟"

Siddhartha smiled, "I know you, oh Govinda, from your father's hut"

سیذارتا لبخندی زد، "اوه گوویندا، تو را از کلبه پدرت می شناسم"

"and I know you from the school of the Brahmans"

"و من شما را از مکتب برهمنان می شناسم"

"and I know you from the offerings"

"و من تو را از پیشکش ها می شناسم"

"and I know you from our walk to the Samanas"

"و من تو را از راه رفتنمان به سامانا می شناسم"

"and I know you from when you took refuge with the exalted one"

»و من تو را از زمانی می شناسم که به حق تعالی پناه بردی«

"You're Siddhartha," Govinda exclaimed loudly, "Now, I recognise you"

گوویندا با صدای بلند فریاد زد: «تو سیدارتا هستی، حالا من تو را می شناسم.»

"I don't comprehend how I couldn't recognise you right away"

"نمیدونم چطور نتونستم فورا بشناسمت"

"Siddhartha, my joy is great to see you again"

"سیذارتا، خوشحالم که دوباره تو را می بینم"

"It also gives me joy, to see you again" spoke Siddhartha

سیذارتا گفت: دیدن دوباره شما به من شادی می دهد

"You've been the guard of my sleep"

"تو نگهبان خواب من بودی"

"again, I thank you for this"

"باز هم از این بابت تشکر می کنم"

"but I wouldn't have required any guard"

"اما من به هیچ نگهبانی نیاز نداشتم"

"Where are you going to, oh friend?"

"کجا میری ای دوست؟"

"I'm going nowhere," answered Govinda

گوویندا پاسخ داد: "من هیچ جا نمی روم."

"We monks are always travelling"

"ما راهبان همیشه در سفر هستیم"

"whenever it is not the rainy season, we move from one place to another"

"هر وقت که فصل بارانی نیست، از جایی به مکان دیگر نقل مکان می کنیم"

"we live according to the rules of the teachings passed on to us"

"ما طبق قوانین آموزه هایی زندگی می کنیم که به ما منتقل شده است"

"we accept alms, and then we move on"

»صدقه را می‌پذیریم و سپس ادامه می‌دهیم«

"It is always like this"

"همیشه همینطور است"

"But you, Siddhartha, where are you going to?"

"اما تو، سیدارتا، کجا می روی؟"

"for me it is as it is with you"

"برای من همینطور است که با تو هست"

"I'm going nowhere; I'm just travelling"

"من به هیچ جا نمی روم، من فقط در حال سفر هستم"

"I'm also on a pilgrimage"

"من هم در سفر حج هستم"

Govinda spoke "You say you're on a pilgrimage, and I believe you"

گوویندا گفت: "شما می گویید در سفر زیارتی هستید، و من شما را باور دارم"

"But, forgive me, oh Siddhartha, you do not look like a pilgrim"

"اما، من را ببخش، ای سیذارتا، تو شبیه یک زائر نیستی"

"You're wearing a rich man's garments"

"تو لباس یک مرد ثروتمند می پوشی"

"you're wearing the shoes of a distinguished gentleman"

"شما کفش های یک آقای محترم را می پوشید"

"and your hair, with the fragrance of perfume, is not a pilgrim's hair"

»و موی تو با بوی عطر، موی زائر نیست«

"you do not have the hair of a Samana"

"تو موی سمانه نداری"

"you are right, my dear"

"حق داری عزیزم"

"you have observed things well"

"شما چیزها را خوب مشاهده کردید"

"your keen eyes see everything"

"چشمان تیزبین تو همه چیز را می بیند"

"But I haven't said to you that I was a Samana"

اما من به شما نگفتم که من یک سمانه بودم.

"I said I'm on a pilgrimage"

"گفتم زیارت هستم"

"And so it is, I'm on a pilgrimage"

"و همینطور است، من در سفر حج هستم"

"You're on a pilgrimage" said Govinda

گوویندا گفت: "شما در سفر زیارتی هستید."

"But few would go on a pilgrimage in such clothes"

"اما کمتر کسی با چنین لباسی به زیارت می رود"

"few would pilger in such shoes"

»تعداد کمی با چنین کفش‌هایی زائر می‌شوند«

"and few pilgrims have such hair"

»و تعداد کمی از حجاج چنین موهایی دارند«

"I have never met such a pilgrim"

من هرگز چنین زائری را ندیده ام

"and I have been a pilgrim for many years"

»و من سالیان سال است که زائر هستم«

"I believe you, my dear Govinda"
"من تو را باور دارم، گوویندای عزیزم"
"But now, today, you've met a pilgrim just like this"
"اما اکنون، امروز، شما با یک زائر مانند این ملاقات کرده اید"
"a pilgrim wearing these kinds of shoes and garment"
"زائری که این گونه کفش ها و جامه ها را بر تن دارد"
"Remember, my dear, the world of appearances is not eternal"
"یادت باشه عزیزم، دنیای ظواهر جاودانه نیست"
"our shoes and garments are anything but eternal"
"کفش و لباس ما چیزی جز ابدی است"
"our hair and bodies are not eternal either"
"مو و بدن ما هم ابدی نیست"
I'm wearing a rich man's clothes"
"من لباس یک مرد ثروتمند را پوشیده ام"
"you've seen this quite right"
"تو این را کاملاً درست دیدی"
"I'm wearing them, because I have been a rich man"
"من آنها را می پوشم، زیرا من یک مرد ثروتمند بوده ام"
"and I'm wearing my hair like the worldly and lustful people"
»و من مانند اهل دنیا و شهوتران موهایم را می‌پوشم«
"because I have been one of them"
"چون من یکی از آنها بوده ام"
"And what are you now, Siddhartha?" Govinda asked
"و الان چی هستی سیذارتا؟" گوویندا پرسید
"I don't know it, just like you"
"نمیدونم، درست مثل تو"
"I was a rich man, and now I am not a rich man anymore"
"من یک مرد ثروتمند بودم و اکنون دیگر یک مرد ثروتمند نیستم"
"and what I'll be tomorrow, I don't know"
"و فردا چه خواهم بود، نمی دانم"
"You've lost your riches?" asked Govinda
"تو ثروتت را از دست داده ای؟" گوویندا پرسید
"I've lost my riches, or they have lost me"
"من ثروتم را از دست داده ام یا آنها مرا از دست داده اند"

"My riches somehow happened to slip away from me"

"ثروتم به نحوی از دستم دور شد"

"The wheel of physical manifestations is turning quickly, Govinda"

"چرخ تظاهرات جسمانی به سرعت در حال چرخش است، گوویندا"

"Where is Siddhartha the Brahman?"

"سیذارتای برهمن کجاست؟"

"Where is Siddhartha the Samana?"

"سیذارتا سامانا کجاست؟"

"Where is Siddhartha the rich man?"

"سیذارتا مرد ثروتمند کجاست؟"

"Non-eternal things change quickly, Govinda, you know it"

"چیزهای غیر ابدی به سرعت تغییر می کنند، گوویندا، تو می دانی"

Govinda looked at the friend of his youth for a long time

گوویندا مدت طولانی به دوست دوران جوانی خود نگاه کرد

he looked at him with doubt in his eyes

با شک در چشمانش به او نگاه کرد

After that, he gave him the salutation which one would use on a gentleman

پس از آن سلامی را که بر آقایی می شود به او داد

and he went on his way, and continued his pilgrimage

و به راه خود رفت و به زیارت خود ادامه داد

With a smiling face, Siddhartha watched him leave

سیذارتا با چهره ای خندان به رفتن او نگاه کرد

he loved him still, this faithful, fearful man

او هنوز هم او را دوست داشت، این مرد مومن و ترسناک

how could he not have loved everybody and everything in this moment?

چطور ممکن است در این لحظه همه و همه چیز را دوست نداشته باشد؟

in the glorious hour after his wonderful sleep, filled with Om!

در ساعت باشکوه پس از خواب شگفت انگیز او، پر از ام!

The enchantment, which had happened inside of him in his sleep

افسونی که در خواب در درونش رخ داده بود

this enchantment was everything that he loved

این افسون تمام چیزی بود که او دوست داشت

he was full of joyful love for everything he saw

او برای هر چیزی که می دید سرشار از عشق شادی آور بود

exactly this had been his sickness before

دقیقاً قبلاً این بیماری او بود

he had not been able to love anybody or anything

او نتوانسته بود کسی یا چیزی را دوست داشته باشد

With a smiling face, Siddhartha watched the leaving monk

سیذارتا با چهره ای خندان راهب را تماشا کرد

The sleep had strengthened him a lot

خواب او را بسیار تقویت کرده بود

but hunger gave him great pain

اما گرسنگی درد زیادی به او داد

by now he had not eaten for two days

دو روز بود که غذا نخورده بود

the times were long past when he could resist such hunger

زمان هایی که او می توانست در برابر چنین گرسنگی مقاومت کند خیلی گذشته است

With sadness, and yet also with a smile, he thought of that time

با ناراحتی و در عین حال با لبخند به آن زمان فکر کرد

In those days, so he remembered, he had boasted of three things to Kamala

در آن روزها، پس به یاد آورد، به سه چیز به کمالا مباهات کرده بود

he had been able to do three noble and undefeatable feats

او توانسته بود سه شاهکار بزرگ و شکست ناپذیر انجام دهد

he was able to fast, wait, and think

او می توانست روزه بگیرد، صبر کند و فکر کند

These had been his possessions; his power and strength

اینها دارایی او بوده است. قدرت و قدرت او

in the busy, laborious years of his youth, he had learned these three feats

در سال‌های پرمشغله و پرمشغله‌ی جوانی‌اش، این سه شاهکار را آموخته بود

And now, his feats had abandoned him

و حالا، شاهکارهایش او را رها کرده بود

none of his feats were his any more

هیچ یک از شاهکارهای او دیگر او نبود

neither fasting, nor waiting, nor thinking

نه روزه، نه انتظار و نه فکر

he had given them up for the most wretched things

او آنها را برای بدترین چیزها رها کرده بود

what is it that fades most quickly?

چه چیزی سریعتر محو می شود؟

sensual lust, the good life, and riches!

شهوت نفسانی، زندگی خوب، و ثروت!

His life had indeed been strange

زندگی او واقعاً عجیب بود

And now, so it seemed, he had really become a childlike person

و حالا، به نظر می رسید، او واقعاً تبدیل به فردی بچگانه شده بود

Siddhartha thought about his situation

سیذارتا به وضعیت خود فکر کرد

Thinking was hard for him now

حالا فکر کردن برایش سخت بود

he did not really feel like thinking

او واقعاً حوصله فکر کردن نداشت

but he forced himself to think

اما خودش را مجبور کرد فکر کند

"all these most easily perishing things have slipped from me"

"همه این چیزهایی که به راحتی از بین می روند از من لغزنده است"

"again, now I'm standing here under the sun"

"دوباره، حالا من اینجا زیر آفتاب ایستاده ام"

"I am standing here just like a little child"

"من اینجا ایستاده ام درست مثل یک کودک کوچک"

"nothing is mine, I have no abilities"

"هیچ چیز مال من نیست، من هیچ توانایی ندارم"

"there is nothing I could bring about"

"هیچ چیزی نمیتونم بیارم"

"I have learned nothing from my life"

"من از زندگیم چیزی یاد نگرفتم"

"How wondrous all of this is!"

"چقدر همه اینها شگفت انگیز است"!

"it's wondrous that I'm no longer young"

"عجیب است که من دیگر جوان نیستم"

"my hair is already half gray and my strength is fading"

"موهای من در حال حاضر نیمه خاکستری است و قدرتم در حال محو شدن است"

"and now I'm starting again at the beginning, as a child!"

"و اکنون دوباره از ابتدا شروع می کنم، به عنوان یک کودک"!

Again, he had to smile to himself

دوباره مجبور شد به خودش لبخند بزند

Yes, his fate had been strange!

بله، سرنوشت او عجیب بود!

Things were going downhill with him

همه چیز با او رو به پایین بود

and now he was again facing the world naked and stupid

و حالا دوباره برهنه و احمق با دنیا روبرو شده بود

But he could not feel sad about this

اما او نمی توانست از این بابت ناراحت شود

no, he even felt a great urge to laugh

نه، او حتی میل زیادی به خندیدن داشت

he felt an urge to laugh about himself

او میل به خنده در مورد خودش را احساس کرد

he felt an urge to laugh about this strange, foolish world

او میل به خندیدن به این دنیای عجیب و احمقانه داشت

"Things are going downhill with you!" he said to himself

"همه چیز با تو رو به پایین است "!با خودش گفت

and he laughed about his situation

و او در مورد وضعیت خود خندید

as he was saying it he happened to glance at the river

همانطور که او این را می گفت اتفاقاً به رودخانه نگاه کرد

and he also saw the river going downhill

و او همچنین رودخانه را در حال سرازیر شدن دید

it was singing and being happy about everything

آواز خواندن و خوشحالی از همه چیز بود

He liked this, and kindly he smiled at the river
او این را دوست داشت و با مهربانی به رودخانه لبخند زد
Was this not the river in which he had intended to drown himself?
آیا این رودخانه ای نبود که او قصد داشت خود را در آن غرق کند؟
in past times, a hundred years ago
در زمان های گذشته، صد سال پیش
or had he dreamed this?
یا این خواب را دیده بود؟
"Wondrous indeed was my life" he thought
او فکر کرد: "واقعاً زندگی من شگفت انگیز بود."
"my life has taken wondrous detours"
"زندگی من مسیرهای انحرافی شگفت انگیزی را طی کرده است"
"As a boy, I only dealt with gods and offerings"
"به عنوان یک پسر، من فقط با خدایان و هدایا سروکار داشتم"
"As a youth, I only dealt with asceticism"
من در جوانی فقط با زهد سر و کار داشتم
"I spent my time in thinking and meditation"
"من وقتم را صرف تفکر و مراقبه کردم"
"I was searching for Brahman
"من به دنبال برهمن بودم"
"and I worshipped the eternal in the Atman"
"و من ابدی را در آتمان پرستش کردم"
"But as a young man, I followed the penitents"
"اما در جوانی از توابین پیروی کردم"
"I lived in the forest and suffered heat and frost"
"من در جنگل زندگی می کردم و از گرما و یخبندان رنج می بردم"
"there I learned how to overcome hunger"
"در آنجا یاد گرفتم که چگونه بر گرسنگی غلبه کنم"
"and I taught my body to become dead"
"و من به بدن خود یاد دادم که مرده شود"
"Wonderfully, soon afterwards, insight came towards me"
"به طرز شگفت انگیزی، بلافاصله پس از آن، بینش به سمت من آمد"
"insight in the form of the great Buddha's teachings"
"بصیرت در قالب آموزه های بودای بزرگ"
"I felt the knowledge of the oneness of the world"

"شناخت وحدانیت جهان را احساس کردم"
"I felt it circling in me like my own blood"
"احساس کردم مثل خون خودم در من می چرخد"
"But I also had to leave Buddha and the great knowledge"
"اما من نیز مجبور شدم بودا و دانش بزرگ را ترک کنم"
"I went and learned the art of love with Kamala"
"رفتم و هنر عشق رو با کمالا یاد گرفتم"
"I learned trading and business with Kamaswami"
"من تجارت و تجارت را با کاماسوامی یاد گرفتم"
"I piled up money, and wasted it again"
"من پول انباشته کردم و دوباره هدر دادم"
"I learned to love my stomach and please my senses"
"یاد گرفتم شکمم را دوست داشته باشم و حواسم را راضی کنم"
"I had to spend many years losing my spirit"
"من مجبور شدم سالهای زیادی را صرف از دست دادن روحیه خود کنم"
"and I had to unlearn thinking again"
"و مجبور شدم دوباره فکر کردن را فراموش کنم"
"there I had forgotten the oneness"
"آنجا یگانگی را فراموش کرده بودم"
"Isn't it just as if I had turned slowly from a man into a child"?
"مگر نه انگار که آرام آرام از مردی به کودکی تبدیل شده ام"؟
"from a thinker into a childlike person"
"از یک متفکر به یک انسان کودکانه"
"And yet, this path has been very good"
"و با این حال، این مسیر بسیار خوب بوده است"
"and yet, the bird in my chest has not died"
"و با این حال، پرنده در سینه من نمرده است"
"what a path has this been!"
"این چه مسیری بوده است"!
"I had to pass through so much stupidity"
"من مجبور شدم از حماقت های زیادی بگذرم"
"I had to pass through so much vice"
"من مجبور شدم از شر خیلی بدی بگذرم"
"I had to make so many errors"

"من مجبور شدم اشتباهات زیادی انجام دهم"

"I had to feel so much disgust and disappointment"

"من مجبور بودم خیلی احساس انزجار و ناامیدی کنم"

"I had to do all this to become a child again"

"من مجبور شدم همه این کارها را انجام دهم تا دوباره بچه شوم"

"and then I could start over again"

"و سپس می توانم دوباره شروع کنم"

"But it was the right way to do it"

"اما این راه درستی برای انجام آن بود"

"my heart says yes to it and my eyes smile to it"

"قلب من به آن بله می گوید و چشمانم به آن لبخند می زند"

"I've had to experience despair"

"من مجبور شدم ناامیدی را تجربه کنم"

"I've had to sink down to the most foolish of all thoughts"

"من مجبور شدم در احمقانه ترین افکار غرق شوم"

"I've had to think to the thoughts of suicide"

"من باید به فکر خودکشی بودم"

"only then would I be able to experience divine grace"

"تنها در این صورت است که می توانم فیض الهی را تجربه کنم"

"only then could I hear Om again"

"فقط پس از آن می توانم دوباره اوم را بشنوم"

"only then would I be able to sleep properly and awake again"

"فقط در این صورت است که می توانم به درستی بخوابم و دوباره بیدار شوم"

"I had to become a fool, to find Atman in me again"

"من باید احمق می شدم تا دوباره آتمن را در خودم پیدا کنم"

"I had to sin, to be able to live again"

"من مجبور شدم گناه کنم تا بتوانم دوباره زندگی کنم"

"Where else might my path lead me to?"

"مسیر من ممکن است مرا به کجا بکشاند؟"

"It is foolish, this path, it moves in loops"

"احمقانه است، این مسیر، در حلقه حرکت می کند"

"perhaps it is going around in a circle"

"شاید دارد در یک دایره می چرخد"

"Let this path go where it likes"

"بگذارید این مسیر هر کجا که دوست دارد برود"
"where ever this path goes, I want to follow it"
"هرجا این راه برود، من می خواهم آن را دنبال کنم"
he felt joy rolling like waves in his chest
او احساس کرد شادی مانند امواج در سینه اش می چرخد
he asked his heart, "from where did you get this happiness?"
از دلش پرسید این خوشبختی را از کجا آوردی؟
"does it perhaps come from that long, good sleep?"
"آیا شاید از خواب طولانی و خوب ناشی شود؟"
"the sleep which has done me so much good"
"خوابی که خیلی به من کمک کرد"
"or does it come from the word Om, which I said?"
"یا از کلمه ام که گفتم آمده است؟"
"Or does it come from the fact that I have escaped?"
"یا از این واقعیت است که من فرار کرده ام؟"
"does this happiness come from standing like a child under the sky?"
"آیا این شادی از ایستادن مانند یک کودک زیر آسمان ناشی می شود؟"
"Oh how good is it to have fled"
"اوه چه خوب است که فرار کرده ای"
"it is great to have become free!"
"این عالی است که آزاد شده اید"!
"How clean and beautiful the air here is"
"هوای اینجا چقدر تمیز و زیباست"
"the air is good to breath"
"هوا برای تنفس خوب است"
"where I ran away from everything smelled of ointments"
"جایی که از همه چیز فرار کردم بوی مرهم میداد"
"spices, wine, excess, sloth"
"ادویه، شراب، زیاده روی، تنبلی"
"How I hated this world of the rich"
"چقدر از این دنیای ثروتمندان متنفر بودم"
"I hated those who revel in fine food and the gamblers!"
من از کسانی که با غذای خوب خوش می گذرانند و قماربازان متنفر بودم!
"I hated myself for staying in this terrible world for so long!

»از خودم متنفر بودم که مدت زیادی در این دنیای وحشتناک ماندم!
"I have deprived, poisoned, and tortured myself"
»خودم را محروم کردم، مسموم کردم و شکنجه کردم«
"I have made myself old and evil!"
"من خود را پیر و شرور ساخته ام"!
"No, I will never again do the things I liked doing so much"
"نه، من دیگر هرگز کارهایی را که دوست داشتم انجام دهم را انجام نخواهم داد"
"I won't delude myself into thinking that Siddhartha was wise!"
"من خودم را فریب نمی دهم که فکر کنم سیدارتا عاقل بود"!
"But this one thing I have done well"
"اما این یک کار را به خوبی انجام داده ام"
"this I like, this I must praise"
"این را دوست دارم، این را باید ستایش کنم"
"I like that there is now an end to that hatred against myself"
"من دوست دارم که اکنون به آن نفرت از خودم پایان داده شود"
"there is an end to that foolish and dreary life!"
"این زندگی احمقانه و دلخراش پایانی دارد"!
"I praise you, Siddhartha, after so many years of foolishness"
"من تو را می ستایم، سیذارتا، پس از سال ها حماقت"
"you have once again had an idea"
"تو یک بار دیگر ایده داشتی"
"you have heard the bird in your chest singing"
آواز پرنده ای را که در سینه ات می خواند شنیدی
"and you followed the song of the bird!"
"و تو آواز پرنده را دنبال کردی"!
with these thoughts he praised himself
با این افکار خودش را ستایش کرد
he had found joy in himself again
او دوباره شادی را در خود پیدا کرده بود
he listened curiously to his stomach rumbling with hunger
او با کنجکاوی به صدای غرش شکمش که از گرسنگی غرش می کرد گوش داد
he had tasted and spat out a piece of suffering and misery
او ذره ای از رنج و بدبختی را چشیده و تف کرده بود

in these recent times and days, this is how he felt
در این روز ها و زمان های اخیر، او این احساس را داشت
he had devoured it up to the point of desperation and death
او آن را تا سرحد ناامیدی و مرگ بلعیده بود
how everything had happened was good
چگونه همه چیز اتفاق افتاده بود خوب بود
he could have stayed with Kamaswami for much longer
او می توانست مدت طولانی تری با کاماسوامی بماند
he could have made more money, and then wasted it
او می توانست پول بیشتری به دست آورد و سپس آن را هدر داد
he could have filled his stomach and let his soul die of thirst
می توانست شکمش را پر کند و بگذارد روحش از تشنگی بمیرد
he could have lived in this soft upholstered hell much longer
او می توانست خیلی بیشتر در این جهنم روکش نرم زندگی کند
if this had not happened, he would have continued this life
اگر این اتفاق نمی افتاد، او به این زندگی ادامه می داد
the moment of complete hopelessness and despair
لحظه ناامیدی و ناامیدی کامل
the most extreme moment when he hung over the rushing waters
شدیدترین لحظه زمانی که او بر فراز آبهای خروشان آویزان شد
the moment he was ready to destroy himself
لحظه ای که آماده بود خود را نابود کند
the moment he had felt this despair and deep disgust
لحظه ای که او این ناامیدی و انزجار عمیق را احساس کرده بود
he had not succumbed to it
او تسلیم آن نشده بود
the bird was still alive after all
بالاخره پرنده هنوز زنده بود
this was why he felt joy and laughed
به همین دلیل بود که احساس شادی کرد و خندید
this was why his face was smiling brightly under his hair
به همین دلیل بود که صورتش زیر موهایش لبخند می زد
his hair which had now turned gray
موهایش که حالا خاکستری شده بود

"It is good," he thought, "to get a taste of everything for oneself"

او فکر کرد: "خوب است، "چشیدن طعم همه چیز برای خود"

"everything which one needs to know"

"هر چیزی که باید بداند"

"lust for the world and riches do not belong to the good things"

"هوس دنیا و ثروت از چیزهای خوب نیست"

"I have already learned this as a child"

"من قبلاً این را از کودکی یاد گرفته ام"

"I have known it for a long time"

"من مدت زیادی است که آن را می شناسم"

"but I hadn't experienced it until now"

"اما تا حالا تجربه نکرده بودم"

"And now that I I've experienced it I know it"

"و اکنون که آن را تجربه کردم، آن را می دانم"

"I don't just know it in my memory, but in my eyes, heart, and stomach"

"من آن را نه تنها در حافظه ام، بلکه در چشمان، قلب و شکمم می شناسم".

"it is good for me to know this!"

"برای من خوب است که این را بدانم"!

For a long time, he pondered his transformation

او برای مدت طولانی به تحول خود فکر می کرد

he listened to the bird, as it sang for joy

او به پرنده گوش داد که از خوشحالی آواز می خواند

Had this bird not died in him?

آیا این پرنده در او نمرده بود؟

had he not felt this bird's death?

آیا او مرگ این پرنده را حس نکرده بود؟

No, something else from within him had died

نه، چیز دیگری از درون او مرده بود

something which yearned to die had died

چیزی که آرزوی مرگ داشت مرده بود

Was it not this that he used to intend to kill?

آیا این نبود که او قبلاً قصد کشتن داشت؟
Was it not his his small, frightened, and proud self that had died?
آیا این خود کوچک، ترسیده و مغرور او نبود که مرده بود؟
he had wrestled with his self for so many years
او سالها با خود کشتی گرفته بود
the self which had defeated him again and again
خودی که بارها و بارها او را شکست داده بود
the self which was back again after every killing
خودی که پس از هر قتل دوباره برمی گشت
the self which prohibited joy and felt fear?
خودی که شادی را منع کرد و ترس را احساس کرد؟
Was it not this self which today had finally come to its death?
آیا این خود نبود که امروز سرانجام به مرگ خود رسیده بود؟
here in the forest, by this lovely river
اینجا در جنگل، کنار این رودخانه دوست داشتنی
Was it not due to this death, that he was now like a child?
آیا به خاطر این مرگ نبود که او اکنون مانند یک کودک بود؟
so full of trust and joy, without fear
بسیار پر از اعتماد و شادی، بدون ترس
Now Siddhartha also got some idea of why he had fought this self in vain
حالا سیذارتا نیز تا حدودی متوجه شد که چرا بیهوده با این خود مبارزه کرده است
he knew why he couldn't fight his self as a Brahman
او می دانست که چرا نمی تواند به عنوان یک برهمن با خود مبارزه کند
Too much knowledge had held him back
دانش بیش از حد او را عقب نگه داشته بود
too many holy verses, sacrificial rules, and self-castigation
آیات بسیار زیاد، احکام قربانی، و خودسرزنش کردن
all these things held him back
همه این چیزها او را عقب نگه می داشت
so much doing and striving for that goal!
انجام دادن و تلاش زیاد برای آن هدف!
he had been full of arrogance

او پر از تکبر بود
he was always the smartest
او همیشه باهوش ترین بود
he was always working the most
او همیشه بیشتر کار می کرد
he had always been one step ahead of all others
او همیشه یک قدم جلوتر از بقیه بود
he was always the knowing and spiritual one
او همیشه دانا و روحانی بود
he was always considered the priest or wise one
او را همیشه کشیش یا دانا می دانستند
his self had retreated into being a priest, arrogance, and spirituality
خود او به کشیش، تکبر و معنویت عقب نشینی کرده بود
there it sat firmly and grew all this time
در آنجا تمام این مدت محکم نشست و رشد کرد
and he had thought he could kill it by fasting
و او فکر می کرد که می تواند آن را با روزه بکشد
Now he saw his life as it had become
حالا او زندگی خود را همانطور که شده بود می دید
he saw that the secret voice had been right
او دید که صدای مخفی درست بوده است
no teacher would ever have been able to bring about his salvation
هیچ معلمی هرگز قادر به نجات او نبود
Therefore, he had to go out into the world
بنابراین، او مجبور شد به دنیا برود
he had to lose himself to lust and power
او باید خود را به شهوت و قدرت گم می کرد
he had to lose himself to women and money
او مجبور شد خود را به دست زنان و پول ببازد
he had to become a merchant, a dice-gambler, a drinker
او باید تاجر، تاس‌باز، مشروب‌خوار می‌شد
and he had to become a greedy person
و او باید تبدیل به فردی حریص می شد

he had to do this until the priest and Samana in him was dead
او باید این کار را می کرد تا زمانی که کشیش و سمانه در او مرده بودند
Therefore, he had to continue bearing these ugly years
بنابراین باید این سالهای زشت را تحمل می کرد
he had to bear the disgust and the teachings
او باید انزجار و آموزه ها را تحمل می کرد
he had to bear the pointlessness of a dreary and wasted life
او باید بیهودگی یک زندگی دلخراش و بیهوده را تحمل می کرد
he had to conclude it up to its bitter end
او باید آن را تا پایان تلخش به پایان می رساند
he had to do this until Siddhartha the lustful could also die
او باید این کار را می کرد تا اینکه سیذارتای شهوتران نیز بمیرد
He had died and a new Siddhartha had woken up from the sleep
او مرده بود و سیذارتای جدید از خواب بیدار شده بود
this new Siddhartha would also grow old
این سیذارتای جدید نیز پیر خواهد شد
he would also have to die eventually
او همچنین باید در نهایت بمیرد
Siddhartha was still mortal, as is every physical form
سیذارتا همچنان فانی بود، مانند هر شکل فیزیکی
But today he was young and a child and full of joy
اما امروز جوان و کودک و سرشار از شادی بود
He thought these thoughts to himself
او این افکار را با خودش اندیشید
he listened with a smile to his stomach
با لبخند به شکمش گوش داد
he listened gratefully to a buzzing bee
او با سپاسگزاری به صدای زنبور وزوز گوش داد
Cheerfully, he looked into the rushing river
با خوشرویی به رودخانه خروشان نگاه کرد
he had never before liked a water as much as this one
او هرگز آب را به اندازه این آب دوست نداشت
he had never before perceived the voice so stronger
او قبلا هرگز صدا را به این قوی تر درک نکرده بود

he had never understood the parable of the moving water so strongly

او هرگز تمثیل آب متحرک را به این شدت درک نکرده بود

he had never before noticed how beautifully the river moved

او قبلاً هرگز متوجه نشده بود که رودخانه چقدر زیبا حرکت می کند

It seemed to him, as if the river had something special to tell him

به نظرش رسید که رودخانه چیز خاصی برای گفتن دارد

something he did not know yet, which was still awaiting him

چیزی که هنوز نمی دانست و هنوز در انتظارش بود

In this river, Siddhartha had intended to drown himself

در این رودخانه، سیذارتا قصد داشت خود را غرق کند

in this river the old, tired, desperate Siddhartha had drowned today

سیذارتای پیر، خسته و ناامید امروز در این رودخانه غرق شده بود

But the new Siddhartha felt a deep love for this rushing water

اما سیذارتای جدید عشق عمیقی به این آب شتابان داشت

and he decided for himself, not to leave it very soon

و خودش تصمیم گرفت که خیلی زود آن را ترک نکند

The Ferryman
کشتی گیر

"By this river I want to stay," thought Siddhartha
سیذارتا فکر کرد: "من می خواهم در کنار این رودخانه بمانم."
"it is the same river which I have crossed a long time ago"
"این همان رودخانه ای است که مدتها پیش از آن عبور کرده ام"
"I was on my way to the childlike people"
"من در راه بودم به سوی مردم کودکانه"
"a friendly ferryman had guided me across the river"
"یک کشتی گیر دوستانه مرا از رودخانه راهنمایی کرده بود"
"he is the one I want to go to"
"او کسی است که من می خواهم به او بروم"
"starting out from his hut, my path led me to a new life"
"با شروع از کلبه او، راه من مرا به زندگی جدید هدایت کرد"
"a path which had grown old and is now dead"
"راهی که پیر شده بود و اکنون مرده است"
"my present path shall also take its start there!"
"مسیر کنونی من نیز از آنجا شروع خواهد شد"!
Tenderly, he looked into the rushing water
با ملایمت به آب خروشان نگاه کرد
he looked into the transparent green lines the water drew
او به خطوط سبز شفافی که آب کشیده بود نگاه کرد
the crystal lines of water were rich in secrets
خطوط کریستالی آب سرشار از اسرار بود
he saw bright pearls rising from the deep
مرواریدهای درخشانی را دید که از اعماق برخاستند
quiet bubbles of air floating on the reflecting surface
حباب های هوای آرامی که روی سطح بازتابنده شناورند
the blue of the sky depicted in the bubbles
آبی آسمان که در حباب ها به تصویر کشیده شده است
the river looked at him with a thousand eyes
رودخانه با هزار چشم به او نگاه کرد
the river had green eyes and white eyes
رودخانه چشمان سبز و چشمانی سفید داشت
the river had crystal eyes and sky-blue eyes

رودخانه چشمانی کریستالی و چشمانی آبی آسمانی داشت
he loved this water very much, it delighted him
او این آب را بسیار دوست داشت، او را به وجد آورد
he was grateful to the water
او از آب سپاسگزار بود
In his heart he heard the voice talking
در دلش صدای صحبت کردن را شنید
"Love this water! Stay near it!"
"این آب را دوست دارم! نزدیک آن بمان"!
"Learn from the water!" his voice commanded him
"از آب بیاموز "!صدایش به او دستور داد
Oh yes, he wanted to learn from it
اوه بله، او می خواست از آن درس بگیرد
he wanted to listen to the water
می خواست به آب گوش کند
He who would understand this water's secrets
کسی که اسرار این آب را درک کند
he would also understand many other things
او همچنین بسیاری از چیزهای دیگر را می فهمید
this is how it seemed to him
این طوری به نظرش رسید
But out of all secrets of the river, today he only saw one
اما از میان همه رازهای رودخانه، امروز فقط یکی را دید
this secret touched his soul
این راز روح او را لمس کرد
this water ran and ran, incessantly
این آب بی وقفه می دوید و می دوید
the water ran, but nevertheless it was always there
آب جاری بود، اما با این حال همیشه آنجا بود
the water always, at all times, was the same
آب همیشه و در همه حال یکسان بود
and at the same time it was new in every moment
و در عین حال در هر لحظه جدید بود
he who could grasp this would be great
کسی که بتواند این را درک کند عالی خواهد بود
but he didn't understand or grasp it

اما او آن را درک یا درک نکرد
he only felt some idea of it stirring
او فقط احساس کرد که در حال تکان دادن است
it was like a distant memory, a divine voices
مثل یک خاطره دور بود، صداهای الهی

Siddhartha rose as the workings of hunger in his body became unbearable
سیذارتا با غیرقابل تحمل شدن عملکرد گرسنگی در بدنش برخاست
In a daze he walked further away from the city
مات و مبهوت از شهر دورتر شد
he walked up the river along the path by the bank
او در مسیر کنار ساحل از رودخانه بالا رفت
he listened to the current of the water
به جریان آب گوش داد
he listened to the rumbling hunger in his body
او به صدای غرش گرسنگی در بدنش گوش داد
When he reached the ferry, the boat was just arriving
وقتی به کشتی رسید، قایق در حال رسیدن بود
the same ferryman who had once transported the young Samana across the river
همان کشتی گیر که یک بار سامانای جوان را از رودخانه عبور داده بود
he stood in the boat and Siddhartha recognised him
او در قایق ایستاد و سیذارتا او را شناخت
he had also aged very much
او همچنین بسیار پیر شده بود
the ferryman was astonished to see such an elegant man walking on foot
قایق‌نشین از دیدن چنین مرد ظریفی که با پای پیاده راه می‌رفت شگفت‌زده شد
"Would you like to ferry me over?" he asked
"میخوای منو ببری؟" او پرسید
he took him into his boat and pushed it off the bank
او را سوار قایق خود کرد و آن را از ساحل هل داد
"It's a beautiful life you have chosen for yourself" the passenger spoke

مسافر گفت: زندگی زیبایی است که برای خود انتخاب کردی

"It must be beautiful to live by this water every day"

"باید زیبا باشد که هر روز کنار این آب زندگی کنی"

"and it must be beautiful to cruise on it on the river"

"و باید زیبا باشد که روی آن در رودخانه بگردی"

With a smile, the man at the oar moved from side to side

مرد پارو با لبخند از این طرف به آن طرف حرکت کرد

"It is as beautiful as you say, sir"

"به همین زیبایی که می گویید آقا"

"But isn't every life and all work beautiful?"

"اما آیا هر زندگی و همه کارها زیبا نیستند؟"

"This may be true" replied Siddhartha

سیذارتا پاسخ داد: "این ممکن است درست باشد."

"But I envy you for your life"

"اما من به خاطر زندگیت به تو حسادت می کنم"

"Ah, you would soon stop enjoying it"

"آه، شما به زودی از لذت بردن از آن دست می کشید"

"This is no work for people wearing fine clothes"

"این کار برای افرادی که لباس های خوب می پوشند کار نیست"

Siddhartha laughed at the observation

سیذارتا از مشاهده خندید

"Once before, I have been looked upon today because of my clothes"

"یک بار قبل، امروز به خاطر لباس هایم مورد توجه قرار گرفتم"

"I have been looked upon with distrust"

"به من با بی اعتمادی نگاه شده است"

"they are a nuisance to me"

"آنها برای من مزاحمت هستند"

"Wouldn't you, ferryman, like to accept these clothes"

"آیا کشتی گیر، نمی‌خواهی این لباس‌ها را بپذیری؟"

"because you must know, I have no money to pay your fare"

"چون شما باید بدانید، من پولی برای پرداخت کرایه شما ندارم"

"You're joking, sir," the ferryman laughed

کشتی‌دار خندید: «شوخی می‌کنی قربان».

"I'm not joking, friend"

"شوخی نمیکنم دوست"

"once before you have ferried me across this water in your boat"
"یک بار قبل از اینکه مرا با قایق خود از این آب عبور دادی"
"you did it for the immaterial reward of a good deed"
»تو این کار را برای پاداش غیر مادی یک کار نیک انجام دادی«
"ferry me across the river and accept my clothes for it"
"مرا از رودخانه عبور ده و لباسم را برای آن بپذیر"
"And do you, sir, intent to continue travelling without clothes?"
"آیا شما قصد دارید بدون لباس به سفر ادامه دهید؟"
"Ah, most of all I wouldn't want to continue travelling at all"
"آه، بیشتر از همه نمی خواهم به سفر ادامه دهم"
"I would rather you gave me an old loincloth"
»ترجیح می‌دهم یک دستمال کهنه به من بدهی«
"I would like it if you kept me with you as your assistant"
"دوست دارم اگر مرا به عنوان دستیار پیش خود نگه داشتی"
"or rather, I would like if you accepted me as your trainee"
"یا بهتر است بگویم، دوست دارم اگر من را به عنوان کارآموز خود بپذیرید"
"because first I'll have to learn how to handle the boat"
"چون اول باید یاد بگیرم چطور با قایق کار کنم"
For a long time, the ferryman looked at the stranger
برای مدت طولانی، کشتی گیر به غریبه نگاه کرد
he was searching in his memory for this strange man
او در حافظه خود به دنبال این مرد عجیب و غریب می گشت
"Now I recognise you," he finally said
او در نهایت گفت: حالا من شما را می شناسم
"At one time, you've slept in my hut"
"یه زمانی تو کلبه من خوابیدی"
"this was a long time ago, possibly more than twenty years"
"این خیلی وقت پیش بود، احتمالاً بیش از بیست سال"
"and you've been ferried across the river by me"
"و من تو را از رودخانه عبور دادم"
"that day we parted like good friends"
"آن روز ما مثل دوستان خوب از هم جدا شدیم"
"Haven't you been a Samana?"

"مگه سامانا نبودی؟"

"I can't think of your name anymore"

"دیگه نمیتونم به اسمت فکر کنم"

"My name is Siddhartha, and I was a Samana"

"اسم من سیدارتا است و من یک سامانا بودم"

"I had still been a Samana when you last saw me"

وقتی آخرین بار مرا دیدی من هنوز یک سامانا بودم

"So be welcome, Siddhartha. My name is Vasudeva"

"پس خوش آمدید، سیدارتا. نام من واسودووا است"

"You will, so I hope, be my guest today as well"

"امیدوارم امروز هم مهمان من باشی"

"and you may sleep in my hut"

"و ممکن است در کلبه من بخوابی"

"and you may tell me, where you're coming from"

"و ممکن است به من بگویید از کجا می آیید"

"and you may tell me why these beautiful clothes are such a nuisance to you"

"و ممکن است به من بگویید چرا این لباس های زیبا برای شما آزاردهنده هستند"

They had reached the middle of the river

به وسط رودخانه رسیده بودند

Vasudeva pushed the oar with more strength

واسودوا با قدرت بیشتری پارو را هل داد

in order to overcome the current

برای غلبه بر جریان

He worked calmly, with brawny arms

او با آرامش و با بازوهای درشت کار می کرد

his eyes were fixed in on the front of the boat

چشمانش به جلوی قایق دوخته شده بود

Siddhartha sat and watched him

سیذارتا نشست و او را تماشا کرد

he remembered his time as a Samana

او زمان خود را به عنوان یک سامانا به یاد آورد

he remembered how love for this man had stirred in his heart

او به یاد آورد که چگونه عشق به این مرد در قلبش برانگیخته شده بود

Gratefully, he accepted Vasudeva's invitation
با سپاس، او دعوت واسودووا را پذیرفت
When they had reached the bank, he helped him to tie the boat to the stakes
وقتی به بانک رسیدند، به او کمک کرد تا قایق را به چوب ببندد
after this, the ferryman asked him to enter the hut
پس از این، کشتی گیر از او خواست که وارد کلبه شود
he offered him bread and water, and Siddhartha ate with eager pleasure
به او نان و آب داد و سیذارتا با اشتیاق غذا خورد
and he also ate with eager pleasure of the mango fruits Vasudeva offered him
و همچنین با اشتیاق از میوه های انبه ای که واسودووا به او پیشنهاد داد خورد

Afterwards, it was almost the time of the sunset
بعد از آن، تقریباً زمان غروب آفتاب بود
they sat on a log by the bank
روی چوبی کنار بانک نشستند
Siddhartha told the ferryman about where he originally came from
سیذارتا به کشتی‌نشین گفت که از کجا آمده است
he told him about his life as he had seen it today
او از زندگی خود همانطور که امروز دیده بود به او گفت
the way he had seen it in that hour of despair
راهی که در آن ساعت ناامیدی دیده بود
the tale of his life lasted late into the night
داستان زندگی او تا پاسی از شب ادامه داشت
Vasudeva listened with great attention
واسودوا با توجه زیاد گوش داد
Listening carefully, he let everything enter his mind
با دقت گوش دادن، اجازه داد همه چیز وارد ذهنش شود
birthplace and childhood, all that learning
زادگاه و کودکی، آن همه آموختن
all that searching, all joy, all distress
آن همه جست و جو، همه شادی، همه پریشانی

This was one of the greatest virtues of the ferryman
این یکی از بزرگترین فضیلت های کشتی بان بود
like only a few, he knew how to listen
مثل چند نفر، او بلد بود چگونه گوش کند
he did not have to speak a word
او مجبور نبود یک کلمه صحبت کند
but the speaker sensed how Vasudeva let his words enter his mind
اما گوینده احساس کرد که چگونه واسودوا اجازه داد کلماتش وارد ذهنش شود
his mind was quiet, open, and waiting
ذهنش آرام، باز و منتظر بود
he did not lose a single word
او حتی یک کلمه را از دست نداد
he did not await a single word with impatience
او با بی حوصلگی منتظر یک کلمه هم نبود
he did not add his praise or rebuke
ستایش و سرزنش خود را اضافه نکرد
he was just listening, and nothing else
او فقط گوش می داد و هیچ چیز دیگری
Siddhartha felt what a happy fortune it is to confess to such a listener
سیذارتا احساس کرد که اعتراف به چنین شنونده ای چه خوشبختی است
he felt fortunate to bury in his heart his own life
او احساس خوشبختی کرد که زندگی خود را در قلبش دفن کرد
he buried his own search and suffering
او جستجو و رنج خود را به گور برد
he told the tale of Siddhartha's life
او داستان زندگی سیذارتا را تعریف کرد
when he spoke of the tree by the river
وقتی از درخت کنار رودخانه صحبت کرد
when he spoke of his deep fall
وقتی از سقوط عمیق خود صحبت کرد
when he spoke of the holy Om
وقتی او از ام مقدس صحبت کرد
when he spoke of how he had felt such a love for the river

وقتی از اینکه چقدر نسبت به رودخانه احساس عشق کرده بود صحبت کرد

the ferryman listened to these things with twice as much attention

کشتی بان با دو برابر توجه بیشتر به این چیزها گوش می داد

he was entirely and completely absorbed by it

او کاملاً و کاملاً جذب آن شده بود

he was listening with his eyes closed

او با چشمان بسته گوش می کرد

when Siddhartha fell silent a long silence occurred

وقتی سیذارتا ساکت شد، سکوتی طولانی رخ داد

then Vasudeva spoke "It is as I thought"

سپس واسودوا گفت: "همانطور که فکر می کردم است"

"The river has spoken to you"

"رودخانه با تو صحبت کرده است"

"the river is your friend as well"

"رودخانه دوست شما هم هست"

"the river speaks to you as well"

"رودخانه با شما هم صحبت می کند"

"That is good, that is very good"

"این خوب است، بسیار خوب است"

"Stay with me, Siddhartha, my friend"

"با من بمان، سیدارتا، دوست من"

"I used to have a wife"

"من قبلا زن داشتم"

"her bed was next to mine"

"تخت او کنار تخت من بود"

"but she has died a long time ago"

"اما او مدتها پیش مرده است"

"for a long time, I have lived alone"

"من مدت طولانی است که تنها زندگی کرده ام"

"Now, you shall live with me"

"حالا باید با من زندگی کنی"

"there is enough space and food for both of us"

"فضا و غذا به اندازه کافی برای هر دوی ما وجود دارد"

"I thank you," said Siddhartha

سیذارتا گفت: من از شما متشکرم
"I thank you and accept"
"از شما تشکر می کنم و می پذیرم"
"And I also thank you for this, Vasudeva"
"و من همچنین از شما برای این تشکر می کنم، "Vasudeva
"I thank you for listening to me so well"
"از تو ممنونم که به من خوب گوش دادی"
"people who know how to listen are rare"
"افرادی که می دانند چگونه گوش کنند کمیاب هستند"
"I have not met a single person who knew it as well as you do"
"من حتی یک نفر را ندیده ام که آن را به خوبی شما بداند"
"I will also learn in this respect from you"
"من نیز در این زمینه از شما یاد خواهم گرفت"
"You will learn it," spoke Vasudeva
واسودوا گفت: "شما آن را یاد خواهید گرفت."
"but you will not learn it from me"
"اما تو از من یاد نخواهی گرفت"
"The river has taught me to listen"
"رودخانه به من آموخت که گوش کنم"
"you will learn to listen from the river as well"
"شما هم یاد خواهید گرفت که از رودخانه گوش دهید"
"It knows everything, the river"
"همه چیز را می داند، رودخانه"
"everything can be learned from the river"
"همه چیز را می توان از رودخانه یاد گرفت"
"See, you've already learned this from the water too"
"ببین، تو هم قبلا این را از آب یاد گرفته ای"
"you have learned that it is good to strive downwards"
"شما آموخته اید که خوب است که به سمت پایین تلاش کنید"
"you have learned to sink and to seek depth"
"شما یاد گرفته اید که غرق شوید و به دنبال عمق باشید"
"The rich and elegant Siddhartha is becoming an oarsman's servant"
"سیذارتای ثروتمند و ظریف در حال تبدیل شدن به خدمتکار یک پاروزن است"

"the learned Brahman Siddhartha becomes a ferryman"
"برهمن سیذارتای فرهیخته کشتی سوار می شود"
"this has also been told to you by the river"
"این را نیز در کنار رودخانه به شما گفته است"
"You'll learn the other thing from it as well"
"شما چیز دیگری را نیز از آن یاد خواهید گرفت"
Siddhartha spoke after a long pause
سیذارتا بعد از مکثی طولانی صحبت کرد
"What other things will I learn, Vasudeva?"
واسودوا چه چیزهای دیگری یاد خواهم گرفت؟
Vasudeva rose. "It is late," he said
واسودوا گل رز . گفت: دیر شده است
and Vasudeva proposed going to sleep
و واسودوا پیشنهاد کرد که بخوابد
"I can't tell you that other thing, oh friend"
"من نمی توانم چیز دیگری را به شما بگویم، اوه دوست"
"You'll learn the other thing, or perhaps you know it already"
"شما چیز دیگری را یاد خواهید گرفت، یا شاید از قبل آن را می دانید"
"See, I'm no learned man"
"ببینید، من مرد دانشمندی نیستم"
"I have no special skill in speaking"
"من مهارت خاصی در صحبت کردن ندارم"
"I also have no special skill in thinking"
"من هم مهارت خاصی در تفکر ندارم"
"All I'm able to do is to listen and to be godly"
"تنها کاری که می توانم انجام دهم این است که گوش کنم و خداپرست باشم"
"I have learned nothing else"
"من هیچ چیز دیگری یاد نگرفتم"
"If I was able to say and teach it, I might be a wise man"
»اگر می‌توانستم آن را بگویم و یاد بدهم، شاید مرد خردمندی باشم«
"but like this I am only a ferryman"
"اما اینجوری من فقط یک کشتی گیر هستم"
"and it is my task to ferry people across the river"
"و وظیفه من این است که مردم را از رودخانه عبور دهم"

"I have transported many thousands of people"

"من هزاران نفر را جابجا کرده ام"

"and to all of them, my river has been nothing but an obstacle"

"و برای همه آنها، رودخانه من چیزی جز مانع نبوده است"

"it was something that got in the way of their travels"

"این چیزی بود که مانع از سفر آنها شد"

"they travelled to seek money and business"

"آنها به دنبال پول و تجارت سفر کردند"

"they travelled for weddings and pilgrimages"

»برای عروسی و زیارت به سفر می رفتند«

"and the river was obstructing their path"

"و رودخانه راه آنها را مسدود می کرد"

"the ferryman's job was to get them quickly across that obstacle"

"وظیفه کشتی بان این بود که آنها را به سرعت از آن مانع عبور دهد"

"But for some among thousands, a few, the river has stopped being an obstacle"

"اما برای برخی از هزاران، تعداد معدودی، رودخانه دیگر مانع نیست".

"they have heard its voice and they have listened to it"

»صدای آن را شنیده‌اند و به آن گوش داده‌اند«

"and the river has become sacred to them"

"و رودخانه برای آنها مقدس شده است"

"it become sacred to them as it has become sacred to me"

"برای آنها مقدس شد همانطور که برای من مقدس شد"

"for now, let us rest, Siddhartha"

"در حال حاضر، اجازه دهید استراحت کنیم، سیدارتا"

Siddhartha stayed with the ferryman and learned to operate the boat

سیذارتا نزد کشتی‌بان ماند و کار با قایق را آموخت

when there was nothing to do at the ferry, he worked with Vasudeva in the rice-field

وقتی در کشتی کاری برای انجام دادن نداشت، با واسودووا در مزرعه برنج کار می کرد

he gathered wood and plucked the fruit off the banana-trees

او هیزم جمع کرد و میوه درختان موز را چید

He learned to build an oar and how to mend the boat
او یاد گرفت که پارو بسازد و چگونه قایق را تعمیر کند

he learned how to weave baskets and repaid the hut
او یاد گرفت که چگونه سبد ببافد و کلبه را پس داد

and he was joyful because of everything he learned
و به خاطر همه چیزهایی که آموخت خوشحال بود

the days and months passed quickly
روزها و ماه ها به سرعت گذشت

But more than Vasudeva could teach him, he was taught by the river
اما بیش از آنچه واسودوا می توانست به او بیاموزد، در کنار رودخانه به او آموزش داده شد

Incessantly, he learned from the river
او بی وقفه از رودخانه یاد می گرفت

Most of all, he learned to listen
بیشتر از همه یاد گرفت که گوش کند

he learned to pay close attention with a quiet heart
او یاد گرفت که با قلبی آرام توجه کند

he learned to keep a waiting, open soul
او یاد گرفت که یک روح منتظر و باز نگه دارد

he learned to listen without passion
او یاد گرفت بدون اشتیاق گوش کند

he learned to listen without a wish
او یاد گرفت بدون آرزو گوش کند

he learned to listen without judgement
او یاد گرفت بدون قضاوت گوش کند

he learned to listen without an opinion
او یاد گرفت بدون نظر گوش کند

In a friendly manner, he lived side by side with Vasudeva
او به شیوه ای دوستانه در کنار واسودوا زندگی می کرد

occasionally they exchanged some words
گاهی اوقات آنها کلماتی را رد و بدل می کردند

then, at length, they thought about the words
سپس، آنها به طور طولانی، آنها در مورد کلمات فکر می کنند

Vasudeva was no friend of words

واسودووا با کلمات دوست نبود

Siddhartha rarely succeeded in persuading him to speak

سیذارتا به ندرت موفق می شد او را متقاعد کند که صحبت کند

"did you too learn that secret from the river?"

"تو هم این راز را از رودخانه یاد گرفتی؟"

"the secret that there is no time?"

"راز اینکه زمان نیست؟"

Vasudeva's face was filled with a bright smile

صورت واسودوا مملو از لبخندی درخشان بود

"Yes, Siddhartha," he spoke

او صحبت کرد: "بله، سیدارتا."

"I learned that the river is everywhere at once"

"یاد گرفتم که رودخانه به یکباره همه جا هست"

"it is at the source and at the mouth of the river"

"در سرچشمه و در دهانه رودخانه است"

"it is at the waterfall and at the ferry"

"در آبشار و در کشتی است"

"it is at the rapids and in the sea"

"در تندبادها و در دریا است"

"it is in the mountains and everywhere at once"

"در کوه ها و همه جا به یکباره است"

"and I learned that there is only the present time for the river"

"و آموختم که فقط زمان حال برای رودخانه وجود دارد"

"it does not have the shadow of the past"

"سایه گذشته را ندارد"

"and it does not have the shadow of the future"

"و سایه آینده را ندارد"

"is this what you mean?" he asked

"منظورت اینه؟ "او پرسید

"This is what I meant," said Siddhartha

سیذارتا گفت: منظورم این بود

"And when I had learned it, I looked at my life"

"و هنگامی که آن را آموختم، به زندگی خود نگاه کردم"

"and my life was also a river"

"و زندگی من نیز یک رودخانه بود"
"the boy Siddhartha was only separated from the man Siddhartha by a shadow"
"سیذارتا پسر تنها با سایه ای از مرد سیذارتا جدا شد"
"and a shadow separated the man Siddhartha from the old man Siddhartha"
"و سایه ای مرد سیذارتا را از پیرمرد سیذارتا جدا کرد"
"things are separated by a shadow, not by something real"
"اشیا با یک سایه از هم جدا می شوند، نه با چیز واقعی"
"Also, Siddhartha's previous births were not in the past"
همچنین، تولدهای قبلی سیدارتا در گذشته نبوده است.
"and his death and his return to Brahma is not in the future"
"و مرگ او و بازگشت او به برهما در آینده نیست"
"nothing was, nothing will be, but everything is"
"هیچ چیز نبود، هیچ چیز نخواهد بود، اما همه چیز هست"
"everything has existence and is present"
"همه چیز وجود دارد و موجود است"
Siddhartha spoke with ecstasy
سیذارتا با وجد صحبت کرد
this enlightenment had delighted him deeply
این روشنگری او را عمیقاً خوشحال کرده بود
"was not all suffering time?"
"همه زمان رنج نبود؟"
"were not all forms of tormenting oneself a form of time?"
"آیا همه اشکال عذاب دادن خود شکلی از زمان نبودند؟"
"was not everything hard and hostile because of time?"
آیا همه چیز به خاطر زمان سخت و خصمانه نبود؟
"is not everything evil overcome when one overcomes time?"
"آیا وقتی کسی بر زمان غلبه کند بر همه چیز بد غلبه نمی کند؟"
"as soon as time leaves the mind, does suffering leave too?"
"به محض اینکه زمان از ذهن خارج می شود، آیا رنج هم می رود؟"
Siddhartha had spoken in ecstatic delight
سیذارتا با لذت صحبت کرده بود
but Vasudeva smiled at him brightly and nodded in confirmation
اما واسودووا به او لبخند روشنی زد و سرش را به تایید تکان داد

silently he nodded and brushed his hand over Siddhartha's shoulder

بی صدا سر تکان داد و دستش را روی شانه سیدارتا کشید

and then he turned back to his work

و سپس به کار خود بازگشت

And Siddhartha asked Vasudeva again another time

و سیذارتا بار دیگر از واسودووا پرسید

the river had just increased its flow in the rainy season

رودخانه به تازگی در فصل بارندگی جریان خود را افزایش داده بود

and it made a powerful noise

و صدای قوی ایجاد کرد

"Isn't it so, oh friend, the river has many voices?"

"اینطور نیست، ای دوست، رودخانه صداهای زیادی دارد؟"

"Hasn't it the voice of a king and of a warrior?"

"آیا صدای یک پادشاه و یک جنگجو نیست؟"

"Hasn't it the voice of of a bull and of a bird of the night?"

"آیا صدای گاو نر و پرنده شب نیست؟"

"Hasn't it the voice of a woman giving birth and of a sighing man?"

"آیا صدای زن زایمان و مردی که آه می کشد نیست؟"

"and does it not also have a thousand other voices?"

و آیا هزار صدای دیگر هم ندارد؟

"it is as you say it is," Vasudeva nodded

واسودووا سرش را تکان داد: "همانطور که شما می گویید."

"all voices of the creatures are in its voice"

»همه صداهای موجودات در صدای آن است«

"And do you know..." Siddhartha continued

سیذارتا ادامه داد: "و میدونی..."

"what word does it speak when you succeed in hearing all of voices at once?"

"وقتی موفق می شوید همه صداها را یکجا بشنوید، چه کلمه ای صحبت می کند؟"

Happily, Vasudeva's face was smiling

با خوشحالی، چهره واسودووا خندان بود

he bent over to Siddhartha and spoke the holy Om into his ear

به طرف سیذارتا خم شد و اوم مقدس را در گوشش گفت

And this had been the very thing which Siddhartha had also been hearing

و این همان چیزی بود که سیذارتا نیز شنیده بود

time after time, his smile became more similar to the ferryman's

هر از چند گاهی لبخندش بیشتر شبیه لبخند کشتی‌ران می‌شد

his smile became almost just as bright as the ferryman's

لبخند او تقریباً به روشنی لبخند کشتی گیر شد

it was almost just as thoroughly glowing with bliss

تقریباً به همان اندازه کاملاً از سعادت می درخشید

shining out of thousand small wrinkles

درخشش از هزاران چین و چروک

just like the smile of a child

درست مثل لبخند یک کودک

just like the smile of an old man

درست مثل لبخند یک پیرمرد

Many travellers, seeing the two ferrymen, thought they were brothers

بسیاری از مسافران با دیدن این دو کشتی گیر فکر کردند که آنها با هم برادر هستند

Often, they sat in the evening together by the bank

غالباً عصرها کنار بانک با هم می نشستند

they said nothing and both listened to the water

آنها چیزی نگفتند و هر دو به آب گوش کردند

the water, which was not water to them

آبی که برای آنها آب نبود

it wasn't water, but the voice of life

آب نبود، صدای زندگی بود

the voice of what exists and what is eternally taking shape

صدای آنچه وجود دارد و همیشه در حال شکل گیری است

it happened from time to time that both thought of the same thing

هر از گاهی اتفاق می افتاد که هر دو به یک چیز فکر می کردند
they thought of a conversation from the day before
آنها به گفتگوی روز قبل فکر کردند
they thought of one of their travellers
آنها به یکی از مسافران خود فکر کردند
they thought of death and their childhood
آنها به مرگ و کودکی خود فکر کردند
they heard the river tell them the same thing
آنها شنیدند که رودخانه همین را به آنها می گوید
both delighted about the same answer to the same question
هر دو از پاسخ یکسان به یک سوال خوشحال بودند
There was something about the two ferrymen which was transmitted to others
چیزی در مورد دو کشتی گیر وجود داشت که به دیگران منتقل شد
it was something which many of the travellers felt
این چیزی بود که بسیاری از مسافران احساس کردند
travellers would occasionally look at the faces of the ferrymen
مسافران گهگاه به چهره کشتی گیران نگاه می کردند
and then they told the story of their life
و سپس داستان زندگی خود را تعریف کردند
they confessed all sorts of evil things
آنها به همه چیز بد اعتراف کردند
and they asked for comfort and advice
و تسلی و نصیحت خواستند
occasionally someone asked for permission to stay for a night
گاهی اوقات شخصی برای اقامت یک شب اجازه می‌خواست
they also wanted to listen to the river
آنها همچنین می خواستند به صدای رودخانه گوش دهند
It also happened that curious people came
اتفاقاً افراد کنجکاو هم آمدند
they had been told that there were two wise men
به آنها گفته شده بود که دو مرد عاقل هستند
or they had been told there were two sorcerers
یا به آنها گفته شده بود که دو جادوگر هستند

The curious people asked many questions
افراد کنجکاو سوالات زیادی پرسیدند
but they got no answers to their questions
اما آنها هیچ پاسخی برای سوالات خود دریافت نکردند
they found neither sorcerers nor wise men
نه جادوگر و نه حکیم یافتند
they only found two friendly little old men, who seemed to be mute
آنها فقط دو پیرمرد دوست داشتنی را پیدا کردند که به نظر می رسید لال بودند
they seemed to have become a bit strange in the forest by themselves
به نظر می رسید که آنها به تنهایی در جنگل کمی عجیب شده اند
And the curious people laughed about what they had heard
و مردم کنجکاو به آنچه شنیده بودند خندیدند
they said common people were foolishly spreading empty rumours
آنها می گفتند مردم عادی به طرز احمقانه ای شایعات توخالی را منتشر می کنند

The years passed by, and nobody counted them
سالها گذشت و هیچ کس آنها را حساب نکرد
Then, at one time, monks came by on a pilgrimage
سپس در یک زمان راهبان برای زیارت آمدند
they were followers of Gotama, the Buddha
آنها پیروان گوتاما، بودا بودند
they asked to be ferried across the river
آنها خواستند که آنها را از رودخانه عبور دهند
they told them they were in a hurry to get back to their wise teacher
آنها به آنها گفتند که عجله دارند تا نزد معلم خردمند خود برگردند
news had spread the exalted one was deadly sick
اخبار منتشر شده بود آن حضرت مریض کشنده بود
he would soon die his last human death
او به زودی آخرین مرگ انسانی خود را خواهد مرد
in order to become one with the salvation

تا با رستگاری یکی شویم
It was not long until a new flock of monks came
طولی نکشید که گله جدیدی از راهبان آمدند
they were also on their pilgrimage
آنها هم در سفر حج بودند
most of the travellers spoke of nothing other than Gotama
بیشتر مسافران از چیزی جز گوتاما صحبت نمی کردند
his impending death was all they thought about
مرگ قریب الوقوع او تنها چیزی بود که به آن فکر می کردند
if there had been war, just as many would travel
اگر جنگ بود، به همان اندازه سفر می کردند
just as many would come to the coronation of a king
همانطور که بسیاری به مراسم تاجگذاری یک پادشاه می آیند
they gathered like ants in droves
مثل مورچه دسته دسته جمع شدند
they flocked, like being drawn onwards by a magic spell
آنها مانند یک طلسم جادویی به سمت جلو کشیده شدند
they went to where the great Buddha was awaiting his death
آنها به جایی رفتند که بودای بزرگ در انتظار مرگش بود
the perfected one of an era was to become one with the glory
کامل شده یک دوره قرار بود با جلال یکی شود
Often, Siddhartha thought in those days of the dying wise man
سیذارتا اغلب در آن روزها به مرد خردمند در حال مرگ فکر می کرد
the great teacher whose voice had admonished nations
معلم بزرگی که صدایش ملت ها را نصیحت کرده بود
the one who had awoken hundreds of thousands
کسی که صدها هزار نفر را بیدار کرده بود
a man whose voice he had also once heard
مردی که صدایش را هم زمانی شنیده بود
a teacher whose holy face he had also once seen with respect
معلمی که چهره مقدسش را هم زمانی با احترام دیده بود
Kindly, he thought of him
با مهربانی به او فکر کرد
he saw his path to perfection before his eyes
او راه کمال خود را در برابر چشمان خود دید

and he remembered with a smile those words he had said to him

و با لبخند به یاد کلماتی که به او گفته بود افتاد

when he was a young man and spoke to the exalted one

وقتی جوان بود و با حضرت عالی صحبت می کرد

They had been, so it seemed to him, proud and precious words

آنها سخنان غرورآمیز و گرانبهایی بودند، بنابراین به نظر او می رسید

with a smile, he remembered the the words

با لبخند، کلمات را به یاد آورد

he knew that there was nothing standing between Gotama and him any more

او می دانست که دیگر چیزی بین گوتاما و او وجود ندارد

he had known this for a long time already

او از مدتها قبل این را می دانست

though he was still unable to accept his teachings

اگرچه او هنوز نمی توانست آموزه های او را بپذیرد

there was no teaching a truly searching person

هیچ آموزش برای یک فرد واقعا جستجوگر وجود نداشت

someone who truly wanted to find, could accept

کسی که واقعاً می خواست پیدا کند، می توانست بپذیرد

But he who had found the answer could approve of any teaching

اما کسی که جوابش را پیدا کرده بود، می‌توانست هر آموزه‌ای را تأیید کند

every path, every goal, they were all the same

هر مسیر، هر هدف، همه یکسان بودند

there was nothing standing between him and all the other thousands any more

دیگر چیزی بین او و هزاران نفر دیگر وجود نداشت

the thousands who lived in that what is eternal

هزاران نفری که در آن چیزی که ابدی است زندگی می کردند

the thousands who breathed what is divine

هزاران نفری که از آنچه الهی است دمیدند

On one of these days, Kamala also went to him

در یکی از همین روزها کمالا هم پیش او رفت
she used to be the most beautiful of the courtesans
او قبلاً زیباترین زن مجلسی بود
A long time ago, she had retired from her previous life
او مدت ها پیش از زندگی قبلی خود بازنشسته شده بود
she had given her garden to the monks of Gotama as a gift
او باغ خود را به عنوان هدیه به راهبان گوتاما داده بود
she had taken her refuge in the teachings
او به تعالیم پناه برده بود
she was among the friends and benefactors of the pilgrims
از دوستان و خیرین حجاج بود
she was together with Siddhartha, the boy
او با سیذارتا، پسر، همراه بود
Siddhartha the boy was her son
سیذارتا پسر پسرش بود
she had gone on her way due to the news of the near death of Gotama
او به دلیل خبر مرگ نزدیک گوتاما به راه خود رفته بود
she was in simple clothes and on foot
او با لباس ساده و پیاده بود
and she was With her little son
و او با پسر کوچکش بود
she was travelling by the river
او در کنار رودخانه سفر می کرد
but the boy had soon grown tired
اما پسر خیلی زود خسته شده بود
he desired to go back home
او می خواست به خانه برگردد
he desired to rest and eat
او می خواست استراحت کند و غذا بخورد
he became disobedient and started whining
نافرمان شد و شروع کرد به ناله کردن
Kamala often had to take a rest with him
کامالا اغلب مجبور بود با او استراحت کند
he was accustomed to getting what he wanted
او عادت کرده بود به آنچه می خواست برسد

she had to feed him and comfort him
باید به او غذا می داد و او را دلداری می داد
she had to scold him for his behaviour
مجبور شد او را به خاطر رفتارش سرزنش کند
He did not comprehend why he had to go on this exhausting pilgrimage
او نفهمید که چرا باید به این سفر طاقت فرسا برود
he did not know why he had to go to an unknown place
نمی دانست چرا باید به مکان نامعلومی می رفت
he did know why he had to see a holy dying stranger
او می دانست که چرا باید یک غریبه مقدس در حال مرگ را ببیند
"So what if he died?" he complained
"پس اگر بمیرد چه؟" او شکایت کرد
why should this concern him?
چرا این باید به او مربوط شود؟
The pilgrims were getting close to Vasudeva's ferry
زائران در حال نزدیک شدن به کشتی واسودوا بودند
little Siddhartha once again forced his mother to rest
سیذارتای کوچولو بار دیگر مادرش را مجبور به استراحت کرد
Kamala had also become tired
کامالا هم خسته شده بود
while the boy was chewing a banana, she crouched down on the ground
در حالی که پسر در حال جویدن موز بود، روی زمین خم شد
she closed her eyes a bit and rested
چشمانش را کمی بست و استراحت کرد
But suddenly, she uttered a wailing scream
اما ناگهان فریاد ناله‌ای بلند کرد
the boy looked at her in fear
پسر با ترس به او نگاه کرد
he saw her face had grown pale from horror
او دید که چهره او از وحشت رنگ پریده بود
and from under her dress, a small, black snake fled
و از زیر لباسش مار کوچک سیاهی فرار کرد
a snake by which Kamala had been bitten
ماری که کامالا توسط آن گزیده شده بود

Hurriedly, they both ran along the path, to reach people
هر دو با عجله در مسیر دویدند تا به مردم برسند
they got near to the ferry and Kamala collapsed
آنها به کشتی نزدیک شدند و کامالا سقوط کرد
she was not able to go any further
او نتوانست بیشتر از این پیش برود
the boy started crying miserably
پسر با بدبختی شروع به گریه کرد
his cries were only interrupted when he kissed his mother
گریه هایش تنها زمانی قطع شد که مادرش را بوسید
she also joined his loud screams for help
او نیز به فریادهای بلند او برای کمک پیوست
she screamed until the sound reached Vasudeva's ears
او فریاد زد تا اینکه صدا به گوش واسودوا رسید
Vasudeva quickly came and took the woman on his arms
واسودوا به سرعت آمد و زن را در آغوش گرفت
he carried her into the boat and the boy ran along
او را به داخل قایق برد و پسر هم دوید
soon they reached the hut, where Siddhartha stood by the stove
به زودی به کلبه رسیدند، جایی که سیذارتا در کنار اجاق گاز ایستاده بود
he was just lighting the fire
او فقط آتش روشن می کرد
He looked up and first saw the boy's face
سرش را بلند کرد و ابتدا صورت پسر را دید
it wondrously reminded him of something
به طرز شگفت انگیزی او را به یاد چیزی انداخت
like a warning to remember something he had forgotten
مانند هشداری برای به یاد آوردن چیزی که فراموش کرده بود
Then he saw Kamala, whom he instantly recognised
سپس کامالا را دید که فوراً او را شناخت
she lay unconscious in the ferryman's arms
او بیهوش در آغوش کشتی بان دراز کشید
now he knew that it was his own son
حالا فهمید که پسر خودش است

his son whose face had been such a warning reminder to him

پسرش که چهره اش چنین هشداری برای او بود

and the heart stirred in his chest

و قلب در سینه اش تکان خورد

Kamala's wound was washed, but had already turned black

زخم کامالا شسته شده بود، اما قبلاً سیاه شده بود

and her body was swollen

و بدنش متورم شده بود

she was made to drink a healing potion

او را وادار به نوشیدن یک معجون شفا دادند

Her consciousness returned and she lay on Siddhartha's bed

هوشیاری او برگشت و روی تخت سیذارتا دراز کشید

Siddhartha stood over Kamala, who he used to love so much

سیذارتا بالای کامالا ایستاد که قبلاً خیلی دوستش داشت

It seemed like a dream to her

برای او مثل یک رویا به نظر می رسید

with a smile, she looked at her friend's face

با لبخند به صورت دوستش نگاه کرد

slowly she realized her situation

آرام آرام متوجه وضعیت خود شد

she remembered she had been bitten

او به یاد آورد که او را گاز گرفته بود

and she timidly called for her son

و با ترس پسرش را صدا زد

"He's with you, don't worry," said Siddhartha

سیذارتا گفت: "او با توست، نگران نباش."

Kamala looked into his eyes

کامالا به چشمانش نگاه کرد

She spoke with a heavy tongue, paralysed by the poison

او با زبانی سنگین صحبت می کرد و در اثر زهر فلج شده بود

"You've become old, my dear," she said

گفت: پیر شدی عزیزم

"you've become gray," she added

او افزود: "تو خاکستری شدی."

"But you are like the young Samana, who came without clothes"

اما تو مثل سمانه جوانی که بی لباس آمد.

"you're like the Samana who came into my garden with dusty feet"

"تو مثل سامانایی هستی که با پاهای خاک آلود وارد باغ من شدی"

"You are much more like him than you were when you left me"

"تو خیلی بیشتر از زمانی که مرا ترک کردی شبیه او هستی"

"In the eyes, you're like him, Siddhartha"

"از نظر تو شبیه او هستی، سیذارتا"

"Alas, I have also grown old"

افسوس که من هم پیر شدم

"could you still recognise me?"

"هنوز می تونی منو بشناسی؟"

Siddhartha smiled, "Instantly, I recognised you, Kamala, my dear"

سیدارتا لبخندی زد: "فورا من تو را شناختم، کامالا، عزیزم"

Kamala pointed to her boy

کامالا به پسرش اشاره کرد

"Did you recognise him as well?"

"شما هم او را شناختید؟"

"He is your son," she confirmed

او تأیید کرد: "او پسر شماست."

Her eyes became confused and fell shut

چشمانش گیج شد و بسته شد

The boy wept and Siddhartha took him on his knees

پسر گریه کرد و سیذارتا او را به زانو درآورد

he let him weep and petted his hair

اجازه داد گریه کند و موهایش را نوازش کرد

at the sight of the child's face, a Brahman prayer came to his mind

با دیدن چهره کودک، دعای برهمنی به ذهنش خطور کرد

a prayer which he had learned a long time ago

دعایی که خیلی وقت پیش یاد گرفته بود

a time when he had been a little boy himself

زمانی که خودش یک پسر بچه بود

Slowly, with a singing voice, he started to speak

آرام آرام با صدای آواز شروع به صحبت کرد

from his past and childhood, the words came flowing to him

از گذشته و دوران کودکی، کلمات به او سرازیر شدند

And with that song, the boy became calm

و با آن آهنگ پسر آرام شد

he was only now and then uttering a sob

او فقط گهگاهی هق هق می کرد

and finally he fell asleep

و بالاخره خوابش برد

Siddhartha placed him on Vasudeva's bed

سیذارتا او را روی تخت واسودووا گذاشت

Vasudeva stood by the stove and cooked rice

واسودووا کنار اجاق ایستاد و برنج پخت

Siddhartha gave him a look, which he returned with a smile

سیذارتا نگاهی به او انداخت که با لبخند برگشت

"She'll die," Siddhartha said quietly

سیذارتا به آرامی گفت: "او خواهد مرد."

Vasudeva knew it was true, and nodded

واسودووا می دانست که حقیقت دارد و سر تکان داد

over his friendly face ran the light of the stove's fire

نور آتش اجاق بر روی چهره دوستانه اش می تابید

once again, Kamala returned to consciousness

بار دیگر کامالا به هوش آمد

the pain of the poison distorted her face

درد زهر صورتش را مخدوش کرد

Siddhartha's eyes read the suffering on her mouth

چشمان سیذارتا درد و رنج را بر دهانش می خواند

from her pale cheeks he could see that she was suffering

از گونه های رنگ پریده اش می توانست متوجه شود که او در حال عذاب است

Quietly, he read the pain in her eyes

آرام درد چشمانش را خواند

attentively, waiting, his mind become one with her suffering

با دقت در انتظار، ذهن او با رنج او یکی می شود

Kamala felt it and her gaze sought his eyes
کامالا آن را احساس کرد و نگاهش به دنبال چشمان او بود
Looking at him, she spoke
با نگاه کردن به او صحبت کرد
"Now I see that your eyes have changed as well"
"اکنون می بینم که چشمان شما نیز تغییر کرده است"
"They've become completely different"
"آنها کاملاً متفاوت شده اند"
"what do I still recognise in you that is Siddhartha?
"من هنوز چه چیزی را در شما تشخیص می دهم که سیذارتا است؟
"It's you, and it's not you"
"این تو هستی و این تو نیستی"
Siddhartha said nothing, quietly his eyes looked at hers
سیذارتا چیزی نگفت، بی سر و صدا به چشمان او نگاه کرد
"You have achieved it?" she asked
"تو به آن دست یافتی؟ "او پرسید
"You have found peace?"
"آرامش پیدا کردی؟"
He smiled and placed his hand on hers
لبخندی زد و دستش را روی دست او گذاشت
"I'm seeing it" she said
او گفت: "دارم آن را می بینم."
"I too will find peace"
"من نیز آرامش خواهم یافت"
"You have found it," Siddhartha spoke in a whisper
سیذارتا با زمزمه گفت: "تو پیداش کردی."
Kamala never stopped looking into his eyes
کامالا هرگز از نگاه کردن به چشمان او دست برنداشت
She thought about her pilgrimage to Gotama
او به زیارت گوتاما فکر کرد
the pilgrimage which she wanted to take
زیارتی که می خواست برود
in order to see the face of the perfected one
تا چهره ی کامل شده را ببیند
in order to breathe his peace
تا در آرامشش نفس بکشد

but she had now found it in another place
اما او اکنون آن را در جای دیگری پیدا کرده بود
and this she thought that was good too
و او فکر کرد که این نیز خوب است
it was just as good as if she had seen the other one
به همان خوبی بود که انگار دیگری را دیده بود
She wanted to tell this to him
می خواست این را به او بگوید
but her tongue no longer obeyed her will
اما زبان او دیگر از خواست او اطاعت نکرد
Without speaking, she looked at him
بدون اینکه حرفی بزند به او نگاه کرد
he saw the life fading from her eyes
او زندگی را در حال محو شدن از چشمان او دید
the final pain filled her eyes and made them grow dim
درد آخر چشمانش را پر کرد و آنها را تار کرد
the final shiver ran through her limbs
آخرین لرز در اندامش جاری شد
his finger closed her eyelids
انگشتش پلک هایش را بست

For a long time, he sat and looked at her peacefully dead face
مدتی طولانی نشست و به چهره مرده او نگاه کرد
For a long time, he observed her mouth
مدت زیادی دهان او را زیر نظر گرفت
her old, tired mouth, with those lips, which had become thin
دهان پیر و خسته اش با آن لب هایی که نازک شده بودند
he remembered he used to compare this mouth with a freshly cracked fig
یادش آمد این دهان را با یک انجیر تازه ترک خورده مقایسه می کرد
this was in the spring of his years
این در بهار سالهای او بود
For a long time, he sat and read the pale face
مدتی طولانی نشست و صورت رنگ پریده را خواند
he read the tired wrinkles

چروک های خسته را خواند

he filled himself with this sight

خودش را پر از این منظره کرد

he saw his own face in the same manner

صورت خودش را به همین شکل دید

he saw his face was just as white

دید که صورتش به همان اندازه سفید است

he saw his face was just as quenched out

او دید که صورتش به همان اندازه خاموش شده است

at the same time he saw his face and hers being young

در همان زمان صورت او و او را جوان می دید

their faces with red lips and fiery eyes

صورتشان با لب های سرخ و چشمان آتشین

the feeling of both being real at the same time

احساس واقعی بودن هر دو در یک زمان

the feeling of eternity completely filled every aspect of his being

احساس ابدیت تمام جنبه های وجود او را پر کرد

in this hour he felt more deeply than than he had ever felt before

در این ساعت او عمیق تر از آنچه قبلاً احساس کرده بود احساس کرد

he felt the indestructibility of every life

او فنا ناپذیری هر زندگی را احساس می کرد

he felt the eternity of every moment

او ابدیت هر لحظه را احساس می کرد

When he rose, Vasudeva had prepared rice for him

وقتی او برخاست، واسودووا برای او برنج آماده کرده بود

But Siddhartha did not eat that night

اما سیذارتا در آن شب چیزی نخورد

In the stable their goat stood

در اصطبل بز آنها ایستاده بود

the two old men prepared beds of straw for themselves

دو پیرمرد بسترهای کاه برای خود آماده کردند

Vasudeva laid himself down to sleep

واسودوا خود را دراز کشید تا بخوابد

But Siddhartha went outside and sat before the hut

اما سیذارتا بیرون رفت و جلوی کلبه نشست

he listened to the river, surrounded by the past

او به رودخانه گوش داد که در گذشته احاطه شده بود

he was touched and encircled by all times of his life at the same time

او در تمام دوران زندگی خود در همان زمان تحت تأثیر قرار گرفت و محاصره شد

occasionally he rose and he stepped to the door of the hut

گاه از جایش بلند می‌شد و به در کلبه می‌رفت

he listened whether the boy was sleeping

او گوش داد که آیا پسر خواب است

before the sun could be seen, Vasudeva came out of the stable

قبل از اینکه خورشید دیده شود، واسودووا از اصطبل بیرون آمد

he walked over to his friend

به سمت دوستش رفت

"You haven't slept," he said

گفت: تو نخوابیده ای

"No, Vasudeva. I sat here"

"نه، واسودوا. من اینجا نشستم"

"I was listening to the river"

"داشتم به رودخانه گوش می دادم"

"the river has told me a lot"

"رودخانه چیزهای زیادی به من گفته است"

"it has deeply filled me with the healing thought of oneness"

"این عمیقا مرا با اندیشه شفابخش یگانگی پر کرده است"

"You've experienced suffering, Siddhartha"

"تو رنج را تجربه کرده ای، سیذارتا"

"but I see no sadness has entered your heart"

"اما می بینم هیچ غمی وارد قلبت نشده است"

"No, my dear, how should I be sad?"

"نه عزیزم، چطور باید غمگین باشم؟"

"I, who have been rich and happy"

"من که ثروتمند و شاد بوده ام"

"I have become even richer and happier now"

"من اکنون حتی ثروتمندتر و شادتر شده ام"
"My son has been given to me"

"پسرم به من داده شده است"
"Your son shall be welcome to me as well"

"پسر شما هم به من خوش آمدید"
"But now, Siddhartha, let's get to work"

"اما حالا، سیدارتا، بیایید به کارمان برسیم"
"there is much to be done"

"کارهای زیادی برای انجام دادن وجود دارد"
"Kamala has died on the same bed on which my wife had died"

"کامالا روی همان تختی که همسرم روی آن مرده مرده است.
"Let us build Kamala's funeral pile on the hill"

"بیایید توده خاکسپاری کامالا را روی تپه بسازیم"
"the hill on which I my wife's funeral pile is"

"تپه ای که روی آن تپه خاکسپاری همسرم است"
While the boy was still asleep, they built the funeral pile

در حالی که پسر هنوز خواب بود، توده خاکسپاری را ساختند

- 223 -

The Son

پسر

Timid and weeping, the boy had attended his mother's funeral

پسر ترسو و گریان در مراسم خاکسپاری مادرش شرکت کرده بود

gloomy and shy, he had listened to Siddhartha

عبوس و خجالتی به صدای سیذارتا گوش داده بود

Siddhartha greeted him as his son

سیذارتا به عنوان پسرش از او استقبال کرد

he welcomed him at his place in Vasudeva's hut

او در محل خود در کلبه واسودووا از او استقبال کرد

Pale, he sat for many days by the hill of the dead

رنگ پریده، روزهای زیادی کنار تپه مردگان نشست

he did not want to eat

او نمی خواست غذا بخورد

he did not look at anyone

او به کسی نگاه نکرد

he did not open his heart

قلبش را باز نکرد

he met his fate with resistance and denial

او با مقاومت و انکار به سرنوشت خود دست یافت

Siddhartha spared giving him lessons

سیذارتا از دادن درس به او چشم پوشی کرد

and he let him do as he pleased

و به او اجازه داد هر طور که می خواهد انجام دهد

Siddhartha honoured his son's mourning

سیذارتا عزاداری پسرش را گرامی داشت

he understood that his son did not know him

فهمید که پسرش او را نمی شناسد

he understood that he could not love him like a father

او فهمید که نمی تواند او را مانند یک پدر دوست داشته باشد

Slowly, he also understood that the eleven-year-old was a pampered boy

او نیز آرام آرام فهمید که آن یازده ساله پسری نازپرورده است

he saw that he was a mother's boy

دید که پسر مادری است
he saw that he had grown up in the habits of rich people
او دید که در عادات افراد ثروتمند بزرگ شده است
he was accustomed to finer food and a soft bed
او به غذای لطیف و تخت نرم عادت کرده بود
he was accustomed to giving orders to servants
او به دستور دادن به خدمتگزاران عادت داشت
the mourning child could not suddenly be content with a life among strangers
کودک عزادار نمی توانست ناگهان به زندگی در میان غریبه ها بسنده کند
Siddhartha understood the pampered child would not willingly be in poverty
سیذارتا فهمید که کودک نازپرورده به میل خود در فقر نخواهد بود
He did not force him to do these these things
او را مجبور به این کارها نکرد
Siddhartha did many chores for the boy
سیذارتا کارهای زیادی برای پسر انجام داد
he always saved the best piece of the meal for him
او همیشه بهترین تکه غذا را برای او ذخیره می کرد
Slowly, he hoped to win him over, by friendly patience
آهسته آهسته امیدوار بود با صبر دوستانه او را به دست آورد
Rich and happy, he had called himself, when the boy had come to him
وقتی پسر نزد او آمده بود، پولدار و شاد، خودش را صدا کرده بود
Since then some time had passed
از آن زمان مدتی گذشته بود
but the boy remained a stranger and in a gloomy disposition
اما پسر غریبه و در حالتی غمگین باقی ماند
he displayed a proud and stubbornly disobedient heart
او قلبی مغرور و سرسختانه نافرمان نشان داد
he did not want to do any work
او نمی خواست هیچ کاری انجام دهد
he did not pay his respect to the old men
او به پیرمردها احترام نمی گذاشت
he stole from Vasudeva's fruit-trees

او از درختان میوه واسودوا دزدید
his son had not brought him happiness and peace
پسرش برای او شادی و آرامش به ارمغان نیاورده بود
the boy had brought him suffering and worry
پسر برای او رنج و نگرانی آورده بود
slowly Siddhartha began to understand this
به آرامی سیدارتا شروع به درک این موضوع کرد
But he loved him regardless of the suffering he brought him
اما او بدون توجه به رنجی که برایش آورده بود دوستش داشت
he preferred the suffering and worries of love over happiness and joy without the boy
او رنج و نگرانی عشق را بر شادی و شادی بدون پسر ترجیح داد
from when young Siddhartha was in the hut the old men had split the work
از زمانی که سیذارتای جوان در کلبه بود، پیرمردها کار را تقسیم کردند
Vasudeva had again taken on the job of the ferryman
واسودووا دوباره کار کشتی بان را بر عهده گرفته بود
and Siddhartha, in order to be with his son, did the work in the hut and the field
و سیذارتا برای اینکه با پسرش باشد کار را در کلبه و مزرعه انجام داد

for long months Siddhartha waited for his son to understand him
سیذارتا ماه‌های طولانی منتظر بود تا پسرش او را درک کند
he waited for him to accept his love
منتظر بود تا عشقش را بپذیرد
and he waited for his son to perhaps reciprocate his love
و منتظر بود تا پسرش شاید محبت او را جبران کند
For long months Vasudeva waited, watching
واسودوا ماه های طولانی منتظر ماند و تماشا کرد
he waited and said nothing
صبر کرد و چیزی نگفت
One day, young Siddhartha tormented his father very much
یک روز سیذارتای جوان پدرش را بسیار عذاب داد
he had broken both of his rice-bowls
هر دو کاسه برنجش را شکسته بود

Vasudeva took his friend aside and talked to him

واسودووا دوستش را کنار زد و با او صحبت کرد

"Pardon me," he said to Siddhartha

او به سیذارتا گفت: «من را ببخش

"from a friendly heart, I'm talking to you"

"از یک قلب دوستانه، من با شما صحبت می کنم"

"I'm seeing that you are tormenting yourself"

"میبینم که داری خودتو عذاب میدی"

"I'm seeing that you're in grief"

"میبینم که تو غمگینی"

"Your son, my dear, is worrying you"

"پسرت، عزیزم، تو را نگران می کند"

"and he is also worrying me"

"و او همچنین مرا نگران می کند"

"That young bird is accustomed to a different life"

"آن پرنده جوان به زندگی دیگری عادت کرده است"

"he is used to living in a different nest"

"او به زندگی در یک لانه متفاوت عادت کرده است"

"he has not, like you, run away from riches and the city"

"او مانند شما از ثروت و شهر فرار نکرده است"

"he was not disgusted and fed up with the life in Sansara"

"او از زندگی در سانسارا منزجر و خسته نبود"

"he had to do all these things against his will"

"او مجبور بود همه این کارها را برخلاف میل خود انجام دهد"

"he had to leave all this behind"

"او مجبور شد همه اینها را پشت سر بگذارد"

"I asked the river, oh friend"

"از رودخانه پرسیدم ای دوست"

"many times I have asked the river"

"بارها از رودخانه پرسیده ام"

"But the river laughs at all of this"

"اما رودخانه به همه اینها می خندد"

"it laughs at me and it laughs at you"

"به من می خندد و به تو می خندد"

"the river is shaking with laughter at our foolishness"

"رودخانه از خنده از حماقت ما می لرزد"

"Water wants to join water as youth wants to join youth"
"آب می خواهد به آب بپیوندد همانطور که جوانان می خواهند به جوانان بپیوندند"

"your son is not in the place where he can prosper"
"پسر شما در جایی نیست که بتواند پیشرفت کند"

"you too should ask the river"
"شما هم باید از رودخانه بپرسید"

"you too should listen to it!"
"شما هم باید به آن گوش دهید"!

Troubled, Siddhartha looked into his friendly face
سیذارتا نگران به چهره دوستانه او نگاه کرد

he looked at the many wrinkles in which there was incessant cheerfulness
او به چین و چروک های زیادی که در آنها شادی بی وقفه وجود داشت نگاه کرد

"How could I part with him?" he said quietly, ashamed
"چطور می توانستم از او جدا شوم؟ "با شرمساری آرام گفت

"Give me some more time, my dear"
"عزیز من کمی به من فرصت بده"

"See, I'm fighting for him"
"ببین، من برای او می جنگم"

"I'm seeking to win his heart"
"من به دنبال به دست آوردن قلب او هستم"

"with love and with friendly patience I intend to capture it"
"با عشق و با صبر دوستانه قصد دارم آن را ضبط کنم"

"One day, the river shall also talk to him"
"روزی رودخانه نیز با او صحبت خواهد کرد"

"he also is called upon"
"او نیز خوانده می شود"

Vasudeva's smile flourished more warmly
لبخند واسودوا گرمتر شکوفا شد

"Oh yes, he too is called upon"
"اوه بله، او نیز خوانده می شود"

"he too is of the eternal life"
"او نیز از حیات جاودانی است"

"But do we, you and me, know what he is called upon to do?"

اما آیا ما، من و شما، می دانیم که او برای انجام چه کاری فراخوانده شده است؟

"we know what path to take and what actions to perform"

"ما می دانیم چه مسیری را باید طی کنیم و چه اقداماتی را انجام دهیم"

"we know what pain we have to endure"

"می دانیم چه دردی را باید تحمل کنیم"

"but does he know these things?"

اما آیا او این چیزها را می داند؟

"Not a small one, his pain will be"

"کوچک نیست، درد او خواهد بود"

"after all, his heart is proud and hard"

"بالاخره قلبش مغرور و سخت است"

"people like this have to suffer and err a lot"

"افراد این چنینی باید رنج زیادی بکشند و خطا کنند"

"they have to do much injustice"

"آنها باید بی عدالتی زیادی انجام دهند"

"and they have burden themselves with much sin"

«و خود را بر گناهان بسیار سنگین کرده اند»

"Tell me, my dear," he asked of Siddhartha

از سیذارتا پرسید: "به من بگو عزیزم."

"you're not taking control of your son's upbringing?"

"تو کنترل تربیت پسرت را در دست نمی گیری؟"

"You don't force him, beat him, or punish him?"

"شما او را مجبور نمی کنید، کتک نمی زنید یا تنبیهش نمی کنید؟"

"No, Vasudeva, I don't do any of these things"

"نه، واسودوا، من هیچ یک از این کارها را انجام نمی دهم"

"I knew it. You don't force him"

"میدونستم .تو مجبورش نمیکنی"

"you don't beat him and you don't give him orders"

"تو او را کتک نمی زنی و به او دستور نمی دهی"

"because you know softness is stronger than hard"

"زیرا می دانید نرمی قوی تر از سختی است"

"you know water is stronger than rocks"

"میدونی آب قوی تر از سنگه"

- 229 -

"and you know love is stronger than force"
"و تو می دانی که عشق قوی تر از زور است"
"Very good, I praise you for this"
"بسیار خوب، من شما را برای این ستایش می کنم"
"But aren't you mistaken in some way?"
"اما آیا شما به نوعی در اشتباه نیستید؟"
"don't you think that you are forcing him?"
"فکر نمی کنی داری مجبورش می کنی؟"
"don't you perhaps punish him a different way?"
"شاید شما او را به روش دیگری مجازات نمی کنید؟"
"Don't you shackle him with your love?"
"آیا با عشقت او را به غل و زنجیر نمی زنی؟"
"Don't you make him feel inferior every day?"
"آیا هر روز به او احساس حقارت نمی دهید؟"
"doesn't your kindness and patience make it even harder for him?"
آیا مهربانی و صبر شما کار را برای او سخت تر نمی کند؟
"aren't you forcing him to live in a hut with two old banana-eaters?"
آیا شما او را مجبور نمی کنید که در یک کلبه با دو موز خوار قدیمی زندگی کند؟
"old men to whom even rice is a delicacy"
"پیرمردهایی که حتی برنج هم برایشان یک غذای لذیذ است"
"old men whose thoughts can't be his"
"پیرمردانی که افکارشان مال او نیست"
"old men whose hearts are old and quiet"
"پیرمردانی که دلهایشان پیر و آرام است"
"old men whose hearts beat in a different pace than his"
"پیرمردانی که ضربان قلبشان با سرعتی متفاوت از اوست"
"Isn't he forced and punished by all this?""
آیا او با این همه مجبور و مجازات نمی شود؟
Troubled, Siddhartha looked to the ground
سیذارتا نگران به زمین نگاه کرد
Quietly, he asked, "What do you think should I do?"
آرام پرسید به نظر شما چه کار کنم؟
Vasudeva spoke, "Bring him into the city"

واسودوا گفت: "او را به شهر بیاورید"
"bring him into his mother's house"
او را به خانه مادرش بیاورید
"there'll still be servants around, give him to them"
"هنوز خدمتکارانی در اطراف خواهند بود، او را به آنها بدهید"
"And if there aren't any servants, bring him to a teacher"
"و اگر هیچ خدمتکاری نیست، او را نزد معلمی بیاور"
"but don't bring him to a teacher for teachings' sake"
"اما بخاطر تعلیم او را نزد معلم نیاورید"
"bring him to a teacher so that he is among other children"
"او را نزد معلم بیاور تا در میان سایر کودکان باشد"
"and bring him to the world which is his own"
«و او را به دنیایی که مال اوست بیاور»
"have you never thought of this?"
"تا حالا به این فکر نکردی؟"
"you're seeing into my heart," Siddhartha spoke sadly
سیذارتا با ناراحتی گفت: "تو در قلب من می بینی."
"Often, I have thought of this"
"اغلب به این فکر کرده ام"
"but how can I put him into this world?"
اما چگونه می توانم او را در این دنیا قرار دهم؟
"Won't he become exuberant?"
"آیا او شاداب نمی شود؟"
"won't he lose himself to pleasure and power?"
آیا او خود را به خاطر لذت و قدرت از دست نخواهد داد؟
"won't he repeat all of his father's mistakes?"
آیا او تمام اشتباهات پدرش را تکرار نخواهد کرد؟
"won't he perhaps get entirely lost in Sansara?"
"آیا او ممکن است به طور کامل در Sansara گم شود؟"
Brightly, the ferryman's smile lit up
لبخند کشتی بان روشن شد
softly, he touched Siddhartha's arm
به آرامی بازوی سیذارتا را لمس کرد
"Ask the river about it, my friend!"
"در مورد آن از رودخانه بپرس، دوست من"!
"Hear the river laugh about it!"

خنده رودخانه را بشنو!

"Would you actually believe that you had committed your foolish acts?
"آیا واقعاً باور می کنید که اعمال احمقانه خود را انجام داده اید؟

"in order to spare your son from committing them too"
"برای اینکه پسرت را نیز از ارتکاب آنها در امان بداری"

"And could you in any way protect your son from Sansara?"
و آیا می توانید به هیچ وجه از پسر خود در برابر سانسارا محافظت کنید؟

"How could you protect him from Sansara?"
"چطور توانستی از او در برابر سانسارا محافظت کنی؟"

"By means of teachings, prayer, admonition?"
»به وسیله تعلیم، دعا، اندرز؟«

"My dear, have you entirely forgotten that story?"
"عزیز من، آیا شما آن داستان را به طور کامل فراموش کرده اید؟"

"the story containing so many lessons"
"داستان حاوی درس های بسیار است"

"the story about Siddhartha, a Brahman's son"
"داستان سیذارتا، پسر برهمن"

"the story which you once told me here on this very spot?"
"داستانی که یک بار اینجا در همین جا به من گفتی؟"

"Who has kept the Samana Siddhartha safe from Sansara?"
"چه کسی سامانا سیذارتا را از سانسارا در امان نگه داشته است؟"

"who has kept him from sin, greed, and foolishness?"
"چه کسی او را از گناه و طمع و حماقت باز داشته است؟"

"Were his father's religious devotion able to keep him safe?
»آیا عبادت مذهبی پدرش توانست او را در امان نگه دارد؟

"were his teacher's warnings able to keep him safe?"
"آیا هشدارهای معلمش توانست او را ایمن نگه دارد؟"

"could his own knowledge keep him safe?"
"آیا دانش خود می تواند او را ایمن نگه دارد؟"

"was his own search able to keep him safe?"
"آیا جستجوی خودش توانست او را ایمن نگه دارد؟"

"What father has been able to protect his son?"
چه پدری توانسته از پسرش محافظت کند؟

"what father could keep his son from living his life for himself?"

"چه پدری می تواند پسرش را از زندگی برای خودش باز دارد؟"

"what teacher has been able to protect his student?"

"چه معلمی توانسته از شاگردش محافظت کند؟"

"what teacher can stop his student from soiling himself with life?"

"چه معلمی می تواند دانش آموزش را از آلوده شدن به زندگی باز دارد؟"

"who could stop him from burdening himself with guilt?"

"چه کسی می تواند او را از تحمل گناه باز دارد؟"

"who could stop him from drinking the bitter drink for himself?"

"چه کسی می تواند او را از نوشیدن نوشیدنی تلخ برای خودش باز دارد؟"

"who could stop him from finding his path for himself?"

"چه کسی می تواند او را از پیدا کردن راه خود برای خودش باز دارد؟"

"did you think anybody could be spared from taking this path?"

"فکر کردی کسی می تواند از این راه در امان بماند؟"

"did you think that perhaps your little son would be spared?"

"فکر کردی شاید پسر کوچکت نجات پیدا کند؟"

"did you think your love could do all that?"

"فکر کردی عشقت میتونه همه این کارها رو انجام بده؟"

"did you think your love could keep him from suffering"

"آیا فکر کردی عشقت می تواند او را از رنج باز دارد؟"

"did you think your love could protect him from pain and disappointment?

"فکر کردی عشقت می تواند او را از درد و ناامیدی محافظت کند؟

"you could die ten times for him"

"میتونی ده بار براش بمیری"

"but you could take no part of his destiny upon yourself"

"اما شما نمی توانید بخشی از سرنوشت او را به عهده بگیرید"

Never before, Vasudeva had spoken so many words

هرگز پیش از این، واسودووا این همه کلمه صحبت نکرده بود

Kindly, Siddhartha thanked him

با مهربانی، سیدارتا از او تشکر کرد

he went troubled into the hut

او با ناراحتی به داخل کلبه رفت

he could not sleep for a long time

برای مدت طولانی نتوانست بخوابد

Vasudeva had told him nothing he had not already thought and known

واسودووا چیزی به او نگفته بود که قبلاً فکر نکرده بود و نمی دانست

But this was a knowledge he could not act upon

اما این دانشی بود که او نمی توانست به آن عمل کند

stronger than knowledge was his love for the boy

قوی تر از دانش عشق او به پسر بود

stronger than knowledge was his tenderness

لطافت او قوی تر از دانش بود

stronger than knowledge was his fear to lose him

قوی تر از دانش ترس از دست دادن او بود

had he ever lost his heart so much to something?

آیا تا به حال اینقدر دلش را به خاطر چیزی از دست داده بود؟

had he ever loved any person so blindly?

آیا تا به حال کسی را اینقدر کورکورانه دوست داشته است؟

had he ever suffered for someone so unsuccessfully?

آیا تا به حال برای کسی اینقدر ناموفق رنج برده بود؟

had he ever made such sacrifices for anyone and yet been so unhappy?

آیا تا به حال برای کسی چنین فداکاری هایی کرده و در عین حال اینقدر ناراضی بوده است؟

Siddhartha could not heed his friend's advice

سیذارتا نمی توانست به توصیه دوستش توجه کند

he could not give up the boy

او نمی توانست پسر را رها کند

He let the boy give him orders

اجازه داد پسر به او دستور بدهد

he let him disregard him

اجازه داد او را نادیده بگیرد

He said nothing and waited
چیزی نگفت و منتظر ماند

daily, he attempted the struggle of friendliness
او هر روز تلاش می کرد برای دوستی مبارزه کند

he initiated the silent war of patience
او جنگ خاموش صبر را آغاز کرد

Vasudeva also said nothing and waited
واسودوا نیز چیزی نگفت و منتظر ماند

They were both masters of patience
هر دو استاد صبر بودند

one time the boy's face reminded him very much of Kamala
یک بار چهره پسر او را به یاد کامالا انداخت

Siddhartha suddenly had to think of something Kamala had once said
سیذارتا ناگهان مجبور شد به چیزی فکر کند که کامالا یک بار گفته بود

"You cannot love" she had said to him
او به او گفته بود: "تو نمی توانی عاشق شوی."

and he had agreed with her
و او با او موافقت کرده بود

and he had compared himself with a star
و خودش را با یک ستاره مقایسه کرده بود

and he had compared the childlike people with falling leaves
و مردم بچه گانه را با برگ های در حال سقوط مقایسه کرده بود

but nevertheless, he had also sensed an accusation in that line
اما با این وجود، او نیز در این زمینه اتهامی را احساس کرده بود

Indeed, he had never been able to love
در واقع او هرگز نتوانسته بود عاشق شود

he had never been able to devote himself completely to another person
او هرگز نتوانسته بود خود را به طور کامل وقف شخص دیگری کند

he had never been able to to forget himself
او هرگز نتوانسته بود خود را فراموش کند

he had never been able to commit foolish acts for the love of another person
او هرگز نتوانسته بود به عشق شخص دیگری مرتکب اعمال احمقانه شود

at that time it seemed to set him apart from the childlike people
در آن زمان به نظر می رسید که او را از مردم بچه گانه متمایز می کرد

But ever since his son was here, Siddhartha also become a childlike person
اما از زمانی که پسرش اینجا بود، سیذارتا نیز به فردی کودکانه تبدیل شد

he was suffering for the sake of another person
او به خاطر شخص دیگری رنج می برد

he was loving another person
او عاشق شخص دیگری بود

he was lost to a love for someone else
او به دلیل عشق به دیگری گم شده بود

he had become a fool on account of love
او به خاطر عشق یک احمق شده بود

Now he too felt the strongest and strangest of all passions
اکنون او نیز قوی ترین و عجیب ترین احساسات را احساس می کرد

he suffered from this passion miserably
او از این علاقه به شدت رنج می برد

and he was nevertheless in bliss
و با این حال در سعادت بود

he was nevertheless renewed in one respect
او با این حال از یک جهت تجدید شد

he was enriched by this one thing
او با این یک چیز غنی شد

He sensed very well that this blind love for his son was a passion
او به خوبی احساس می کرد که این عشق کور به پسرش یک علاقه است

he knew that it was something very human
او می دانست که این چیزی بسیار انسانی است

he knew that it was Sansara

او می دانست که سانسارا است
he knew that it was a murky source, dark waters
او می دانست که این منبع تیره و تاریک است
but he felt it was not worthless, but necessary
اما او احساس کرد که این کار بی ارزش نیست، بلکه ضروری است
it came from the essence of his own being
از جوهره وجود خودش بیرون آمده است
This pleasure also had to be atoned for
این لذت هم باید کفاره می شد
this pain also had to be endured
این درد را هم باید تحمل کرد
these foolish acts also had to be committed
این اعمال احمقانه نیز باید انجام می شد
Through all this, the son let him commit his foolish acts
با همه اینها، پسر به او اجازه داد تا اعمال احمقانه خود را انجام دهد
he let him court for his affection
او به او اجازه داد تا برای محبت خود دادگاهی کند
he let him humiliate himself every day
اجازه داد هر روز خودش را تحقیر کند
he gave in to the moods of his son
او تسلیم حال و هوای پسرش شد
his father had nothing which could have delighted him
پدرش چیزی نداشت که بتواند او را خوشحال کند
and he nothing that the boy feared
و او چیزی از آن پسر نمی ترسید
He was a good man, this father
او مرد خوبی بود، این پدر
he was a good, kind, soft man
او مردی خوب، مهربان و نرم بود
perhaps he was a very devout man
شاید او مرد بسیار مؤمنی بود
perhaps he was a saint, the boy thought
پسر فکر کرد شاید او یک قدیس بود
but all these attributes could not win the boy over
اما همه این ویژگی ها نتوانست پسر را به خود جلب کند
He was bored by this father, who kept him imprisoned

حوصله اش سر رفته بود از این پدر که او را زندانی نگه داشت
a prisoner in this miserable hut of his
زندانی در این کلبه ی بدبخت خود
he was bored of him answering every naughtiness with a smile
حوصله اش سر رفته بود که هر شیطنتی را با لبخند جواب دهد
he didn't appreciate insults being responded to by friendliness
او قدردان توهین هایی نبود که با دوستانه پاسخ داده می شد
he didn't like viciousness returned in kindness
او دوست نداشت شرارت در مهربانی برگشت
this very thing was the hated trick of this old sneak
این حقه منفور این دزدکی قدیمی بود
Much more the boy would have liked it if he had been threatened by him
اگر پسر توسط او تهدید می شد، خیلی بیشتر دوست داشت
he wanted to be abused by him
می خواست مورد آزار او قرار بگیرد

A day came when young Siddhartha had had enough
روزی رسید که سیذارتای جوان سیر شده بود
what was on his mind came bursting forth
آنچه در ذهن او بود به بیرون در آمد
and he openly turned against his father
و آشکارا علیه پدرش روی آورد
Siddhartha had given him a task
سیذارتا به او وظیفه داده بود
he had told him to gather brushwood
به او گفته بود که چوب برس جمع کن
But the boy did not leave the hut
اما پسر کلبه را ترک نکرد
in stubborn disobedience and rage, he stayed where he was
در نافرمانی سرسختانه و خشم، همان جایی که بود ماند
he thumped on the ground with his feet
با پاهایش روی زمین کوبید
he clenched his fists and screamed in a powerful outburst

او مشت هایش را گره کرد و با طغیان قدرتمندی فریاد زد

he screamed his hatred and contempt into his father's face

او نفرت و تحقیر خود را در چهره پدرش فریاد زد

"Get the brushwood for yourself!" he shouted, foaming at the mouth

"چوب براش را برای خودت بگیر!" او فریاد زد و در دهانش کف کرد

"I'm not your servant"

"من نوکر تو نیستم"

"I know that you won't hit me, you wouldn't dare"

"میدونم که منو نمیزنی جرات نداری"

"I know that you constantly want to punish me"

"می دانم که مدام می خواهید مرا تنبیه کنید"

"you want to put me down with your religious devotion and your indulgence"

"می خواهی با عبادت دینی و اغماضت مرا سرکوب کنی"

"You want me to become like you"

"میخوای من مثل تو بشم"

"you want me to be just as devout, soft, and wise as you"

"تو می خواهی من هم مثل تو عابد، نرم و عاقل باشم"

"but I won't do it, just to make you suffer"

"اما من این کار را نمی‌کنم، فقط برای اینکه تو رنج بکشی"

"I would rather become a highway-robber than be as soft as you"

"من ترجیح می‌دهم دزد بزرگراه شوم تا اینکه مثل تو مهربان باشم"

"I would rather be a murderer than be as wise as you"

"من ترجیح می دهم قاتل باشم تا اینکه مثل تو عاقل باشم"

"I would rather go to hell, than to become like you!"

"من ترجیح می دهم به جهنم بروم تا اینکه شبیه تو شوم"!

"I hate you, you're not my father

"من از تو متنفرم، تو پدر من نیستی

"even if you've slept with my mother ten times, you are not my father!"

حتی اگر ده بار با مادرم خوابیدی، تو پدر من نیستی!

Rage and grief boiled over in him

خشم و غم در او می جوشید

he foamed at his father in a hundred savage and evil words

با صد کلمه وحشیانه و شیطانی بر سر پدرش کف کرد

Then the boy ran away into the forest

سپس پسر به جنگل فرار کرد

it was late at night when the boy returned

اواخر شب بود که پسر برگشت

But the next morning, he had disappeared

اما صبح روز بعد، او ناپدید شده بود

What had also disappeared was a small basket

چیزی که ناپدید شده بود یک سبد کوچک بود

the basket in which the ferrymen kept those copper and silver coins

سبدی که کشتی‌ران آن سکه‌های مسی و نقره‌ای را در آن نگه می‌داشتند

the coins which they received as a fare

سکه هایی که به عنوان کرایه دریافت می کردند

The boat had also disappeared

قایق هم ناپدید شده بود

Siddhartha saw the boat lying by the opposite bank

سیذارتا قایق را دید که در ساحل مقابل خوابیده بود

Siddhartha had been shivering with grief

سیذارتا از اندوه می لرزید

the ranting speeches the boy had made touched him

سخنان ناهنجار پسری که گفته بود او را لمس کرد

"I must follow him," said Siddhartha

سیذارتا گفت: "من باید او را دنبال کنم."

"A child can't go through the forest all alone, he'll perish"

"کودکی نمی تواند به تنهایی از جنگل عبور کند، نابود می شود"

"We must build a raft, Vasudeva, to get over the water"

"ما باید یک قایق بسازیم، واسودووا، برای عبور از آب"

"We will build a raft" said Vasudeva

واسودوا گفت: "ما یک قایق می سازیم."

"we will build it to get our boat back"

"ما آن را می سازیم تا قایق خود را پس بگیریم"

"But you shall not run after your child, my friend"

"اما تو نباید دنبال فرزندت بدوی دوست من"

"he is no child anymore"

"او دیگر بچه نیست"

"he knows how to get around"

"او می داند چگونه دور بزند"

"He's looking for the path to the city"

"او به دنبال مسیر شهر است"

"and he is right, don't forget that"

"و حق با اوست، این را فراموش نکن"

"he's doing what you've failed to do yourself"

"او کاری را انجام می دهد که شما خودتان نتوانستید انجام دهید"

"he's taking care of himself"

"او از خودش مراقبت می کند"

"he's taking his course for himself"

"او درسش را برای خودش می گذراند"

"Alas, Siddhartha, I see you suffering"

"افسوس، سیدارتا، من تو را رنج می کشم"

"but you're suffering a pain at which one would like to laugh"

"اما تو از دردی رنج می بری که آدم دوست دارد به آن بخندد"

"you're suffering a pain at which you'll soon laugh yourself"

"دردی را تحمل می کنی که به زودی خودت به آن می خندی"

Siddhartha did not answer his friend

سیذارتا جواب دوستش را نداد

He already held the axe in his hands

او قبلاً تبر را در دستانش گرفته بود

and he began to make a raft of bamboo

و او شروع به ساختن یک قایق از بامبو کرد

Vasudeva helped him to tie the canes together with ropes of grass

واسودووا به او کمک کرد تا عصاها را با طناب هایی از چمن به هم ببندد

When they crossed the river they drifted far off their course

وقتی از رودخانه گذشتند از مسیر خود دور شدند

they pulled the raft upriver on the opposite bank

آنها قایق را در ساحل مقابل کشیدند

"Why did you take the axe along?" asked Siddhartha

"چرا تبر را با خود بردی؟ "از سیذارتا پرسید

"It might have been possible that the oar of our boat got lost"

"ممکن بود پارو قایق ما گم شده باشد"

But Siddhartha knew what his friend was thinking

اما سیذارتا می دانست دوستش به چه فکر می کند

He thought, the boy would have thrown away the oar

او فکر کرد، پسر پارو را دور می انداخت

in order to get some kind of revenge

برای گرفتن نوعی انتقام

and in order to keep them from following him

و برای اینکه آنها را از پیروی او باز دارد

And in fact, there was no oar left in the boat

و در واقع پارویی در قایق باقی نمانده بود

Vasudeva pointed to the bottom of the boat

واسودووا به انتهای قایق اشاره کرد

and he looked at his friend with a smile

و با لبخند به دوستش نگاه کرد

he smiled as if he wanted to say something

لبخندی زد که انگار می خواست چیزی بگوید

"Don't you see what your son is trying to tell you?"

"آیا نمی بینی پسرت می خواهد به شما چه بگوید؟"

"Don't you see that he doesn't want to be followed?"

"مگر نمی بینی که او نمی خواهد دنبال شود؟"

But he did not say this in words

اما او این را با کلمات نگفته است

He started making a new oar

شروع به ساختن پارو جدید کرد

But Siddhartha bid his farewell, to look for the run-away

اما سیذارتا خداحافظی کرد تا به دنبال فراری بگردد

Vasudeva did not stop him from looking for his child

واسودوا او را از جستجوی فرزندش باز نداشت

Siddhartha had been walking through the forest for a long time

سیذارتا برای مدت طولانی در جنگل قدم می زد

the thought occurred to him that his search was useless

این فکر به ذهنش خطور کرد که جستجوی او بی فایده است

Either the boy was far ahead and had already reached the city

یا پسر خیلی جلوتر بود و قبلاً به شهر رسیده بود

or he would conceal himself from him

یا خود را از او پنهان می کرد

he continued thinking about his son

به فکر پسرش ادامه داد

he found that he was not worried for his son

او متوجه شد که نگران پسرش نیست

he knew deep inside that he had not perished

او در اعماق درونش می دانست که از بین نرفته است

nor was he in any danger in the forest

او در جنگل در خطر نبود

Nevertheless, he ran without stopping

با این وجود، بدون توقف دوید

he was not running to save him

او برای نجات او نمی دوید

he was running to satisfy his desire

می دوید تا خواسته اش را برآورده کند

he wanted to perhaps see him one more time

می خواست شاید یک بار دیگر او را ببیند

And he ran up to just outside of the city

و او به بیرون شهر دوید

When, near the city, he reached a wide road

هنگامی که در نزدیکی شهر به جاده ای عریض رسید

he stopped, by the entrance of the beautiful pleasure-garden

در کنار ورودی باغ تفریحی زیبا توقف کرد

the garden which used to belong to Kamala

باغی که قبلاً متعلق به کامالا بود

the garden where he had seen her for the first time

باغی که برای اولین بار او را دیده بود

when she was sitting in her sedan-chair

وقتی روی صندلی سدانش نشسته بود

The past rose up in his soul

گذشته در روح او طلوع کرد

again, he saw himself standing there

دوباره خودش را دید که آنجا ایستاده است
a young, bearded, naked Samana
سامانای جوان، ریشو و برهنه
his hair hair was full of dust
موهای موهایش پر از خاک بود
For a long time, Siddhartha stood there
سیذارتا مدت زیادی آنجا ایستاد
he looked through the open gate into the garden
از دروازه باز به باغ نگاه کرد
he saw monks in yellow robes walking among the beautiful trees
او راهبانی را دید که با لباس های زرد در میان درختان زیبا راه می رفتند
For a long time, he stood there, pondering
مدت زیادی آنجا ایستاده بود و فکر می کرد
he saw images and listened to the story of his life
او تصاویری را دید و به داستان زندگی خود گوش داد
For a long time, he stood there looking at the monks
مدت زیادی آنجا ایستاد و به راهبان نگاه کرد
he saw young Siddhartha in their place
سیذارتای جوان را به جای آنها دید
he saw young Kamala walking among the high trees
او کامالای جوان را دید که در میان درختان بلند راه می رفت
Clearly, he saw himself being served food and drink by Kamala
به وضوح، او خود را در حال سرو غذا و نوشیدنی توسط کامالا دید
he saw himself receiving his first kiss from her
خود را دید که اولین بوسه اش را از او دریافت کرد
he saw himself looking proudly and disdainfully back on his life as a Brahman
او خود را می دید که با غرور و تحقیر به زندگی خود به عنوان یک برهمن نگاه می کند
he saw himself beginning his worldly life, proudly and full of desire
او خود را در آغاز زندگی دنیوی خود با افتخار و پر از آرزو دید
He saw Kamaswami, the servants, the orgies

او کاماسوامی، خدمتکاران، عیاشی ها را دید
he saw the gamblers with the dice
او قماربازان را با تاس دید
he saw Kamala's song-bird in the cage
او پرنده آواز کامالا را در قفس دید
he lived through all this again
او دوباره همه اینها را زندگی کرد
he breathed Sansara and was once again old and tired
سانسارا نفس کشید و دوباره پیر و خسته شد
he felt the disgust and the wish to annihilate himself again
او احساس انزجار کرد و آرزو داشت دوباره خود را نابود کند
and he was healed again by the holy Om
و او دوباره توسط ام مقدس شفا یافت
for a long time Siddhartha had stood by the gate
سیذارتا برای مدت طولانی در کنار دروازه ایستاده بود
he realised his desire was foolish
او متوجه شد که خواسته اش احمقانه است
he realized it was foolishness which had made him go up to this place
او متوجه شد که این حماقت بود که او را به این مکان رساند
he realized he could not help his son
او متوجه شد که نمی تواند به پسرش کمک کند
and he realized that he was not allowed to cling to him
و متوجه شد که اجازه ندارد به او بچسبد
he felt the love for the run-away deeply in his heart
او عشق به فرار را عمیقاً در قلب خود احساس کرد
the love for his son felt like a wound
عشق به پسرش مثل یک زخم بود
but this wound had not been given to him in order to turn the knife in it
اما این زخم به او داده نشده بود تا چاقو را در آن بچرخاند
the wound had to become a blossom
زخم باید به شکوفه تبدیل می شد
and his wound had to shine
و زخمش باید بدرخشد
That this wound did not blossom or shine yet made him sad

اینکه این زخم شکوفا نشد و ندرخشید او را اندوهگین کرد
Instead of the desired goal, there was emptiness
به جای هدف مورد نظر، پوچی بود
emptiness had drawn him here, and sadly he sat down
پوچی او را به اینجا کشیده بود و با ناراحتی نشست
he felt something dying in his heart
او احساس کرد چیزی در قلبش می میرد
he experienced emptiness and saw no joy any more
او پوچی را تجربه کرد و دیگر شادی ندید
there was no goal for which to aim for
هیچ هدفی وجود نداشت که برای آن هدف داشته باشیم
He sat lost in thought and waited
غرق در فکر نشست و منتظر ماند
This he had learned by the river
این را در کنار رودخانه آموخته بود
waiting, having patience, listening attentively
صبر کردن، صبر کردن، گوش دادن با دقت
And he sat and listened, in the dust of the road
و در غبار جاده نشست و گوش داد
he listened to his heart, beating tiredly and sadly
با خستگی و ناراحتی به صدای قلبش گوش داد
and he waited for a voice
و منتظر صدایی بود
Many an hour he crouched, listening
چندین ساعت او خمیده بود و گوش می داد
he saw no images any more
او دیگر هیچ تصویری ندید
he fell into emptiness and let himself fall
او به پوچی افتاد و خود را رها کرد
he could see no path in front of him
او هیچ راهی را در مقابل خود نمی دید
And when he felt the wound burning, he silently spoke the Om
و وقتی احساس کرد که زخم می سوزد، در سکوت Om را گفت
he filled himself with Om
او خودش را با ام پر کرد

The monks in the garden saw him

راهبان باغ او را دیدند

dust was gathering on his gray hair

گرد و غبار روی موهای سفیدش جمع شده بود

since he crouched for many hours, one of monks placed two bananas in front of him

از آنجایی که ساعت های زیادی خمیده بود، یکی از راهبان دو موز جلوی او گذاشت

The old man did not see him

پیرمرد او را ندید

From this petrified state, he was awoken by a hand touching his shoulder

از این حالت متحجر، با لمس دستی بر شانه‌اش بیدار شد

Instantly, he recognised this tender bashful touch

او فوراً این لمس خجالت‌آمیز را تشخیص داد

Vasudeva had followed him and waited

واسودووا به دنبال او آمده بود و منتظر بود

he regained his senses and rose to greet Vasudeva

او به هوش آمد و به استقبال واسودوا برخاست

he looked into Vasudeva's friendly face

او به چهره دوستانه واسودوا نگاه کرد

he looked into the small wrinkles

او به چین و چروک های کوچک نگاه کرد

his wrinkles were as if they were filled with nothing but his smile

چین و چروک هایش انگار با چیزی جز لبخندش پر نشده بودند

he looked into the happy eyes, and then he smiled too

او به چشمان خوشحال نگاه کرد و سپس او نیز لبخند زد

Now he saw the bananas lying in front of him

حالا موز را دید که جلویش افتاده بود

he picked the bananas up and gave one to the ferryman

موزها را برداشت و یکی را به کشتی گیر داد

After eating the bananas, they silently went back into the forest

پس از خوردن موز، آنها در سکوت به جنگل بازگشتند

they returned home to the ferry

آنها به خانه به کشتی بازگشتند

Neither one talked about what had happened that day

هیچ کدام در مورد اتفاقی که آن روز افتاده بود صحبت نکردند

neither one mentioned the boy's name

هیچ کدام اسم پسر را نگفتند

neither one spoke about him running away

هیچ کس در مورد فرار او صحبت نکرد

neither one spoke about the wound

هیچ کدام در مورد زخم صحبت نکردند

In the hut, Siddhartha lay down on his bed

سیذارتا در کلبه روی تختش دراز کشید

after a while Vasudeva came to him

پس از مدتی واسودوا نزد او آمد

he offered him a bowl of coconut-milk

او یک کاسه شیر نارگیل به او تعارف کرد

but he was already asleep

اما او قبلاً خواب بود

Om
اوم

For a long time the wound continued to burn
برای مدت طولانی زخم همچنان می سوخت
Siddhartha had to ferry many travellers across the river
سیذارتا مجبور شد بسیاری از مسافران را از رودخانه عبور دهد
many of the travellers were accompanied by a son or a daughter
بسیاری از مسافران یک پسر یا یک دختر همراه بودند
and he saw none of them without envying them
و هیچ یک از آنها را بدون حسادت ندید
he couldn't see them without thinking about his lost son
او نمی توانست آنها را بدون فکر کردن به پسر گمشده اش ببیند
"So many thousands possess the sweetest of good fortunes"
"هزاران نفر دارای شیرین ترین خوشبختی ها هستند"
"why don't I also possess this good fortune?"
"چرا من هم این ثروت خوب را ندارم؟"
"even thieves and robbers have children and love them"
"حتی دزدها و سارقان هم بچه دارند و آنها را دوست دارند"
"and they are being loved by their children"
"و فرزندانشان آنها را دوست دارند"
"all are loved by their children except for me"
"همه را فرزندانشان دوست دارند جز من"
he now thought like the childlike people, without reason
او اکنون مانند مردمان کودکانه، بی دلیل فکر می کرد
he had become one of the childlike people
او یکی از آدم های بچه گانه شده بود
he looked upon people differently than before
او متفاوت از قبل به مردم نگاه می کرد
he was less smart and less proud of himself
او کمتر باهوش بود و کمتر به خود افتخار می کرد
but instead, he was warmer and more curious
اما در عوض، او گرمتر و کنجکاوتر بود
when he ferried travellers, he was more involved than before

وقتی مسافران را حمل می کرد، بیشتر از قبل درگیر بود

childlike people, businessmen, warriors, women

مردمان کودکانه، تاجران، جنگجویان، زنان

these people did not seem alien to him, as they used to

این افراد مانند گذشته برای او بیگانه به نظر نمی رسیدند

he understood them and shared their life

او آنها را درک کرد و زندگی آنها را به اشتراک گذاشت

a life which was not guided by thoughts and insight

زندگی ای که با فکر و بصیرت هدایت نمی شد

but a life guided solely by urges and wishes

بلکه زندگی ای است که صرفاً با اصرار و آرزوها هدایت می شود

he felt like the the childlike people

او احساس می کرد که مردمان کودکانه هستند

he was bearing his final wound

آخرین زخمش را تحمل می کرد

he was nearing perfection

او به کمال نزدیک می شد

but the childlike people still seemed like his brothers

اما مردم کودکانه هنوز مانند برادران او به نظر می رسیدند

their vanities, desires for possession were no longer ridiculous to him

بیهودگی های آنها، تمایل به تصاحب دیگر برای او مضحک نبود

they became understandable and lovable

آنها قابل درک و دوست داشتنی شدند

they even became worthy of veneration to him

آنها حتی شایسته احترام به او شدند

The blind love of a mother for her child

عشق کور مادر به فرزندش

the stupid, blind pride of a conceited father for his only son

غرور احمقانه و کور یک پدر مغرور برای تنها پسرش

the blind, wild desire of a young, vain woman for jewellery

تمایل کور و وحشیانه یک زن جوان و بیهوده برای جواهرات

her wish for admiring glances from men

آرزوی او برای نگاه های تحسین آمیز مردان

all of these simple urges were not childish notions

همه این اصرارهای ساده تصورات کودکانه نبودند

but they were immensely strong, living, and prevailing urges

اما آنها بسیار قوی، زنده و غالب بودند

he saw people living for the sake of their urges

او مردمی را دید که به خاطر هوس هایشان زندگی می کنند

he saw people achieving rare things for their urges

او مردمی را دید که به خاطر میل خود به چیزهای نادری دست یافتند

travelling, conducting wars, suffering

سفر، انجام جنگ، رنج

they bore an infinite amount of suffering

رنج بی نهایت متحمل شدند

and he could love them for it, because he saw life

و او می توانست آنها را به خاطر آن دوست داشته باشد، زیرا زندگی را می دید

that what is alive was in each of their passions

که آنچه زنده است در هر یک از شور و شوق آنها بود

that what is is indestructible was in their urges, the Brahman

آنچه که غیرقابل نابودی است در اصرار آنها بود، برهمن

these people were worthy of love and admiration

این افراد شایسته محبت و تحسین بودند

they deserved it for their blind loyalty and blind strength

آنها به خاطر وفاداری کور و قدرت کورشان سزاوار آن بودند

there was nothing that they lacked

چیزی کم نداشتند

Siddhartha had nothing which would put him above the rest, except one thing

سیذارتا چیزی نداشت که او را بالاتر از بقیه قرار دهد، مگر یک چیز

there still was a small thing he had which they didn't

او هنوز یک چیز کوچک داشت که آنها نداشتند

he had the conscious thought of the oneness of all life

او به یگانگی تمام زندگی فکر می کرد

but Siddhartha even doubted whether this knowledge should be valued so highly

اما سیذارتا حتی شک داشت که آیا این دانش باید تا این حد ارزش قائل شود

it might also be a childish idea of the thinking people

همچنین ممکن است تصوری کودکانه از افراد متفکر باشد

the worldly people were of equal rank to the wise men

اهل دنیا با خردمندان در مرتبه ای برابر بودند

animals too can in some moments seem to be superior to humans

حیوانات نیز در برخی لحظات می توانند برتر از انسان به نظر برسند

they are superior in their tough, unrelenting performance of what is necessary

آنها در عملکرد سخت و بی امان خود از آنچه لازم است برتر هستند

an idea slowly blossomed in Siddhartha

ایده ای به آرامی در سیذارتا شکوفا شد

and the idea slowly ripened in him

و این ایده به آرامی در او شکل گرفت

he began to see what wisdom actually was

او شروع کرد به دیدن اینکه حکمت در واقع چیست

he saw what the goal of his long search was

او دید که هدف از جستجوی طولانی او چیست

his search was nothing but a readiness of the soul

جستجوی او چیزی جز آمادگی روح نبود

a secret art to think every moment, while living his life

هنر مخفی برای فکر کردن هر لحظه، در حالی که زندگی خود را

it was the thought of oneness

فکر یگانگی بود

to be able to feel and inhale the oneness

تا بتوانیم یگانگی را احساس و استشمام کنیم

Slowly this awareness blossomed in him

کم کم این آگاهی در او شکوفا شد

it was shining back at him from Vasudeva's old, childlike face

از چهره قدیمی و کودکانه واسودووا به او می درخشید

harmony and knowledge of the eternal perfection of the world

هماهنگی و شناخت کمال ابدی جهان

smiling and to be part of the oneness

لبخند زدن و بخشی از یگانگی بودن

But the wound still burned

اما زخم همچنان می سوخت
longingly and bitterly Siddhartha thought of his son
سیذارتا با حسرت و تلخی به پسرش فکر کرد
he nurtured his love and tenderness in his heart
او عشق و لطافت خود را در قلب خود پرورش داد
he allowed the pain to gnaw at him
اجازه داد که درد او را ببلعد
he committed all foolish acts of love
او تمام اعمال احمقانه عشق را مرتکب شد
this flame would not go out by itself
این شعله به خودی خود خاموش نمی شود

one day the wound burned violently
یک روز زخم به شدت سوخت
driven by a yearning, Siddhartha crossed the river
سیذارتا در اثر اشتیاق از رودخانه عبور کرد
he got off the boat and was willing to go to the city
از قایق پیاده شد و حاضر شد به شهر برود
he wanted to look for his son again
می خواست دوباره به دنبال پسرش بگردد
The river flowed softly and quietly
رودخانه به آرامی و آرام جریان داشت
it was the dry season, but its voice sounded strange
فصل خشک بود، اما صدای آن عجیب به نظر می رسید
it was clear to hear that the river laughed
شنیدن صدای خندیدن رودخانه واضح بود
it laughed brightly and clearly at the old ferryman
روشن و واضح به کشتی گیر پیر خندید
he bent over the water, in order to hear even better
روی آب خم شد تا حتی بهتر بشنود
and he saw his face reflected in the quietly moving waters
و چهره‌اش را در آب‌های آرام در حال حرکت دید
in this reflected face there was something
در این چهره منعکس شده چیزی وجود داشت
something which reminded him, but he had forgotten
چیزی که او را به یاد آورد، اما او فراموش کرده بود

as he thought about it, he found it

همانطور که در مورد آن فکر می کرد، آن را پیدا کرد

this face resembled another face which he used to know and love

این چهره شبیه چهره دیگری بود که او آن را می شناخت و دوست می داشت

but he also used to fear this face

اما از این چهره هم می ترسید

It resembled his father's face, the Brahman

شبیه چهره پدرش، برهمن بود

he remembered how he had forced his father to let him go

به یاد آورد که چگونه پدرش را مجبور کرده بود که او را رها کند

he remembered how he had bid his farewell to him

به یاد آورد که چگونه با او وداع کرده بود

he remembered how he had gone and had never come back

به یاد آورد که چگونه رفته بود و دیگر برنگشته بود

Had his father not also suffered the same pain for him?

آیا پدرش هم همین درد را برای او نکشیده بود؟

was his father's pain not the pain Siddhartha is suffering now?

آیا درد پدرش دردی نبود که اکنون سیدارتا می کشد؟

Had his father not long since died?

پدرش مدت زیادی از مرگش نگذشته بود؟

had he died without having seen his son again?

آیا او بدون اینکه دوباره پسرش را ببیند مرده بود؟

Did he not have to expect the same fate for himself?

آیا او نباید انتظار چنین سرنوشتی را برای خودش داشته باشد؟

Was it not a comedy in a fateful circle?

آیا این یک کمدی در یک دایره سرنوشت ساز نبود؟

The river laughed about all of this

رودخانه از همه اینها خندید

everything came back which had not been suffered

همه چیز برگشت که رنج نرفته بود

everything came back which had not been solved

همه چیز برگشت که حل نشده بود

the same pain was suffered over and over again

همان درد بارها و بارها متحمل شد

Siddhartha went back into the boat

سیذارتا دوباره به داخل قایق رفت

and he returned back to the hut

و دوباره به کلبه برگشت

he was thinking of his father and of his son

او به پدر و پسرش فکر می کرد

he thought of having been laughed at by the river

او فکر کرد که در کنار رودخانه به او خندیده است

he was at odds with himself and tending towards despair

او با خودش در تضاد بود و به سمت ناامیدی گرایش داشت

but he was also tempted to laugh

اما او همچنین وسوسه شد که بخندد

he could laugh at himself and the entire world

او می توانست به خودش و تمام دنیا بخندد

Alas, the wound was not blossoming yet

افسوس که زخم هنوز شکوفا نشده بود

his heart was still fighting his fate

قلبش هنوز با سرنوشتش می جنگید

cheerfulness and victory were not yet shining from his suffering

نشاط و پیروزی هنوز از رنج او نمی درخشید

Nevertheless, he felt hope along with the despair

با این وجود، او در کنار ناامیدی احساس امید کرد

once he returned to the hut he felt an undefeatable desire to open up to Vasudeva

هنگامی که به کلبه بازگشت، تمایلی شکست ناپذیر برای باز شدن در برابر واسودوا احساس کرد

he wanted to show him everything

می خواست همه چیز را به او نشان دهد

he wanted to say everything to the master of listening

می خواست همه چیز را به استاد گوش دادن بگوید

Vasudeva was sitting in the hut, weaving a basket

واسودوا در کلبه نشسته بود و سبدی می بافت

He no longer used the ferry-boat

او دیگر از کشتی قایق استفاده نکرد

his eyes were starting to get weak

چشمانش شروع به ضعیف شدن کرده بود

his arms and hands were getting weak as well

بازوها و دستانش نیز ضعیف شده بودند

only the joy and cheerful benevolence of his face was unchanging

فقط شادی و خیرخواهی شاد چهره او تغییرناپذیر بود

Siddhartha sat down next to the old man

سیذارتا کنار پیرمرد نشست

slowly, he started talking about what they had never spoke about

به آرامی شروع به صحبت در مورد چیزی کرد که هرگز درباره آن صحبت نکرده بودند

he told him of his walk to the city

او از راه رفتن خود به شهر گفت

he told at him of the burning wound

او به او از زخم سوزان گفت

he told him about the envy of seeing happy fathers

او از حسادت دیدن پدران شاد به او گفت

his knowledge of the foolishness of such wishes

آگاهی او از احمقانه بودن چنین آرزوهایی

his futile fight against his wishes

مبارزه بیهوده او علیه خواسته هایش

he was able to say everything, even the most embarrassing parts

او می توانست همه چیز را بگوید، حتی شرم آورترین قسمت ها را

he told him everything he could tell him

هرچه می توانست به او بگوید به او گفت

he showed him everything he could show him

هرچه می توانست به او نشان دهد به او نشان داد

He presented his wound to him

زخمش را به او تقدیم کرد

he also told him how he had fled today

او همچنین به او گفت که امروز چگونه فرار کرده است

he told him how he ferried across the water

او به او گفت که چگونه از آب عبور می کند
a childish run-away, willing to walk to the city
یک فراری کودکانه که حاضر است به شهر برود
and he told him how the river had laughed
و او به او گفت که رودخانه چگونه خندیده است
he spoke for a long time
او برای مدت طولانی صحبت کرد
Vasudeva was listening with a quiet face
واسودووا با چهره ای آرام گوش می داد
Vasudeva's listening gave Siddhartha a stronger sensation than ever before
گوش دادن واسودووا حسی قوی تر از همیشه به سیذارتا داد
he sensed how his pain and fears flowed over to him
او احساس کرد که چگونه درد و ترسش به او سرازیر شد
he sensed how his secret hope flowed over him
او احساس کرد که چگونه امید پنهانی اش بر او جاری شد
To show his wound to this listener was the same as bathing it in the river
نشان دادن زخم خود به این شنونده، همان غسل دادن آن در رودخانه بود
the river would have cooled Siddhartha's wound
رودخانه زخم سیذارتا را خنک می کرد
the quiet listening cooled Siddhartha's wound
گوش دادن آرام زخم سیذارتا را خنک کرد
it cooled him until he become one with the river
او را خنک کرد تا اینکه با رودخانه یکی شد
While he was still speaking, still admitting and confessing
در حالی که او هنوز صحبت می کرد، هنوز اعتراف می کرد و اعتراف می کرد
Siddhartha felt more and more that this was no longer Vasudeva
سیذارتا بیشتر و بیشتر احساس می کرد که این دیگر واسودووا نیست
it was no longer a human being who was listening to him
این دیگر انسانی نبود که به او گوش می داد
this motionless listener was absorbing his confession into himself
این شنونده بی حرکت داشت اعترافش را در خودش جذب می کرد

this motionless listener was like a tree the rain
این شنونده بی حرکت مثل درخت باران بود
this motionless man was the river itself
این مرد بی حرکت خود رودخانه بود
this motionless man was God himself
این مرد بی حرکت خود خدا بود
the motionless man was the eternal itself
انسان بی حرکت خود ابدی بود
Siddhartha stopped thinking of himself and his wound
سیذارتا دیگر به خودش و زخمش فکر نمی کرد
this realisation of Vasudeva's changed character took possession of him
این درک شخصیت تغییر یافته واسودووا او را در اختیار گرفت
and the more he entered into it, the less wondrous it became
و هر چه بیشتر وارد آن می شد، کمتر شگفت انگیز می شد
the more he realised that everything was in order and natural
او بیشتر متوجه شد که همه چیز مرتب و طبیعی است
he realised that Vasudeva had already been like this for a long time
او متوجه شد که واسودوا قبلاً برای مدت طولانی چنین بوده است
he had just not quite recognised it yet
او هنوز کاملاً آن را تشخیص نداده بود
yes, he himself had almost reached the same state
بله، خودش هم تقریباً به همین حالت رسیده بود
He felt, that he was now seeing old Vasudeva as the people see the gods
او احساس می کرد که اکنون واسودووا پیر را همانطور که مردم خدایان را می بینند می بیند
and he felt that this could not last
و او احساس کرد که این نمی تواند ادامه یابد
in his heart, he started bidding his farewell to Vasudeva
در قلبش شروع به وداع با واسودوا کرد
Throughout all this, he talked incessantly
در تمام این مدت او بی وقفه صحبت می کرد

When he had finished talking, Vasudeva turned his friendly eyes at him

وقتی صحبتش تمام شد، واسودووا نگاه دوستانه‌اش را به او دوخت

the eyes which had grown slightly weak

چشم هایی که کمی ضعیف شده بودند

he said nothing, but let his silent love and cheerfulness shine

او چیزی نگفت، اما بگذار عشق خاموش و نشاط او بدرخشد

his understanding and knowledge shone from him

درک و دانش او از او درخشید

He took Siddhartha's hand and led him to the seat by the bank

او دست سیذارتا را گرفت و به سمت صندلی کنار بانک برد

he sat down with him and smiled at the river

با او نشست و به رودخانه لبخند زد

"You've heard it laugh," he said

او گفت: «شنیدی که می خندد

"But you haven't heard everything"

"اما تو همه چیز را نشنیده ای"

"Let's listen, you'll hear more"

"بیایید گوش کنیم، شما بیشتر خواهید شنید"

Softly sounded the river, singing in many voices

به آرامی رودخانه به صدا درآمد و با صداهای زیادی آواز می خواند

Siddhartha looked into the water

سیذارتا به آب نگاه کرد

images appeared to him in the moving water

تصاویری در آب متحرک برای او ظاهر شد

his father appeared, lonely and mourning for his son

پدرش تنها و عزادار پسرش ظاهر شد

he himself appeared in the moving water

خودش در آب متحرک ظاهر شد

he was also being tied with the bondage of yearning to his distant son

او همچنین به اسارت اشتیاق به پسر دور خود گره خورده بود

his son appeared, lonely as well

پسرش نیز ظاهر شد، تنها

the boy, greedily rushing along the burning course of his young wishes

پسری که با حرص در مسیر سوزان آرزوهای جوانش می شتابد

each one was heading for his goal

هر کدام به سمت هدف خود می رفتند

each one was obsessed by the goal

هر یک از آنها غرق هدف بودند

each one was suffering from the pursuit

هر یک از تعقیب و گریز رنج می بردند

The river sang with a voice of suffering

رودخانه با صدای رنج می خواند

longingly it sang and flowed towards its goal

با حسرت آواز خواند و به سوی هدفش روان شد

"Do you hear?" Vasudeva asked with a mute gaze

"میشنوی؟ "واسودووا با نگاهی لال پرسید

Siddhartha nodded in reply

سیدارتا در جواب سرش را تکان داد

"Listen better!" Vasudeva whispered

"بهتر گوش کن "!واسودووا زمزمه کرد

Siddhartha made an effort to listen better

سیذارتا تلاش کرد تا بهتر گوش کند

The image of his father appeared

تصویر پدرش ظاهر شد

his own image merged with his father's

تصویر خودش با پدرش ادغام شد

the image of his son merged with his image

تصویر پسرش با تصویر او ادغام شد

Kamala's image also appeared and was dispersed

تصویر کامالا نیز ظاهر شد و پراکنده شد

and the image of Govinda, and other images

و تصویر گوویندا و تصاویر دیگر

and all the imaged merged with each other

و همه تصاویر با یکدیگر ادغام شدند

all the imaged turned into the river

همه تصاویر به رودخانه تبدیل شدند

being the river, they all headed for the goal

که رودخانه بودند، همه به سمت هدف حرکت کردند

longing, desiring, suffering flowed together

اشتیاق، آرزو، رنج در کنار هم جاری شد

and the river's voice sounded full of yearning

و صدای رودخانه پر از اشتیاق به نظر می رسید

the river's voice was full of burning woe

صدای رودخانه پر از وای سوزان بود

the river's voice was full of unsatisfiable desire

صدای رودخانه پر از آرزوی ارضا نشدنی بود

For the goal, the river was heading

برای هدف، رودخانه در حال حرکت بود

Siddhartha saw the river hurrying towards its goal

سیذارتا رودخانه را دید که با عجله به سمت هدفش می رفت

the river of him and his loved ones and of all people he had ever seen

رودخانه او و عزیزانش و همه مردمی که تا به حال دیده بود

all of these waves and waters were hurrying

همه این امواج و آب ها شتاب زده بودند

they were all suffering towards many goals

همه آنها برای اهداف زیادی در رنج بودند

the waterfall, the lake, the rapids, the sea

آبشار، دریاچه، رپیدز، دریا

and all goals were reached

و به همه اهداف رسید

and every goal was followed by a new one

و هر هدفی با هدف جدیدی دنبال شد

and the water turned into vapour and rose to the sky

و آب تبدیل به بخار شد و به آسمان بلند شد

the water turned into rain and poured down from the sky

آب تبدیل به باران شد و از آسمان سرازیر شد

the water turned into a source

آب تبدیل به منبع شد

then the source turned into a stream

سپس منبع به یک جریان تبدیل شد

the stream turned into a river

نهر تبدیل به رودخانه شد

and the river headed forwards again
و رودخانه دوباره به سمت جلو حرکت کرد
But the longing voice had changed
اما صدای حسرت عوض شده بود
It still resounded, full of suffering, searching
هنوز طنین انداز بود، پر از رنج، جستجو
but other voices joined the river
اما صداهای دیگر به رودخانه پیوستند
there were voices of joy and of suffering
صداهای شادی و رنج شنیده می شد
good and bad voices, laughing and sad ones
صداهای خوب و بد، خنده و غمگین
a hundred voices, a thousand voices
صد صدا، هزار صدا
Siddhartha listened to all these voices
سیذارتا به همه این صداها گوش داد
He was now nothing but a listener
او اکنون چیزی جز یک شنونده نبود
he was completely concentrated on listening
او کاملاً روی گوش دادن متمرکز بود
he was completely empty now
الان کاملا خالی بود
he felt that he had now finished learning to listen
او احساس کرد که اکنون آموختن گوش دادن را تمام کرده است
Often before, he had heard all this
اغلب قبلاً همه اینها را شنیده بود
he had heard these many voices in the river
او این صداهای زیادی را در رودخانه شنیده بود
today the voices in the river sounded new
امروز صداها در رودخانه به صدا در آمد
Already, he could no longer tell the many voices apart
او دیگر نمی توانست صداهای زیاد را از هم جدا کند
there was no difference between the happy voices and the weeping ones
هیچ فرقی بین صداهای شاد و گریان وجود نداشت
the voices of children and the voices of men were one

صدای بچه ها و صدای مردها یکی بود

all these voices belonged together

همه این صداها به هم تعلق داشتند

the lamentation of yearning and the laughter of the knowledgeable one

نوحه ی اشتیاق و خنده ی دانا

the scream of rage and the moaning of the dying ones

فریاد خشم و ناله در حال مرگ

everything was one and everything was intertwined

همه چیز یکی بود و همه چیز به هم گره خورده بود

everything was connected and entangled a thousand times

همه چیز هزار بار به هم وصل شد و در هم پیچید

everything together, all voices, all goals

همه چیز با هم، همه صداها، همه اهداف

all yearning, all suffering, all pleasure

همه اشتیاق، همه رنج، همه لذت

all that was good and evil

همه چیز خوب و بد بود

all of this together was the world

همه اینها با هم دنیا بود

All of it together was the flow of events

همه اینها با هم جریان وقایع بود

all of it was the music of life

همه اش موسیقی زندگی بود

when Siddhartha was listening attentively to this river

وقتی سیذارتا با دقت به این رودخانه گوش می داد

the song of a thousand voices

آهنگ هزار صدا

when he neither listened to the suffering nor the laughter

وقتی نه به رنج گوش داد و نه به خنده

when he did not tie his soul to any particular voice

وقتی روحش را به صدای خاصی گره نمی زد

when he submerged his self into the river

وقتی خودش را در رودخانه فرو برد

but when he heard them all he perceived the whole, the oneness

اما وقتی همه آنها را شنید، کل و یگانگی را درک کرد
then the great song of the thousand voices consisted of a single word
سپس آهنگ بزرگ هزار صدا از یک کلمه تشکیل شده بود
this word was Om; the perfection
این کلمه اوم بود. کمال

"Do you hear" Vasudeva's gaze asked again
نگاه واسودووا دوباره پرسید: "میشنوی؟"
Brightly, Vasudeva's smile was shining
لبخند واسودووا به وضوح می درخشید
it was floating radiantly over all the wrinkles of his old face
بر تمام چین و چروک های صورت پیرش تابناک شناور بود
the same way the Om was floating in the air over all the voices of the river
همان طور که Om در هوا بر روی تمام صداهای رودخانه شناور بود
Brightly his smile was shining, when he looked at his friend
وقتی به دوستش نگاه کرد لبخندش به وضوح می درخشید
and brightly the same smile was now starting to shine on Siddhartha's face
و همان لبخند به روشنی روی صورت سیذارتا می درخشید
His wound had blossomed and his suffering was shining
زخمش گل کرده بود و رنجش می درخشید
his self had flown into the oneness
خود او به یگانگی پرواز کرده بود
In this hour, Siddhartha stopped fighting his fate
در این ساعت، سیذارتا از مبارزه با سرنوشت خود دست کشید
at the same time he stopped suffering
در عین حال از رنج کشیدن دست کشید
On his face flourished the cheerfulness of a knowledge
در چهره اش شادابی یک دانش شکوفا شد
a knowledge which was no longer opposed by any will
دانشی که دیگر هیچ اراده ای با آن مخالفت نمی کرد
a knowledge which knows perfection
دانشی که کمال را می شناسد
a knowledge which is in agreement with the flow of events

دانشی که با جریان رویدادها همخوانی دارد
a knowledge which is with the current of life
دانشی که با جریان زندگی است
full of sympathy for the pain of others
پر از همدردی برای درد دیگران
full of sympathy for the pleasure of others
پر از همدردی برای لذت دیگران
devoted to the flow, belonging to the oneness
اختصاص به جریان، متعلق به یگانگی
Vasudeva rose from the seat by the bank
واسودووا از روی صندلی کنار بانک بلند شد
he looked into Siddhartha's eyes
به چشمان سیذارتا نگاه کرد
and he saw the cheerfulness of the knowledge shining in his eyes
و نشاط دانش را در چشمانش می درخشد
he softly touched his shoulder with his hand
آرام با دستش شانه اش را لمس کرد
"I've been waiting for this hour, my dear"
"من منتظر این ساعت بودم عزیزم"
"Now that it has come, let me leave"
"حالا که اومد، بذار برم"
"For a long time, I've been waiting for this hour"
"خیلی وقته منتظر این ساعت بودم"
"for a long time, I've been Vasudeva the ferryman"
"برای مدت طولانی، من واسودووا کشتی گیر بودم"
"Now it's enough. Farewell"
"حالا دیگه بسه. خداحافظ"
"farewell river, farewell Siddhartha!"
"رود خداحافظی، خداحافظ سیذارتا"!
Siddhartha made a deep bow before him who bid his farewell
سیذارتا در برابر کسی که خداحافظی کرد تعظیم کرد
"I've known it," he said quietly
او به آرامی گفت: من آن را می دانستم
"You'll go into the forests?"

"تو به جنگل می روی؟"
"I'm going into the forests"
"من به جنگل می روم"
"I'm going into the oneness" spoke Vasudeva with a bright smile
واسودووا با لبخندی روشن گفت: "من به یگانگی می روم".
With a bright smile, he left
با لبخندی درخشان رفت
Siddhartha watched him leaving
سیذارتا رفتن او را تماشا کرد
With deep joy, with deep solemnity he watched him leave
با شادی عمیق، با وقار عمیق او را تماشا کرد
he saw his steps were full of peace
دید قدم هایش پر از آرامش است
he saw his head was full of lustre
دید سرش پر از درخشش است
he saw his body was full of light
دید که بدنش پر از نور است

Govinda
گووindا

Govinda had been with the monks for a long time
گووindا برای مدت طولانی با راهبان بود
when not on pilgrimages, he spent his time in the pleasure-garden
وقتی در سفرهای زیارتی نبود، وقت خود را در باغ خوشگذرانی می گذراند
the garden which the courtesan Kamala had given the followers of Gotama
باغی که خانم کامالا به پیروان گوتاما داده بود
he heard talk of an old ferryman, who lived a day's journey away
او صحبت از کشتی بان پیری شنید که یک روز راه دورتر زندگی می کرد
he heard many regarded him as a wise man
شنید که بسیاری او را مردی عاقل می دانستند
When Govinda went back, he chose the path to the ferry
وقتی گووindا برگشت، مسیر کشتی را انتخاب کرد
he was eager to see the ferryman
او مشتاق دیدن کشتی گیر بود
he had lived his entire life by the rules
او تمام زندگی خود را بر اساس قوانین زندگی کرده بود
he was looked upon with veneration by the younger monks
راهبان جوان تر به او با احترام نگاه می کردند
they respected his age and modesty
به سن و حیا او احترام می گذاشتند
but his restlessness had not perished from his heart
اما بیقراری او از دلش پاک نشده بود
he was searching for what he had not found
او به دنبال چیزی بود که پیدا نکرده بود
He came to the river and asked the old man to ferry him over
او به کنار رودخانه آمد و از پیرمرد خواست که او را با کشتی به آنجا برساند

when they got off the boat on the other side, he spoke with the old man

وقتی از قایق آن طرف پیاده شدند، با پیرمرد صحبت کرد

"You're very good to us monks and pilgrims"

"شما با ما راهبان و زائران خیلی خوب هستید"

"you have ferried many of us across the river"

"شما بسیاری از ما را با کشتی از رودخانه عبور دادید"

"Aren't you too, ferryman, a searcher for the right path?"

"آیا تو هم نیستی، کشتی گیر، جستجوگر راه درست؟"

smiling from his old eyes, Siddhartha spoke

سیذارتا که از چشمان پیرش می‌خندید، صحبت کرد

"oh venerable one, do you call yourself a searcher?"

"ای بزرگوار، آیا خودت را یک جستجوگر می نامی؟"

"are you still a searcher, although already well in years?"

"آیا شما هنوز یک جستجوگر هستید، اگرچه سال هاست خوب شده اید؟"

"do you search while wearing the robe of Gotama's monks?"

"آیا در حالی که ردای راهبان گوتاما را پوشیده اید جستجو می کنید؟"

"It's true, I'm old," spoke Govinda

گوویندا گفت: "درست است، من پیر هستم."

"but I haven't stopped searching"

"اما من جستجو را متوقف نکرده ام"

"I will never stop searching"

"من هرگز جستجو را متوقف نمی کنم"

"this seems to be my destiny"

"به نظر می رسد این سرنوشت من است"

"You too, so it seems to me, have been searching"

"شما هم، به نظر من، در حال جستجو بوده اید"

"Would you like to tell me something, oh honourable one?"

"می خواهی چیزی به من بگو ای بزرگوار؟"

"What might I have that I could tell you, oh venerable one?"

"چه چیزی ممکن است داشته باشم که بتوانم به شما بگویم، ای بزرگوار؟"

"Perhaps I could tell you that you're searching far too much?"

"شاید بتوانم به شما بگویم که بیش از حد در حال جستجو هستید؟"

"Could I tell you that you don't make time for finding?"

"آیا می توانم به شما بگویم که برای پیدا کردن وقت نمی گذارید؟"

"How come?" asked Govinda

"چطور؟" گوویندا پرسید

"When someone is searching they might only see what they search for"

"وقتی کسی در حال جستجو است، ممکن است فقط آنچه را که جستجو می کند ببیند"

"he might not be able to let anything else enter his mind"

او ممکن است نتواند اجازه دهد چیز دیگری وارد ذهنش شود.

"he doesn't see what he is not searching for"

"او چیزی را که دنبالش نیست نمی بیند"

"because he always thinks of nothing but the object of his search"

"زیرا او همیشه به چیزی جز هدف جستجویش فکر نمی کند"

"he has a goal, which he is obsessed with"

"او هدفی دارد که به آن وسواس دارد"

"Searching means having a goal"

"جستجو به معنای داشتن هدف است"

"But finding means being free, open, and having no goal"

"اما یافتن به معنای آزاد بودن، باز بودن و نداشتن هدف است"

"You, oh venerable one, are perhaps indeed a searcher"

"تو ای بزرگوار، شاید به راستی جستجوگر هستی"

"because, when striving for your goal, there are many things you don't see"

"زیرا وقتی برای هدفت تلاش می کنی چیزهای زیادی هست که نمی بینی"

"you might not see things which are directly in front of your eyes"

"شما ممکن است چیزهایی را که مستقیماً در مقابل چشمان شما هستند نبینی"

"I don't quite understand yet," said Govinda, "what do you mean by this?"

گوویندا گفت: "من هنوز کاملاً متوجه نشده ام، منظور شما از این چیست؟"

- 269 -

"oh venerable one, you've been at this river before, a long time ago"

"ای بزرگوار، شما قبلاً در این رودخانه بوده اید، مدت ها پیش"

"and you have found a sleeping man by the river"

"و مردی خفته را در کنار رودخانه یافتی"

"you have sat down with him to guard his sleep"

"تو با او نشسته ای تا از خوابش مراقبت کنی"

"but, oh Govinda, you did not recognise the sleeping man"

"اما اوه گوویندا، تو مرد خفته را نشناختی"

Govinda was astonished, as if he had been the object of a magic spell

گوویندا حیرت زده بود، گویی هدف یک طلسم جادویی قرار گرفته بود

the monk looked into the ferryman's eyes

راهب به چشمان کشتی گیر نگاه کرد

"Are you Siddhartha?" he asked with a timid voice

"سیذارتا هستی؟" با صدایی ترسو پرسید

"I wouldn't have recognised you this time either!"

"این بار هم تو را نمی شناختم"!

"from my heart, I'm greeting you, Siddhartha"

"از صمیم قلب به تو سلام می کنم، سیدارتا"

"from my heart, I'm happy to see you once again!"

از صمیم قلب، خوشحالم که یک بار دیگر شما را می بینم!

"You've changed a lot, my friend"

"تو خیلی تغییر کردی دوست من"

"and you've now become a ferryman?"

"و تو الان کشتی گیر شدی؟"

In a friendly manner, Siddhartha laughed

سیدارتا با حالتی دوستانه خندید

"yes, I am a ferryman"

"بله، من یک کشتی گیر هستم"

"Many people, Govinda, have to change a lot"

"بسیاری از مردم، گوویندا، باید خیلی تغییر کنند"

"they have to wear many robes"

"آنها باید لباس های زیادی بپوشند"

"I am one of those who had to change a lot"

"من یکی از کسانی هستم که مجبور شدم خیلی تغییر کنم"

"Be welcome, Govinda, and spend the night in my hut"

"خوش آمدی گوویندا و شب را در کلبه من بگذران"

Govinda stayed the night in the hut

گوویندا شب را در کلبه ماند

he slept on the bed which used to be Vasudeva's bed

او روی تختی که قبلاً تخت واسودووا بود می خوابید

he posed many questions to the friend of his youth

سوالات زیادی از دوست دوران جوانی اش پرسید

Siddhartha had to tell him many things from his life

سیذارتا مجبور شد چیزهای زیادی از زندگی اش به او بگوید

then the next morning came

سپس صبح روز بعد آمد

the time had come to start the day's journey

زمان شروع سفر روز فرا رسیده بود

without hesitation, Govinda asked one more question

گوویندا بدون تردید یک سوال دیگر پرسید

"Before I continue on my path, Siddhartha, permit me to ask one more question"

"قبل از اینکه به راهم ادامه دهم، سیذارتا، اجازه بده یک سوال دیگر بپرسم"

"Do you have a teaching that guides you?"

"آیا آموزشی دارید که شما را راهنمایی کند؟"

"Do you have a faith or a knowledge you follow"

»آیا ایمان یا دانشی داری که از آن پیروی کنی؟«

"is there a knowledge which helps you to live and do right?"

"آیا دانشی وجود دارد که به شما کمک کند درست زندگی کنید و انجام دهید؟"

"You know well, my dear, I have always been distrustful of teachers"

"خوب می دونی عزیزم من همیشه به معلم ها بی اعتماد بوده ام"

"as a young man I already started to doubt teachers"

"به عنوان یک مرد جوان از قبل شروع کردم به شک کردن معلمان"

"when we lived with the penitents in the forest, I distrusted their teachings"

"وقتی با توبه‌کنندگان در جنگل زندگی می‌کردیم، به آموزه‌های آنها بی‌اعتماد بودم".

"and I turned my back to them"

"و من به آنها پشت کردم"

"I have remained distrustful of teachers"

"من به معلمان بی اعتماد مانده ام"

"Nevertheless, I have had many teachers since then"

"با این وجود، از آن زمان تاکنون معلمان زیادی داشته ام".

"A beautiful courtesan has been my teacher for a long time"

"یک خانم زیبا برای مدت طولانی معلم من بوده است"

"a rich merchant was my teacher"

"یک تاجر ثروتمند معلم من بود"

"and some gamblers with dice taught me"

"و برخی از قماربازان با تاس به من آموختند"

"Once, even a follower of Buddha has been my teacher"

"روزی حتی یکی از پیروان بودا معلم من بوده است"

"he was travelling on foot, pilgering"

"پیاده سفر می کرد و زائر می کرد"

"and he sat with me when I had fallen asleep in the forest"

"و وقتی در جنگل خوابم برد با من نشست"

"I've also learned from him, for which I'm very grateful"

"من نیز از او آموخته ام که بسیار سپاسگزارم"

"But most of all, I have learned from this river"

"اما بیشتر از همه، من از این رودخانه آموخته ام"

"and I have learned most from my predecessor, the ferryman Vasudeva"

"و من از سلفم، کشتی‌بان واسودوا، بیشتر آموخته‌ام.

"He was a very simple person, Vasudeva, he was no thinker"

"او بسیار ساده بود، واسودوا، او متفکر نبود"

"but he knew what is necessary just as well as Gotama"

"اما او به خوبی گوتاما می دانست که چه چیزی لازم است"

"he was a perfect man, a saint"

"او یک مرد کامل، یک قدیس بود"

"Siddhartha still loves to mock people, it seems to me"

"به نظر من، سیدارتا هنوز هم دوست دارد مردم را مسخره کند".

"I believe in you and I know that you haven't followed a teacher"

"من به تو ایمان دارم و می دانم که از معلمی پیروی نکرده ای"

"But haven't you found something by yourself?"

"اما تو خودت چیزی پیدا نکردی؟"

"though you've found no teachings, you still found certain thoughts"

"اگرچه هیچ آموزه ای پیدا نکردی، اما هنوز افکار خاصی پیدا کردی"

"certain insights, which are your own"

"بینش های خاصی که متعلق به شماست"

"insights which help you to live"

"بینش هایی که به شما کمک می کند زندگی کنید"

"Haven't you found something like this?"

"مگه چیزی شبیه این پیدا نکردی؟"

"If you would like to tell me, you would delight my heart"

"اگر دوست داری به من بگویی، قلبم را شاد می کنی"

"you are right, I have had thoughts and gained many insights"

"حق با شماست، من افکاری داشته ام و بینش های زیادی به دست آورده ام"

"Sometimes I have felt knowledge in me for an hour"

"گاهی برای یک ساعت دانش را در خود احساس کرده ام"

"at other times I have felt knowledge in me for an entire day"

"در زمان های دیگر من برای یک روز کامل دانش را در خود احساس کرده ام"

"the same knowledge one feels when one feels life in one's heart"

"همان دانشی که انسان وقتی احساس می کند زندگی را در قلب خود احساس می کند"

"There have been many thoughts"

"افکار زیادی وجود داشته است"

"but it would be hard for me to convey these thoughts to you"

"اما انتقال این افکار به شما برایم سخت خواهد بود"

"my dear Govinda, this is one of my thoughts which I have found"

"گوویندای عزیزم، این یکی از افکار من است که پیدا کردم"

"wisdom cannot be passed on"

"حکمت قابل انتقال نیست"

"Wisdom which a wise man tries to pass on always sounds like foolishness"

"حکمتی که انسان عاقل سعی می کند به او منتقل کند همیشه حماقت به نظر می رسد"

"Are you kidding?" asked Govinda

"شوخی میکنی؟" گوویندا پرسید

"I'm not kidding, I'm telling you what I have found"

"شوخی نمی کنم، آنچه را که پیدا کرده ام به شما می گویم"

"Knowledge can be conveyed, but wisdom can't"

"دانش را می توان منتقل کرد، اما خرد را نمی توان"

"wisdom can be found, it can be lived"

"خرد را می توان یافت، می توان آن را زندگی کرد"

"it is possible to be carried by wisdom"

"حمل شدن با حکمت ممکن است"

"miracles can be performed with wisdom"

"معجزه را می توان با خرد انجام داد"

"but wisdom cannot be expressed in words or taught"

"اما حکمت را نمی توان با کلمات بیان کرد یا آموزش داد"

"This was what I sometimes suspected, even as a young man"

"این چیزی بود که من حتی در جوانی گاهی اوقات به آن شک داشتم"

"this is what has driven me away from the teachers"

"این چیزی است که مرا از معلمان دور کرده است"

"I have found a thought which you'll regard as foolishness"

"من فکری پیدا کردم که شما آن را حماقت تلقی خواهید کرد"

"but this thought has been my best"

"اما این فکر بهترین من بوده است"

"The opposite of every truth is just as true!"

"بر عکس هر حقیقتی به همان اندازه درست است!"

"any truth can only be expressed when it is one-sided"

"هر حقیقتی تنها زمانی قابل بیان است که یک طرفه باشد"

"only one sided things can be put into words"
"فقط چیزهای یک طرفه را می توان در قالب کلمات بیان کرد"
"Everything which can be thought is one-sided"
"هر چیزی که بتوان فکر کرد یک طرفه است"
"it's all one-sided, so it's just one half"
"همه یک طرفه است، بنابراین فقط یک نیمه است"
"it all lacks completeness, roundness, and oneness"
"همه آن فاقد کامل بودن، گرد بودن و یگانگی است"
"the exalted Gotama spoke in his teachings of the world"
"گوتاما عالی در تعالیم جهان صحبت کرد"
"but he had to divide the world into Sansara and Nirvana"
"اما او مجبور شد جهان را به سانسارا و نیروانا تقسیم کند"
"he had divided the world into deception and truth"
"او جهان را به فریب و حقیقت تقسیم کرده بود"
"he had divided the world into suffering and salvation"
"او جهان را به رنج و رستگاری تقسیم کرده بود"
"the world cannot be explained any other way"
"جهان را نمی توان به گونه ای دیگر توضیح داد"
"there is no other way to explain it, for those who want to teach"
"راه دیگری برای توضیح آن وجود ندارد، برای کسانی که می خواهند آموزش دهند"
"But the world itself is never one-sided"
"اما خود جهان هرگز یک طرفه نیست"
"the world exists around us and inside of us"
"جهان در اطراف ما و درون ما وجود دارد"
"A person or an act is never entirely Sansara or entirely Nirvana"
"یک شخص یا یک عمل هرگز کاملاً سانسارا یا کاملاً نیروانا نیست"
"a person is never entirely holy or entirely sinful"
"یک شخص هرگز کاملا مقدس یا کاملاً گناهکار نیست"
"It seems like the world can be divided into these opposites"
"به نظر می رسد جهان را می توان به این متضادها تقسیم کرد"
"but that's because we are subject to deception"
"اما این به این دلیل است که ما در معرض فریب هستیم"
"it's as if the deception was something real"

"انگار فریب چیزی واقعی بود"
"Time is not real, Govinda"
"زمان واقعی نیست، گوویندا"
"I have experienced this often and often again"
"من بارها و بارها این را تجربه کرده ام"
"when time is not real, the gap between the world and the eternity is also a deception"
"وقتی زمان واقعی نیست، شکاف بین جهان و ابدیت نیز فریب است"
"the gap between suffering and blissfulness is not real"
"شکاف بین رنج و سعادت واقعی نیست"
"there is no gap between evil and good"
"میان بدی و نیکی فاصله ای نیست"
"all of these gaps are deceptions"
"همه این شکاف ها فریب است"
"but these gaps appear to us nonetheless"
"اما این شکاف ها به نظر ما ظاهر می شود"
"How come?" asked Govinda timidly
"چطور؟" گوویندا با ترس پرسید
"Listen well, my dear," answered Siddhartha
سیدارتا پاسخ داد: "خوب گوش کن عزیزم."
"The sinner, which I am and which you are, is a sinner"
»گناهکار که من هستم و تو گناهکار است«
"but in times to come the sinner will be Brahma again"
"اما در زمان های آینده گناهکار دوباره برهما خواهد بود"
"he will reach the Nirvana and be Buddha"
"او به نیروانا می رسد و بودا می شود"
"the times to come are a deception"
"زمان آینده فریب است"
"the times to come are only a parable!"
"زمان های آینده فقط یک تمثیل است"!
"The sinner is not on his way to become a Buddha"
"گناهکار در راه بودا شدن نیست"
"he is not in the process of developing"
"او در حال توسعه نیست"
"our capacity for thinking does not know how else to picture these things"

"ظرفیت ما برای تفکر نمی داند چگونه این چیزها را به تصویر بکشد"
"No, within the sinner there already is the future Buddha"
"نه، در درون گناهکار، بودای آینده وجود دارد"
"his future is already all there"
"آینده او در حال حاضر وجود دارد"
"you have to worship the Buddha in the sinner"
"شما باید بودا را در گناهکار پرستش کنید"
"you have to worship the Buddha hidden in everyone"
"شما باید بودای پنهان در همه را پرستش کنید"
"the hidden Buddha which is coming into being the possible"
"بودای پنهان که در حال به وجود آمدن ممکن است"
"The world, my friend Govinda, is not imperfect"
"دنیا، دوست من گوویندا، ناقص نیست"
"the world is on no slow path towards perfection"
"جهان در هیچ مسیر کندی به سوی کمال نیست"
"no, the world is perfect in every moment"
"نه، دنیا در هر لحظه عالی است"
"all sin already carries the divine forgiveness in itself"
"همه گناه قبلاً بخشش الهی را در خود دارد"
"all small children already have the old person in themselves"
"همه بچه های کوچک از قبل پیرمرد را در خود دارند"
"all infants already have death in them"
"همه نوزادان از قبل مرگ را در خود دارند"
"all dying people have the eternal life"
"همه افراد در حال مرگ زندگی ابدی دارند"
"we can't see how far another one has already progressed on his path"
"ما نمی توانیم ببینیم که یک نفر دیگر تا چه اندازه در مسیر خود پیشرفت کرده است"
"in the robber and dice-gambler, the Buddha is waiting"
"در دزد و تاس‌باز، بودا منتظر است"
"in the Brahman, the robber is waiting"
"در برهمن، دزد منتظر است"

"in deep meditation, there is the possibility to put time out of existence"

"در مدیتیشن عمیق، این امکان وجود دارد که زمان را از وجود خارج کنیم"

"there is the possibility to see all life simultaneously"

"امکان دیدن همه زندگی به طور همزمان وجود دارد"

"it is possible to see all life which was, is, and will be"

"می توان تمام زندگی را که بود، هست و خواهد بود دید"

"and there everything is good, perfect, and Brahman"

"و آنجا همه چیز خوب، کامل و برهمن است"

"Therefore, I see whatever exists as good"

"بنابراین، من هر چیزی را که وجود دارد خوب می بینم"

"death is to me like life"

"مرگ برای من مانند زندگی است"

"to me sin is like holiness"

"گناه برای من مانند تقدس است"

"wisdom can be like foolishness"

"حکمت می تواند مانند حماقت باشد"

"everything has to be as it is"

"همه چیز باید همانطور که هست باشد"

"everything only requires my consent and willingness"

"همه چیز فقط به رضایت و تمایل من نیاز دارد"

"all that my view requires is my loving agreement to be good for me"

"تمام آنچه که دیدگاه من ایجاب می کند توافق محبت آمیز من برای خوب بودن برای من است"

"my view has to do nothing but work for my benefit"

"دیدگاه من کاری جز کار به نفع من ندارد"

"and then my perception is unable to ever harm me"

"و سپس ادراک من هرگز نمی تواند به من آسیب برساند"

"I have experienced that I needed sin very much"

"تجربه کردم که خیلی به گناه نیاز داشتم"

"I have experienced this in my body and in my soul"

"من این را در جسم و روحم تجربه کرده ام"

"I needed lust, the desire for possessions, and vanity"

"من به شهوت، میل به دارایی و غرور نیاز داشتم"

"and I needed the most shameful despair"
"و من به شرم آورترین ناامیدی نیاز داشتم"
"in order to learn how to give up all resistance"
"برای اینکه یاد بگیریم چگونه از همه مقاومت ها دست بکشیم"
"in order to learn how to love the world"
"برای اینکه یاد بگیریم چگونه دنیا را دوست داشته باشیم"
"in order to stop comparing things to some world I wished for"
"برای اینکه از مقایسه چیزها با دنیایی که آرزویش را داشتم دست بکشم"
"I imagined some kind of perfection I had made up"
"من نوعی کمال را تصور کردم که ساخته بودم"
"but I have learned to leave the world as it is"
"اما من یاد گرفته ام دنیا را همانطور که هست ترک کنم"
"I have learned to love the world as it is"
"من یاد گرفته ام دنیا را همانطور که هست دوست داشته باشم"
"and I learned to enjoy being a part of it"
"و یاد گرفتم از بودن بخشی از آن لذت ببرم"
"These, oh Govinda, are some of the thoughts which have come into my mind"
"اینها، اوه گوویندا، برخی از افکاری است که به ذهن من رسیده است"

Siddhartha bent down and picked up a stone from the ground
سیذارتا خم شد و سنگی را از روی زمین برداشت
he weighed the stone in his hand
سنگ در دستش را وزن کرد
"This here," he said playing with the rock, "is a stone"
او در حال بازی با سنگ گفت: این اینجا یک سنگ است.
"this stone will, after a certain time, perhaps turn into soil"
"این سنگ پس از مدتی ممکن است به خاک تبدیل شود"
"it will turn from soil into a plant or animal or human being"
"از خاک به گیاه یا حیوان یا انسان تبدیل می شود"
"In the past, I would have said this stone is just a stone"
"در گذشته، من می گفتم این سنگ فقط یک سنگ است"
"I might have said it is worthless"

"شاید گفته باشم بی ارزش است"
"I would have told you this stone belongs to the world of the Maya"
"من به شما می گفتم این سنگ متعلق به دنیای مایاها است"
"but I wouldn't have seen that it has importance"
"اما من نمی دیدم که اهمیت دارد"
"it might be able to become a spirit in the cycle of transformations"
"شاید بتواند به یک روح در چرخه تحولات تبدیل شود"
"therefore I also grant it importance"
"بنابراین من نیز به آن اهمیت می دهم"
"Thus, I would perhaps have thought in the past"
"بنابراین، شاید در گذشته فکر می کردم"
"But today I think differently about the stone"
"اما امروز من در مورد سنگ متفاوت فکر می کنم"
"this stone is a stone, and it is also animal, god, and Buddha"
"این سنگ یک سنگ است و همچنین حیوان و خدا و بودا است"
"I do not venerate and love it because it could turn into this or that"
"من آن را ستایش نمی کنم و دوستش ندارم زیرا می تواند به این یا آن تبدیل شود".
"I love it because it is those things"
"من دوستش دارم چون همین چیزهاست"
"this stone is already everything"
"این سنگ در حال حاضر همه چیز است"
"it appears to me now and today as a stone"
"حالا و امروز مثل یک سنگ به نظرم می رسد"
"that is why I love this"
"به همین دلیل است که من این را دوست دارم"
"that is why I see worth and purpose in each of its veins and cavities"
"به همین دلیل است که من در هر یک از رگ ها و حفره های آن ارزش و هدف می بینم"
"I see value in its yellow, gray, and hardness"
"من ارزش را در زرد، خاکستری و سختی آن می بینم"
"I appreciated the sound it makes when I knock at it"

"من از صدایی که وقتی به آن ضربه می زنم قدردانی کردم"
"I love the dryness or wetness of its surface"
"من عاشق خشکی یا مرطوب بودن سطح آن هستم"
"There are stones which feel like oil or soap"
"سنگ هایی هستند که شبیه روغن یا صابون هستند"
"and other stones feel like leaves or sand"
"و سنگ های دیگر مانند برگ یا شن هستند"
"and every stone is special and prays the Om in its own way"
»و هر سنگی خاص است و به شیوه خود اوم را می‌خواند.«
"each stone is Brahman"
"هر سنگ برهمن است"
"but simultaneously, and just as much, it is a stone"
"اما به طور همزمان، و به همان اندازه، یک سنگ است"
"it is a stone regardless of whether it's oily or juicy"
"این یک سنگ است صرف نظر از اینکه روغنی باشد یا آبدار"
"and this why I like and regard this stone"
"و به همین دلیل است که من این سنگ را دوست دارم و به آن توجه می کنم"
"it is wonderful and worthy of worship"
"این شگفت انگیز و شایسته پرستش است"
"But let me speak no more of this"
"اما اجازه دهید من بیشتر از این صحبت نکنم"
"words are not good for transmitting the secret meaning"
"کلمات برای انتقال معنای پنهانی خوب نیستند"
"everything always becomes a bit different, as soon as it is put into words"
"همیشه همه چیز کمی متفاوت می شود، به محض اینکه در کلمات بیان شود"
"everything gets distorted a little by words"
"همه چیز کمی با کلمات تحریف می شود"
"and then the explanation becomes a bit silly"
"و سپس توضیح کمی احمقانه می شود"
"yes, and this is also very good, and I like it a lot"
"بله، و این نیز بسیار خوب است، و من آن را بسیار دوست دارم"
"I also very much agree with this"
"من هم خیلی با این موافقم"

"one man's treasure and wisdom always sounds like foolishness to another person"

"گنج و خرد یک مرد همیشه برای شخص دیگر مانند حماقت به نظر می رسد"

Govinda listened silently to what Siddhartha was saying

گوویندا در سکوت به آنچه سیدارتا می گفت گوش داد

there was a pause and Govinda hesitantly asked a question

مکثی شد و گوویندا با تردید سوالی پرسید

"Why have you told me this about the stone?"

"چرا این را در مورد سنگ به من گفتی؟"

"I did it without any specific intention"

"من این کار را بدون هیچ قصد خاصی انجام دادم"

"perhaps what I meant was, that I love this stone and the river"

"شاید منظور من این بود که من عاشق این سنگ و رودخانه هستم"

"and I love all these things we are looking at"

"و من عاشق همه این چیزهایی هستم که به آنها نگاه می کنیم"

"and we can learn from all these things"

"و ما می توانیم از همه این چیزها درس بگیریم"

"I can love a stone, Govinda"

"من می توانم یک سنگ را دوست داشته باشم، گوویندا"

"and I can also love a tree or a piece of bark"

"و من همچنین می توانم یک درخت یا یک تکه پوست را دوست داشته باشم"

"These are things, and things can be loved"

"اینها چیزهایی هستند و چیزهایی را می توان دوست داشت"

"but I cannot love words"

"اما من نمی توانم کلمات را دوست داشته باشم"

"therefore, teachings are no good for me"

"بنابراین، آموزه ها برای من خوب نیست"

"teachings have no hardness, softness, colours, edges, smell, or taste"

"آموزه ها سختی، نرمی، رنگ، لبه، بو و مزه ندارند"

"teachings have nothing but words"

"آموزه ها چیزی جز کلمات ندارند"

"perhaps it is words which keep you from finding peace"

"شاید این کلمات هستند که شما را از یافتن آرامش باز می دارند"
"because salvation and virtue are mere words"
"زیرا رستگاری و فضیلت فقط کلمات هستند"
"Sansara and Nirvana are also just mere words, Govinda"
"سانسارا و نیروانا نیز فقط کلمات هستند، گوویندا"
"there is no thing which would be Nirvana"
"چیزی نیست که نیروانا باشد"
"therefore Nirvana is just the word"
"بنابراین نیروانا فقط یک کلمه است"
Govinda objected, "Nirvana is not just a word, my friend"
گوویندا مخالفت کرد، "نیروانا فقط یک کلمه نیست، دوست من"
"Nirvana is a word, but also it is a thought"
"نیروانا یک کلمه است، بلکه یک فکر است"
Siddhartha continued, "it might be a thought"
سیدارتا ادامه داد: "ممکن است یک فکر باشد"
"I must confess, I don't differentiate much between thoughts and words"
"باید اعتراف کنم، من تفاوت زیادی بین افکار و کلمات قائل نیستم"
"to be honest, I also have no high opinion of thoughts"
"راستش را بخواهید، من نیز نظر بالایی نسبت به افکار ندارم"
"I have a better opinion of things than thoughts"
"من به چیزها نظر بهتری نسبت به افکار دارم"
"Here on this ferry-boat, for instance, a man has been my predecessor"
"برای مثال، اینجا در این کشتی قایق، مردی سلف من بوده است.
"he was also one of my teachers"
او همچنین یکی از معلمان من بود
"a holy man, who has for many years simply believed in the river"
"مرد مقدسی که سالها به رودخانه ایمان دارد"
"and he believed in nothing else"
"و او به هیچ چیز دیگری اعتقاد نداشت"
"He had noticed that the river spoke to him"
"او متوجه شده بود که رودخانه با او صحبت می کند"
"he learned from the river"
"او از رودخانه یاد گرفت"

"the river educated and taught him"
"رودخانه به او تعلیم داد و آموخت"
"the river seemed to be a god to him"
"رود به نظر او خدایی بود"
"for many years he did not know that everything was as divine as the river"
"سالها نمی دانست که همه چیز به اندازه رودخانه الهی است"
"the wind, every cloud, every bird, every beetle"
"باد، هر ابر، هر پرنده، هر سوسک"
"they can teach just as much as the river"
"آنها می توانند به اندازه رودخانه آموزش دهند"
"But when this holy man went into the forests, he knew everything"
اما وقتی این مرد مقدس به جنگل رفت، همه چیز را می دانست.
"he knew more than you and me, without teachers or books"
او بیشتر از من و شما بدون معلم و کتاب می دانست.
"he knew more than us only because he had believed in the river"
"او بیشتر از ما می دانست فقط به این دلیل که به رودخانه اعتقاد داشت"

Govinda still had doubts and questions
گوویندا هنوز شک و تردید داشت
"But is that what you call things actually something real?"
اما آیا این چیزی است که شما به آن چیزها می گویید در واقع چیزی واقعی است؟
"do these things have existence?"
"آیا این چیزها وجود دارند؟"
"Isn't it just a deception of the Maya"
"آیا این فقط یک فریب مایا نیست"
"aren't all these things an image and illusion?"
"آیا همه این چیزها یک تصویر و توهم نیست؟"
"Your stone, your tree, your river"
"سنگ تو، درخت تو، رودخانه تو"
"are they actually a reality?"
"آیا آنها واقعا واقعیت دارند؟"

"This too," spoke Siddhartha, "I do not care very much about"

سیذارتا گفت: «این هم خیلی اهمیتی نمی‌دهم»

"Let the things be illusions or not"

"اجازه دهید چیزها توهم باشند یا نباشند"

"after all, I would then also be an illusion"

"بالاخره، در آن صورت من نیز یک توهم خواهم بود"

"and if these things are illusions then they are like me"

"و اگر این چیزها توهم هستند پس آنها مانند من هستند"

"This is what makes them so dear and worthy of veneration for me"

"این چیزی است که آنها را برای من بسیار عزیز و شایسته احترام می کند".

"these things are like me and that is how I can love them"

"این چیزها شبیه من هستند و اینگونه می توانم آنها را دوست داشته باشم"

"this is a teaching you will laugh about"

"این آموزشی است که به آن خواهید خندید"

"love, oh Govinda, seems to me to be the most important thing of all"

"عشق، اوه گوویندا، به نظر من مهمترین چیز از همه چیز است"

"to thoroughly understand the world may be what great thinkers do"

"درک کامل جهان ممکن است کاری باشد که متفکران بزرگ انجام می دهند"

"they explain the world and despise it"

"آنها دنیا را توضیح می دهند و آن را تحقیر می کنند"

"But I'm only interested in being able to love the world"

"اما من فقط به این علاقه دارم که بتوانم دنیا را دوست داشته باشم"

"I am not interested in despising the world"

"من علاقه ای به تحقیر دنیا ندارم"

"I don't want to hate the world"

"من نمی خواهم از دنیا متنفر باشم"

"and I don't want the world to hate me"

"و من نمی خواهم دنیا از من متنفر باشد"

"I want to be able to look upon the world and myself with love"

"من می خواهم بتوانم با عشق به دنیا و خودم نگاه کنم"

"I want to look upon all beings with admiration"

"من می خواهم به همه موجودات با تحسین نگاه کنم"

"I want to have a great respect for everything"

"من می خواهم برای همه چیز احترام زیادی قائل باشم"

"This I understand," spoke Govinda

گوویندا گفت: "این را می فهمم."

"But this very thing was discovered by the exalted one to be a deception"

»امّا همین امر را آن حضرت کشف کرد که فریب است.«

"He commands benevolence, clemency, sympathy, tolerance"

او به احسان، بخشش، همدردی، بردباری فرمان می دهد.

"but he does not command love"

"اما او به عشق فرمان نمی دهد"

"he forbade us to tie our heart in love to earthly things"

"او ما را منع کرد که قلبمان را عاشقانه به چیزهای زمینی گره بزنیم"

"I know it, Govinda," said Siddhartha, and his smile shone golden

سیذارتا گفت: «می‌دانم، گوویندا،» و لبخندش طلایی شد

"And behold, with this we are right in the thicket of opinions"

"و اینک ما با این امر در انبوه عقاید حق هستیم"

"now we are in the dispute about words"

"اکنون ما در مورد کلمات اختلاف داریم"

"For I cannot deny, my words of love are a contradiction"

"چون من نمی توانم انکار کنم، کلمات عاشقانه من یک تناقض است"

"they seem to be in contradiction with Gotama's words"

"به نظر می رسد آنها با سخنان گوتاما در تضاد هستند"

"For this very reason, I distrust words so much"

"به همین دلیل، من به کلمات بسیار بی اعتماد هستم"

"because I know this contradiction is a deception"

"زیرا می دانم که این تناقض یک فریب است"

"I know that I am in agreement with Gotama"

"می دانم که با گوتاما موافقم"

"How could he not know love when he has discovered all elements of human existence"

چگونه می تواند عشق را نشناسد در حالی که همه عناصر وجودی انسان را کشف کرده است؟

"he has discovered their transitoriness and their meaninglessness"

"او گذرا و بی معنی آنها را کشف کرده است"

"and yet he loved people very much"

"و با این حال او مردم را بسیار دوست داشت"

"he used a long, laborious life only to help and teach them!"

او از یک زندگی طولانی و پر زحمت فقط برای کمک و آموزش به آنها استفاده کرد!

"Even with your great teacher, I prefer things over the words"

"حتی با معلم بزرگ شما، من چیزها را بر کلمات ترجیح می دهم"

"I place more importance on his acts and life than on his speeches"

"من به اعمال و زندگی او بیشتر از سخنرانی هایش اهمیت می دهم"

"I value the gestures of his hand more than his opinions"

"من برای حرکات دستش بیشتر از نظراتش ارزش قائل هستم"

"for me there was nothing in his speech and thoughts"

"برای من چیزی در گفتار و افکار او وجود نداشت"

"I see his greatness only in his actions and in his life"

من عظمت او را فقط در اعمال و زندگی او می بینم.

For a long time, the two old men said nothing

برای مدت طولانی، دو پیرمرد چیزی نگفتند

Then Govinda spoke, while bowing for a farewell

سپس گوویندا در حالی که برای خداحافظی تعظیم می کرد صحبت کرد

"I thank you, Siddhartha, for telling me some of your thoughts"

"از شما سپاسگزارم، سیدارتا، که برخی از افکار خود را به من گفتید"

"These thoughts are partially strange to me"

"این افکار تا حدی برای من عجیب هستند"

"not all of these thoughts have been instantly understandable to me"

"همه این افکار فوراً برای من قابل درک نیستند"
"This being as it may, I thank you"
"هرچند ممکن است، من از شما متشکرم"
"and I wish you to have calm days"
"و آرزو میکنم روزهای آرامی داشته باشی"
But secretly he thought something else to himself
اما مخفیانه چیز دیگری برای خودش فکر کرد
"This Siddhartha is a bizarre person"
"این سیذارتا آدم عجیبی است"
"he expresses bizarre thoughts"
"او افکار عجیب و غریب بیان می کند"
"his teachings sound foolish"
"آموزه های او احمقانه به نظر می رسد"
"the exalted one's pure teachings sound very different"
"آموزه های ناب آن حضرت بسیار متفاوت است"
"those teachings are clearer, purer, more comprehensible"
"آن آموزه‌ها واضح‌تر، خالص‌تر، قابل درک‌تر هستند"
"there is nothing strange, foolish, or silly in those teachings"
"هیچ چیز عجیب، احمقانه یا احمقانه ای در آن آموزه ها وجود ندارد"
"But Siddhartha's hands seemed different from his thoughts"
"اما دست های سیذارتا با افکارش متفاوت به نظر می رسید"
"his feet, his eyes, his forehead, his breath"
"پاهایش، چشمانش، پیشانی اش، نفس هایش"
"his smile, his greeting, his walk"
"لبخندش، سلامش، راه رفتنش"
"I haven't met another man like him since Gotama became one with the Nirvana"
از زمانی که گوتاما با نیروانا یکی شد، مرد دیگری مثل او را ندیدم.
"since then I haven't felt the presence of a holy man"
"از آن زمان من حضور یک مرد مقدس را احساس نکرده ام"
"I have only found Siddhartha, who is like this"
"من فقط سیذارتا را پیدا کردم که اینگونه است"
"his teachings may be strange and his words may sound foolish"

"آموزش های او ممکن است عجیب باشد و سخنان او ممکن است احمقانه به نظر برسد"

"but purity shines out of his gaze and hand"

»اما پاکی از نگاه و دستش می درخشد«

"his skin and his hair radiates purity"

»پوست و موهایش پاکی می‌تابد«

"purity shines out of every part of him"

پاکی از هر قسمت او می درخشد

"a calmness, cheerfulness, mildness and holiness shines from him"

»آرامش، نشاط، نرمی و قداست از او می درخشد.«

"something which I have seen in no other person"

"چیزی که من در هیچ شخص دیگری ندیده ام"

"I have not seen it since the final death of our exalted teacher"

"از زمان درگذشت معلم بزرگمان ندیده ام"

While Govinda thought like this, there was a conflict in his heart

در حالی که گوویندا اینطور فکر می کرد، در دلش درگیری وجود داشت

he once again bowed to Siddhartha

او یک بار دیگر به سیذارتا تعظیم کرد

he felt he was drawn forward by love

او احساس می کرد که توسط عشق به جلو کشیده شده است

he bowed deeply to him who was calmly sitting

در برابر او که آرام نشسته بود تعظیم کرد

"Siddhartha," he spoke, "we have become old men"

او گفت: "سیذارتا، ما پیرمرد شدیم"

"It is unlikely for one of us to see the other again in this incarnation"

"بعید است یکی از ما دیگری را دوباره در این تجسم ببیند"

"I see, beloved, that you have found peace"

"می بینم عزیزم که آرامش یافتی"

"I confess that I haven't found it"

"اعتراف می کنم که آن را پیدا نکرده ام"

"Tell me, oh honourable one, one more word"

"ای بزرگوار، یک کلمه دیگر به من بگو"

- 289 -

"give me something on my way which I can grasp"
"در راهم چیزی به من بده که بتوانم آن را درک کنم"
"give me something which I can understand!"
"چیزی به من بده که بتوانم بفهمم"!
"give me something I can take with me on my path"
"چیزی به من بده که بتوانم در مسیرم با خودم ببرم"
"my path is often hard and dark, Siddhartha"
"مسیر من اغلب سخت و تاریک است، سیدارتا"
Siddhartha said nothing and looked at him
سیذارتا چیزی نگفت و به او نگاه کرد
he looked at him with his ever unchanged, quiet smile
با لبخند آرام و بدون تغییرش به او نگاه کرد
Govinda stared at his face with fear
گوویندا با ترس به صورت او خیره شد
there was yearning and suffering in his eyes
اشتیاق و رنج در چشمانش بود
the eternal search was visible in his look
جستجوی ابدی در نگاهش نمایان بود
you could see his eternal inability to find
می توانید ناتوانی ابدی او را در یافتن ببینید
Siddhartha saw it and smiled
سیدارتا آن را دید و لبخند زد
"Bend down to me!" he whispered quietly in Govinda's ear
"به من خم شو"!او آرام در گوش گوویندا زمزمه کرد
"Like this, and come even closer!"
"اینجوری، و حتی نزدیکتر بیا"!
"Kiss my forehead, Govinda!"
پیشانی مرا ببوس، گوویندا!
Govinda was astonished, but drawn on by great love and expectation
گوویندا حیرت زده بود، اما عشق و انتظار زیادی به او کشیده شد
he obeyed his words and bent down closely to him
او به سخنان او اطاعت کرد و از نزدیک به سمت او خم شد
and he touched his forehead with his lips
و با لب هایش پیشانی اش را لمس کرد
when he did this, something miraculous happened to him

وقتی او این کار را کرد، یک اتفاق معجزه آسا برای او رخ داد

his thoughts were still dwelling on Siddhartha's wondrous words

افکار او هنوز درگیر سخنان شگفت انگیز سیذارتا بود

he was still reluctantly struggling to think away time

او هنوز با اکراه در تلاش بود تا به زمان دور فکر کند

he was still trying to imagine Nirvana and Sansara as one

او هنوز در تلاش بود نیروانا و سانسارا را یکی تصور کند

there was still a certain contempt for the words of his friend

هنوز تحقیر خاصی نسبت به سخنان دوستش وجود داشت

those words were still fighting in him

آن کلمات هنوز در او می جنگیدند

those words were still fighting against an immense love and veneration

آن کلمات هنوز با عشق و احترامی بی اندازه مبارزه می کردند

and during all these thoughts, something else happened to him

و در طول تمام این افکار، اتفاق دیگری برای او افتاد

He no longer saw the face of his friend Siddhartha

او دیگر چهره دوستش سیدارتا را نمی دید

instead of Siddhartha's face, he saw other faces

به جای صورت سیدارتا، چهره های دیگری را دید

he saw a long sequence of faces

توالی طولانی از چهره ها را دید

he saw a flowing river of faces

او رودخانه ای روان از چهره ها را دید

hundreds and thousands of faces, which all came and disappeared

صدها و هزاران چهره که همه آمدند و ناپدید شدند

and yet they all seemed to be there simultaneously

و با این حال به نظر می رسید که همه آنها به طور همزمان آنجا هستند

they constantly changed and renewed themselves

آنها دائماً خود را تغییر می دادند و تجدید می کردند

they were themselves and they were still all Siddhartha's face

آنها خودشان بودند و هنوز همگی چهره سیذارتا بودند

he saw the face of a fish with an infinitely painfully opened mouth
او صورت ماهی را دید که دهانش به طرز بی نهایت دردناکی باز شده بود
the face of a dying fish, with fading eyes
صورت ماهی در حال مرگ، با چشمان محو شده
he saw the face of a new-born child, red and full of wrinkles
او صورت یک کودک تازه متولد شده را دید، قرمز و پر از چین و چروک
it was distorted from crying
از گریه منحرف شده بود
he saw the face of a murderer
او چهره یک قاتل را دید
he saw him plunging a knife into the body of another person
او را در حال فرو بردن چاقو در بدن شخص دیگری دید
he saw, in the same moment, this criminal in bondage
او در همان لحظه این جنایتکار را در اسارت دید
he saw him kneeling before a crowd
او را دید که در برابر جمعیت زانو زده است
and he saw his head being chopped off by the executioner
و دید که جلاد سرش را بریده است
he saw the bodies of men and women
او اجساد مردان و زنان را دید
they were naked in positions and cramps of frenzied love
آنها در موقعیت ها و گرفتگی های عشق دیوانه وار برهنه بودند
he saw corpses stretched out, motionless, cold, void
او اجساد را دراز، بی حرکت، سرد و خالی دید
he saw the heads of animals
او سر حیوانات را دید
heads of boars, of crocodiles, and of elephants
سر گرازها، تمساح ها و فیل ها
he saw the heads of bulls and of birds
او سر گاوها و پرندگان را دید
he saw gods; Krishna and Agni
او خدایان را دید. کریشنا و آگنی

he saw all of these figures and faces in a thousand relationships with one another

او همه این چهره ها و چهره ها را در هزاران رابطه با یکدیگر می دید

each figure was helping the other

هر چهره به دیگری کمک می کرد

each figure was loving their relationship

هر چهره عاشق رابطه خود بود

each figure was hating their relationship, destroying it

هر چهره ای از رابطه خود متنفر بود و آن را از بین می برد

and each figure was giving re-birth to their relationship

و هر یک از چهره ها رابطه خود را از نو تولد می بخشید

each figure was a will to die

هر یک از چهره ها اراده ای برای مردن بود

they were passionately painful confessions of transitoriness

آنها اعترافات پرشور گذرا و دردناکی بودند

and yet none of them died, each one only transformed

و با این حال هیچ یک از آنها نمرده اند، هر یک فقط دگرگون شده اند

they were always reborn and received more and more new faces

آنها همیشه از نو متولد می شدند و چهره های جدید بیشتری دریافت می کردند

no time passed between the one face and the other

هیچ زمانی بین یک چهره و چهره دیگر نگذشت

all of these figures and faces rested

همه این چهره ها و چهره ها آرام گرفتند

they flowed and generated themselves

آنها جاری شدند و خود را تولید کردند

they floated along and merged with each other

آنها در امتداد شناور بودند و با یکدیگر ادغام شدند

and they were all constantly covered by something thin

و همه آنها دائماً توسط چیزی نازک پوشیده شده بودند

they had no individuality of their own

آنها هیچ فردیت خاص خود را نداشتند

but yet they were existing

اما با این حال وجود داشتند

they were like a thin glass or ice

آنها مانند یک لیوان یا یخ نازک بودند
they were like a transparent skin
آنها مانند یک پوست شفاف بودند
they were like a shell or mould or mask of water
آنها مانند پوسته یا قالب یا ماسک آب بودند
and this mask was smiling
و این ماسک لبخند می زد
and this mask was Siddhartha's smiling face
و این ماسک چهره خندان سیذارتا بود
the mask which Govinda was touching with his lips
ماسکی که گووبندا با لب هایش لمس می کرد
And, Govinda saw it like this
و گووبندا آن را اینگونه دید
the smile of the mask
لبخند نقاب
the smile of oneness above the flowing forms
لبخند یگانگی بر فراز فرم های روان
the smile of simultaneousness above the thousand births and deaths
لبخند همزمانی بالای هزار تولد و مرگ
the smile of Siddhartha's was precisely the same
لبخند سیذارتا دقیقاً همینطور بود
Siddhartha's smile was the same as the quiet smile of Gotama, the Buddha
لبخند سیذارتا همان لبخند آرام گوتاما، بودا بود
it was delicate and impenetrable smile
لبخند ظریف و غیر قابل نفوذی بود
perhaps it was benevolent and mocking, and wise
شاید خیرخواهانه و تمسخر آمیز و حکیمانه بود
the thousand-fold smile of Gotama, the Buddha
لبخند هزار برابر گوتاما، بودا
as he had seen it himself with great respect a hundred times
همانطور که خودش صد بار با احترام فراوان دیده بود
Like this, Govinda knew, the perfected ones are smiling
گووبندا می‌دانست که این‌طوری، کمال‌شدگان لبخند می‌زنند
he did not know anymore whether time existed

او دیگر نمی دانست آیا زمان وجود دارد یا خیر
he did not know whether the vision had lasted a second or a hundred years
او نمی دانست که آیا این رؤیا یک ثانیه طول کشیده است یا صد سال
he did not know whether a Siddhartha or a Gotama existed
او نمی دانست که آیا یک سیذارتا وجود دارد یا یک گوتاما
he did not know if a me or a you existed
او نمیدانست من وجود دارید یا شما
he felt in his as if he had been wounded by a divine arrow
او در خود احساس می کرد که با یک تیر الهی زخمی شده است
the arrow pierced his innermost self
تیر درونی خود را سوراخ کرد
the injury of the divine arrow tasted sweet
جراحت تیر الهی طعم شیرینی داشت
Govinda was enchanted and dissolved in his innermost self
گوویندا مسحور شد و در درونی خود حلول کرد
he stood still for a little while
مدتی ثابت ایستاد
he bent over Siddhartha's quiet face, which he had just kissed
روی صورت ساکت سیذارتا که تازه بوسیده بود خم شد
the face in which he had just seen the scene of all manifestations
چهره ای که تازه صحنه همه مظاهر را در آن دیده بود
the face of all transformations and all existence
چهره همه دگرگونی ها و همه هستی
the face he was looking at was unchanged
چهره ای که نگاه می کرد بدون تغییر بود
under its surface, the depth of the thousand folds had closed up again
زیر سطح آن، عمق هزار چین دوباره بسته شده بود
he smiled silently, quietly, and softly
او بی صدا، آرام و آرام لبخند زد
perhaps he smiled very benevolently and mockingly
شاید خیلی مهربانانه و تمسخرآمیز لبخند زد
precisely this was how the exalted one smiled

آن حضرت دقیقاً اینگونه لبخند زد

Deeply, Govinda bowed to Siddhartha

گوویندا عمیقاً به سیذارتا تعظیم کرد

tears he knew nothing of ran down his old face

اشکی که چیزی از آن نمی دانست روی صورت پیرش جاری شد

his tears burned like a fire of the most intimate love

اشک هایش مثل آتش صمیمی ترین عشق می سوخت

he felt the humblest veneration in his heart

فروتن ترین احترام را در قلب خود احساس کرد

Deeply, he bowed, touching the ground

عمیقاً تعظیم کرد و زمین را لمس کرد

he bowed before him who was sitting motionlessly

در برابر او که بی حرکت نشسته بود تعظیم کرد

his smile reminded him of everything he had ever loved in his life

لبخندش همه چیزهایی را که در زندگی اش دوست داشته بود به یادش آورد

his smile reminded him of everything in his life that he found valuable and holy

لبخندش همه چیزهایی را که در زندگی اش ارزشمند و مقدس می دانست به او یادآوری کرد

www.ingramcontent.com/pod-product-compliance
Lightning Source LLC
Chambersburg PA
CBHW012003090526
44590CB00026B/3849
9781835666814